DÉCOLONISATIONS FRANÇAISES

LA CHUTE D'UN EMPIRE

1943–1977

Ouvrage réalisé en partenariat avec le Groupe
de recherche Achac (www.achac.com)

avec le concours de

L'Établissement de communication et de production audiovisuelle de la Défense (ECPAD) est l'agence d'images du ministère des Armées depuis 1915. L'ECPAD dispose d'un fonds cinématographique et photographique exceptionnel, ainsi que d'équipes de reportage pour témoigner en temps réel de l'engagement des forces françaises. www.ecpad.fr

Responsable éditoriale : Aude Mantoux
Création graphique et mise en pages : Pierre Seydoux
Recherche et sélection iconographique : Fabrice Héron
Coordination éditoriale (Achac) : Emmanuelle Collignon
Relecture : Isabelle Macé
Fabrication : Carine Ruault

Les auteurs tiennent à remercier pour leur concours à cet ouvrage Alice Orefice et Florian Komorowski.

PASCAL BLANCHARD
NICOLAS BANCEL
SANDRINE LEMAIRE

DÉCOLONISATIONS FRANÇAISES

LA CHUTE D'UN EMPIRE

PRÉFACE BENJAMIN STORA
POSTFACE ACHILLE MBEMBE

Éditions
de La Martinière

SOMMAIRE

PRÉFACE, PAR BENJAMIN STORA

LES DÉCOLONISATIONS : IMPORTANCE ET DÉNI

Au lendemain de la Seconde Guerre mondiale, la France est dans le camp des vainqueurs en grande partie grâce à ses colonies. Et pourtant, de manière extrêmement rapide, en moins de vingt ans (1943-1962), elle perd la plus grande partie de son Empire colonial.

Après 1945, s'ouvre en effet la grande période de la décolonisation qui a durablement marqué l'agenda politique mondial. Ce passage d'une sujétion imposée à une souveraineté conquise est concrétisé dans l'Empire français par les indépendances définitives du Liban et de la Syrie. La décolonisation atteint aussi l'Empire britannique, qui connaît des convulsions considérables, notamment en Inde, indépendante en 1947, et bientôt l'Indonésie colonisée par les Pays-Bas, qui s'émancipe en 1949. Un mouvement mondial d'éveil des peuples colonisés commence. La Seconde Guerre mondiale a en effet été l'occasion d'un affaiblissement considérable des vieux empires coloniaux édifiés au XIXe siècle. Elle voit dans le même temps l'émergence de deux superpuissances, les États-Unis et l'URSS, qui se posent directement en rivales des empires français et britannique.

Quand le général de Gaulle préside la conférence de Brazzaville en janvier et février 1944, rassemblant la plupart des gouverneurs des territoires de l'Empire, à l'exception notable de l'Indochine toujours sous la coupe de Vichy, il essaie d'anticiper sur ce mouvement général. Si les colonies permettent à la France de s'asseoir à la table des vainqueurs et de rester une grande puissance, il est clair que, dans le même temps, elles ne peuvent plus rester dans le même cadre. D'autant que dès 1945 apparaissent les Nations unies, avec la Charte de San Francisco préconisant le droit des peuples à disposer d'eux-mêmes.

UNE REDISTRIBUTION DES CARTES… À RECULONS

Pourtant en mai-juin 1945, avec les massacres en Algérie, dans le Constantinois, le bombardement de Haiphong en Indochine en novembre 1946, la répression de l'insurrection de Madagascar qui fait des dizaines de milliers de morts en 1947, la violence coloniale s'impose, et non la recherche de solutions politiques permettant la mise en place d'une décolonisation acceptée par tous. Le terme « décolonisation » est encore tabou[1], il apparaît d'ailleurs fortuitement dans le titre d'un essai d'Henri Labouret[2] et s'impose progressivement, bien plus tard, dans le sillage de la conférence de Bandung en 1955. Les hommes politiques français ont longtemps ignoré ce mot, jugé contraire aux fondements juridiques qui lient la France à l'outre-mer. Le général de Gaulle n'y recourt qu'à partir de 1961 dans une conférence de presse.

La France aborde donc la décolonisation à reculons. Grandis dans le culte de la grandeur impériale, les hommes politiques français ont manqué de perspicacité et de courage. Ils sont desservis par le fonctionnement d'un régime, celui de la IVe République, dont l'instabilité empêche toute réforme d'envergure et laisse le champ libre aux lobbies coloniaux encore très actifs. Pour autant, la distinction classique entre une décolonisation britannique *négociée* et une décolonisation française *conflictuelle* n'est que partiellement recevable. S'il est vrai que la Grande-Bretagne a su éviter les guerres longues et coûteuses (sauf au Kenya), elle n'a pas été confrontée à des situations aussi difficiles.

Les dirigeants de l'époque, en France, ne voient pas l'émergence des nationalismes, largement sous-estimée. Alors que durant les années d'après-guerre, beaucoup de leaders politiques émergent dans les territoires de l'Empire colonial français, comme Hồ Chí Minh au Viêt-Nam, Messali Hadj et Ferhat Abbas en Algérie, Habib Bourguiba en Tunisie. En Afrique noire, le Rassemblement démocratique africain (RDA), qui naît à l'issue du congrès de Bamako en 1946, fait émerger des leaders politiques majeurs, tels Léopold Sédar Senghor ou Félix Houphouët-Boigny, alors qu'apparaissent en Polynésie Pouvana'a a Oopa Tetuaapua, à La Réunion Paul Vergès ou en Martinique Aimé Césaire… Malgré le développement de ces nationalismes et l'affirmation d'hommes pour les représenter, le débat avec ces dirigeants demeure faible. En Algérie, on note l'absence de toute ouverture à des négociations politiques, alors qu'en Afrique subsaharienne Léopold Sédar Senghor et Félix Houphouët-Boigny participent au contraire à réformer l'AOF et l'AEF durant la seconde partie des années 1950.

Ce qui préoccupe alors les hommes politiques français, au début des années 1950, c'est le communisme. Intellectuellement, le Sud ne mobilise pas. Ou alors, dans le cadre géopolitique de la Guerre froide. La décolonisation n'est pas une question en elle-même, elle est au mieux dépendante de l'expansion possible de l'URSS. Et pourtant, elle viendra frapper bruyamment à la porte des consciences françaises au début des années 1950.

QUAND LES DÉCOLONISATIONS SURGISSENT DANS LE DÉBAT FRANÇAIS

Après la défaite française de Diên Biên Phu en Indochine en 1954, la perte des comptoirs des Indes la même année, et l'accélération de la guerre d'Algérie, la grille de lecture autour de la division des blocs Est-Ouest se fissure. En 1956, le vote des « pouvoirs spéciaux » avec l'envoi du contingent en Algérie – des centaines de milliers de jeunes – touche la France de plein fouet, alors que l'Union française, créée en 1946, regroupant la métropole, les départements et territoires d'outre-mer, des territoires associés sous mandat et des États associés sous protectorat, est un échec.

1. Christian Bidegaray, « Le tabou de l'indépendance dans les débats constituants sur les pays de l'outre-mer français : 1945-1958 », in Charles-Robert Ageron, Marc Michel (dir.), *L'Afrique noire : l'heure des indépendances*, Paris, CNRS Éditions, 1992.

2. Henri Labouret, *Colonisation, décolonisation, indépendance*, Paris, Larose, 1952.

L'Algérie est une exception dans l'histoire de l'Empire colonial français, grand territoire colonisé très tôt, à partir de 1830, rattaché administrativement à la métropole, où s'installe une forte colonie de peuplement européen. L'Algérie est gérée non pas par le ministère des Colonies mais par le ministère de l'Intérieur. Elle demeure à l'écart des processus de négociations qui concernent à un moment ou à un autre le reste de l'Afrique, l'Indochine avec la conférence de Genève en 1954, le Maroc et la Tunisie qui accèdent à leur indépendance en 1956, à la suite certes d'effervescences sociopolitiques, de soulèvements, de répressions. Le retour au pouvoir du général de Gaulle en 1958 parachève la décolonisation amorcée sous la IVe République, avec l'indépendance des États de l'Indochine et des protectorats du Maghreb.

La page semble alors tournée, mais dans son « pré carré » africain, la France fait face aux accusations réitérées de « néocolonialisme », avec la mise en accusation des liens économiques et politiques de subordination des anciennes colonies africaines vis-à-vis de la France. Dans les départements d'outre-mer, la France doit aussi répondre aux revendications autonomistes ou indépendantistes, virulentes aux Antilles, à La Réunion, en Polynésie et en Nouvelle-Calédonie. La violente répression des manifestations en Guadeloupe en mai 1967, à la suite de Djibouti la même année, qui font des centaines de blessés par balles et une dizaine de morts, est ainsi perçue comme la survivance de pratiques coloniales. Ce fut également le cas en Nouvelle-Calédonie dans les années 1980, aux lendemains des dernières indépendances africaines de Djibouti et des Comores.

L'INSTALLATION D'UN DÉNI

À la différence de la période de Vichy, le consensus politique est difficile à réaliser autour d'un examen critique de la colonisation, longtemps considérée comme une séquence *positive* dans la fabrication du nationalisme français, et des décolonisations. En 1960-1962, l'union nationale autour de la notion de décolonisation, est apparente. Mais elle se construit sur le sentiment d'une défaite politique et du retrait de territoires longtemps considérés comme français. Cette blessure indéniable du nationalisme français a du mal à se refermer. À cette première grande explication du silence qui suit les décolonisations, s'ajoute l'apparition, au cours des années 1960-1970, d'un modèle de société consumériste adossé à un boom démographique, qui favorise l'oubli de la longue période coloniale.

À partir des années 1980, portée par les enfants de l'immigration, la question coloniale revient progressivement sur le devant de la scène politique et culturelle. Ils se heurtent à la mémoire de ceux qui ne veulent pas de remise en cause de l'histoire coloniale, toujours jugée « positive » comme le stipulera une loi votée en 2005 par le Parlement français. Chacun garde intacte sa perception de la colonisation et des décolonisations. La connaissance de cette période ne s'accomplit pas alors dans l'apaisement, mais au contraire au travers d'une concurrence des mémoires. Nous en sommes encore là, soixante ans après les indépendances, et le panorama à 360° que propose ce livre invite la génération actuelle, comme les générations précédentes, à ouvrir cette page d'histoire pour, demain, mieux la dépasser.

INTRODUCTION,
PAR PASCAL BLANCHARD,
NICOLAS BANCEL
ET SANDRINE LEMAIRE

LA CHUTE DE L'EMPIRE COLONIAL FRANÇAIS

En vingt-cinq ans, l'Empire français s'est effondré. De 1943 à 1967, ce sont près des cinq sixièmes de sa surface qui échappent à l'autorité de la France et qui, après de longs combats, de guerres, de négociations et de compromis, conquièrent leurs indépendances. Dans la décennie suivante, les derniers territoires africains s'émancipent (Djibouti et les Comores). Ce livre raconte l'histoire de la chute de l'Empire français sur ce temps long, dans une perspective panoramique, en s'attachant à tous les territoires, ceux qui ont conquis leur liberté comme ceux qui, au regard des aléas de l'histoire et de contextes spécifiques, n'ont pas pu ou n'ont pas voulu prendre leur indépendance. Ces territoires sont toujours, soixante ans après la vague des décolonisations africaines, parties prenantes de la République française.

LE PLUS LONG CONFLIT DE LA FRANCE AU XXe SIÈCLE

Cette histoire est à la fois connue et oubliée[1]. Elle figure désormais dans nos livres d'histoire, mais combien y lisent le plus long conflit de la France au XXe siècle ? Combien d'analystes perçoivent le basculement d'un temps, celui de l'apogée colonial sous la IIIe République à la période de la Ve République, née des décombres de la IVe et des suites de la guerre d'Algérie ?

1. Prasenjit Duara (dir.), *Decolonization: perspectives from now and then*, Londres, Routledge, 2004.

PAGE DE GAUCHE

Section administrative spécialisée. L'école de Bou Ighzer et son instituteur, le sergent Resch [wilaya de Tizi Ouzou, Algérie], photographie, 1955. Les SAS ont été créées en septembre 1955.

Combien de nos contemporains ont vu dans ce temps de « massacres » – comme l'écrivait un de nos illustres prédécesseurs Yves Benot dans un livre référence[2] – l'une des faces les plus sombres et complexes de l'histoire de nos républiques successives et un moment, aussi, où la quasi-totalité de la classe politique française a été compromise dans ce processus ? Combien d'images avons-nous en tête sur ces conflits lointains, combien de noms connaissons-nous, combien d'événements font partie de nos « lieux de mémoire » ou de notre « histoire française » ? Bien peu. Car cette histoire, la France a voulu l'oublier, l'enfouir[3]. Comme si l'histoire des décolonisations concernait exclusivement les territoires coloniaux et non l'Hexagone, comme s'il s'agissait d'une « parenthèse », périphérique à notre récit national.

Il nous a semblé, au contraire, qu'il était désormais nécessaire, fondamental même, de rendre accessible cette page d'histoire – au moment où nous allons commémorer le soixantième anniversaire des indépendances –, dans toutes ses dimensions : en croisant les regards, les approches, en s'attachant aux contextes locaux comme aux dimensions transnationales, en s'efforçant d'éclairer la violence de cette histoire comme ses ambiguïtés, en cherchant à articuler histoire diplomatique, politique, sociale et même culturelle des décolonisations.

Ceci étant, cet ouvrage est avant tout un ouvrage de vulgarisation. Les historiens, de tous horizons, ont déjà, avant nous, réalisé un monumental travail de recherche et d'analyse. Ce livre leur doit beaucoup. Nous posons donc notre regard sur une histoire déjà défrichée, mais très peu connue des nouvelles générations.

Nous souhaitons ici éclairer la violence des guerres coloniales – telles les guerres d'Indochine ou d'Algérie – et comprendre comment l'aveuglement politique, la manipulation de l'opinion, le refus de suivre « le vent de l'histoire » et le racisme colonial[4] ont pu conduire à sacrifier autant de vies au nom de la « grandeur de la France ». Mais nous souhaitons aussi comprendre comment d'autres processus de décolonisations ont été engagés, par exemple en Afrique subsaharienne, afin de conserver, les décolonisations achevées, l'influence – voire la mainmise – française sur ces ex-colonies, et ce, sans passer par un engagement policier ou militaire massif.

Cette histoire est aussi unique dans la mesure où les autorités françaises, toutes tendances politiques confondues, ont, depuis le début (1943-1944), usé successivement de stratégies qui peuvent sembler contradictoires, pour « sauver » de l'Empire ce qui pouvait l'être et conserver ces « *confettis*[5] » que sont désormais les territoires ultramarins que possède la France sur les quatre océans.

Contrairement à une idée répandue, cette histoire n'a pas pris fin en 1960 en Afrique subsaharienne ou en 1962 en Algérie : elle se prolonge bien au-delà en Polynésie, dans les Antilles, les Comores, la Nouvelle-Calédonie, la Guyane, Djibouti ou La Réunion, mais aussi dans de nombreux territoires ex-colonisés où la France a réussi, parfois durant des décennies après les indépendances, à maintenir son influence et sa puissance. Cette histoire s'écrit donc, aussi, dans une temporalité postcoloniale, où les suites de la colonisation se font encore largement sentir dans les anciennes colonies, mais également en France, marquée par les enjeux de mémoire, les nostalgies, les commémorations et l'évolution des outre-mer ; par les immigrations postcoloniales et les questions soulevées par le sort des descendants de ces anciens « indigènes »[6], et enfin par toutes les populations ayant un lien avec le passé colonial de la France : anciens combattants, appelés, colons, rapatriés, fonctionnaires, militaires ou tout simplement acteurs passifs ou militants actifs de ces événements.

Dans cet ouvrage, tout en établissant l'histoire des décolonisations de l'Empire français en allant à l'essentiel – ce qui est déjà un enjeu monumental au regard de vingt-cinq ans d'histoire se déroulant dans plus de quarante pays et territoires –, nous souhaitons relier cette histoire aux transformations mondiales qui les affectent. L'histoire des décolonisations est en effet à plusieurs échelles[7] : elle ne peut être détachée du contexte de la Guerre froide[8] comme des luttes politiques internes de la IVe République. Elle s'insère dans des enjeux régionaux, par exemple dans le cas du Front de libération nationale (FLN) qui, durant la guerre d'Algérie, est soutenu par l'Égypte, puis par la Tunisie et le Maroc indépendants, mais elle est aussi dépendante des processus sociopolitiques propres, à l'échelle locale, à chaque territoire colonisé.

2. Yves Benot, *Massacres coloniaux, 1944-1950 : la IVe République et la mise au pas des colonies françaises*, Paris, La Découverte, 1994 (avec la préface magistrale de François Maspéro).

3. Nicolas Bancel, « Vers la définition d'une politique d'État sur la mémoire coloniale ? », in *Raison présente*, n° 175, 2010.

4. Frantz Fanon, *Peau noire, masques blancs*, Paris, Seuil, 1952.

5. Jean-Claude Guillebaud, *Les Confettis de l'Empire (Martinique, Guadeloupe, Guyane française, La Réunion…)*, Paris, Seuil, 1976. Dans cet ouvrage, il questionnait la France d'alors : « *En 1975, la France serait-elle la dernière puissance coloniale du monde ?* »

6. Nicolas Bancel, Pascal Blanchard, Dominic Thomas, *The Colonial Legacy in France*, Bloominghton, Indiana University Press, 2017.

7. Mickaël Augeron, Robert DuPlessis (dir.), *Fleuves, rivières et colonies. La France et ses empires, xviie-xxe siècle*, Paris, Les Indes savantes, 2010.

8. Leslie James, Elisabeth Leake (dir.), *Decolonization and the Cold War: Negotiating Independence*, Londres, Bloomsbury Publishing, 2015.

9. Notamment à travers deux ouvrages fondateurs, points de départ de nos travaux sur les images et les imaginaires : Nicolas Bancel, Pascal Blanchard, Laurent Gervereau (dir.), *Images et colonies (1880-1962). Iconographie et propagande coloniale sur l'Afrique française*, Paris, Achac/BDIC/MHC, 1993 ; Nicolas Bancel, Pascal Blanchard, François Delabarre (dir.), préface d'Albert Memmi, *Images d'Empire*, Paris, La Documentation française/Éditions de La Martinière, 1997.

10. Serge Gruzinski, *La Guerre des images : de Christophe Colomb à Blade Runner, 1492-2019*, Paris, Fayard, 1989.

France ILLUSTRATION

N° 86 — 24 MAI 1947 — 40 FRANCS

Phot. U. P.

UNE GRANDE FIGURE DE L'UNION FRANÇAISE : FÉLIX ÉBOUÉ

A Bordeaux et à Paris viennent de se dérouler des cérémonies à la mémoire du grand Français noir Félix Éboué, gouverneur général de l'A.E.F., qui des premiers répondit en 1940 à l'appel du général de Gaulle. A Paris, le 18 mai, la place Daumesnil a reçu le nom de Félix Éboué. A Bordeaux, le 15, l'ancien chef du gouvernement provisoire avait prononcé un grand discours sur l'Union française devant 120.000 personnes, massées sur les Quinconces. — Voir pages 503 et 504.

« La tribune de l'Union française à Bordeaux », *France Illustration* [France], couverture de presse, mai 1947.

Aucun conflit, aucune répression, aucune négociation, aucune décision n'est engagé sans qu'un lien étroit ne puisse être tissé avec ce qui se passe au même moment à l'autre bout de l'Empire. Cette lecture oblige à regarder autrement les événements propres à chaque pays, car les décolonisations forment une matrice qui lie le destin de chaque peuple en lutte à celui de son voisin, de ses voisins, dans une perspective multi-scalaire. Le devenir des comptoirs des Indes est lié à la défaite indochinoise, les indépendances au Maroc et en Tunisie se lisent au regard de la guerre d'Algérie qui commence, et la guerre au Cameroun ne se comprend qu'en tenant compte de ce qui s'organise en AOF-AEF…

UN REGARD SUR UNE ÉPOQUE

Ce livre est le fruit d'un travail méthodique de recherche iconographique, initié depuis plusieurs années[9], entrepris pour mieux documenter cette histoire, et, autant que possible, utiliser l'image comme un analyseur des changements en cours, mais aussi de ce que les autorités souhaitaient alors montrer des colonisations, grâce à une propagande – par l'affiche, la photographie, le magazine ou le film[10] – active jusqu'à la fin de la guerre d'Algérie. Comment la propagande en images a-t-elle tenté de cacher la réalité des décolonisations à l'opinion ? Quelle place occupent la colonisation et l'Empire colonial dans l'opinion, dans ce moment charnière d'après-guerre ? Autant d'interrogations qui ont guidé notre approche.

Aussi, pour comprendre l'anesthésie de l'opinion durant la guerre d'Indochine, il est nécessaire de revenir sur la propagande coloniale et les images et informations qu'elle diffuse auprès des médias et du grand public. L'image n'est donc pas toujours ici une *illustration* : si elle peut servir à incarner un événement, elle permet également parfois de comprendre les intentions propagandistes de l'institution qui l'a produite.

Nous devons rappeler, bien sûr, que les images – et singulièrement les photographies, majoritaires dans nos corpus – ne sont pas seulement « vérité », mais aussi « fiction », ce qui ne sous-entend pas qu'il y aurait nécessairement volonté systématique de falsification dans leur production (construction par le cadrage ou le montage, élaboration et interprétation…)[11]. Tout ceci n'oblitère en rien, et même conforte, le statut de l'image comme source majeure pour appréhender l'histoire des décolonisations. Nous avons souhaité, dans cette perspective, qu'images et textes se répondent, permettant de s'éclairer réciproquement[12].

Cet ouvrage est organisé en quatre grandes parties chronologiques, marquant les basculements successifs de l'Empire colonial français jusqu'à son effondrement progressif, mais traite aussi la période suivante qui croise débats mémoriaux et maintien d'un espace ultramarin sous tutelle de la France durant un demi-siècle d'enjeux croisés (1970-2020). Le moment de basculement du livre, son point d'équilibre historique, est clairement l'année 1954 qui marque la défaite de Diên Biên Phu, la fin de la présence française en Asie avec la perte des comptoirs des Indes, le début de la guerre d'Algérie avec la « Toussaint rouge » et le discours de Carthage qui engage le processus de décolonisation dans les protectorats marocain et tunisien.

Ce moment pivot est le point de bascule entre les deux premières parties – *L'ébranlement*, 1943-1948 et *L'embrasement*, 1949-1954 – et les deux suivantes – *La fracture*, 1954-1958 et *La rupture*, 1959-1977 –, qui engagent le conflit algérien, les indépendances au Maghreb et en Afrique subsaharienne, mais aussi la reprise en main coloniale dans les « vieilles colonies », à Djibouti et aux Comores, en Nouvelle-Calédonie et en Polynésie. Une partie conclusive s'attache aux héritages et effets postcoloniaux[13] des décolonisations, aux immigrations postcoloniales et aux mutations des territoires ultramarins français à travers un regard panoramique sur les enjeux politiques et mémoriels – *La mémoire et l'oubli : 50 ans d'amnésie* –, prolongée par une mise en perspective de l'historien et politologue Achille Mbembe.

Chaque partie est conçue comme un panorama et comprend une quinzaine de focus historiques en images, permettant de mettre en exergue un événement majeur ou de porter un regard sur un élément spécifique de l'histoire des décolonisations. Ces soixante-dix focus s'organisent comme des « lieux de mémoire » des décolonisations, comme des faits qui de manière individuelle font récit et ouvrent des portes sur des histoires territorialisées ou globales.

RETOUR VERS LE PASSÉ

Les décolonisations dans l'Empire français se déroulent dans un contexte international de plus en plus hostile aux puissances coloniales, suite aux bouleversements provoqués par la Seconde Guerre mondiale. Le principe de l'autodétermination des peuples a déjà été adopté par la Charte de l'Atlantique, le 14 août 1941 : pour ses signataires, la rupture avec « l'ordre ancien » n'est plus qu'une affaire de temps. La Charte des Nations unies, signée à San Francisco le 26 juin 1945, enserre l'ordre colonial dans le « nouvel ordre mondial ». Les empires coloniaux vont devoir rendre des comptes devant l'ONU.

Dans ce contexte, les indépendances se succèdent après 1945, l'ONU change de visage et se désoccidentalise progressivement, avec la reconnaissance de nombreux pays indépendants (Syrie, Éthiopie, Philippines, Liberia, Égypte, Inde, Liban en 1945, puis Siam et Afghanistan en 1946, Yémen et Pakistan en 1947, Ceylan et Birmanie en 1948…), alors que s'affirme la prise de parole des « Suds » en 1955 lors de la conférence de Bandung, qui voit l'émergence des non-alignés sur la scène diplomatique internationale.

Cette mutation renforce considérablement le camp des « anticolonialistes » dans les organismes internationaux, alors que les deux « superpuissances » que sont les États-Unis et

11. Georges Didi-Huberman, *Images malgré tout*, Paris, Les Éditions de Minuit, 2003.

12. Comme nous avons pu le faire dans deux ouvrages précédents qui s'inscrivent dans une démarche commune : Pascal Blanchard, Farid Abdelouahab, *Les Années 30. Et si l'histoire recommençait ?*, Paris, Éditions de La Martinière, 2017 ; Pascal Blanchard, Pierre Haski, Farid Abdelouahab, *Les Années 50. Et si la Guerre froide recommençait ?*, Paris, Éditions de La Martinière, 2018.

13. Pascal Blanchard, Sandrine Lemaire, Nicolas Bancel (dir.), *Culture coloniale. De la Révolution française à nos jours*, Paris, CNRS Éditions/Autrement, 2008 ; et l'édition, en langue anglaise, *Colonial Culture in France Since the Revolution* (avec Dominic Thomas en codirection), Bloominghton, Indiana University Press, 2014.

14. Mongo Beti, *Main basse sur le Cameroun : autopsie d'une indépendance*, Paris, Maspero, 1977.

15. Alexander Keese, « A culture of Panic. "Communist" Scapegoats and Decolonization in French West Africa and French Polynesia (1945-1967) », in *French Colonial History*, n° 9, 2008.

16. Pierre Brocheux, Daniel Hémery, *Indochine, la colonisation ambiguë, 1858-1954*, Paris, La Découverte, 2001 [1995].

17. Irwin M. Wall, *Les États-Unis et la guerre d'Algérie*, Paris, Soleb, 2006.

l'URSS avec, à partir de 1949, la Chine communiste, s'engagent dans le démantèlement des anciens empires devenus à leurs yeux « obsolètes ». Durant ces années 1950, les condamnations de la France par l'ONU se multiplient concernant d'abord la guerre d'Algérie, puis la situation au Cameroun[14].

L'autre grille de lecture indispensable pour comprendre ce temps des décolonisations est la Guerre froide. Chaque camp agit, en fonction des intérêts qui lui sont propres, sur les conflits de décolonisations et les mouvements aux avant-postes des luttes nationales[15]. Chaque conflit déclenche des alliances qui peuvent en fonction des circonstances se retourner et s'inverser, comme le montrent la guerre au Cameroun, la guerre en Indochine[16] ou la guerre d'Algérie[17] où, par exemple, les Américains jouent double jeu à l'encontre des Français, pensant que le conflit peut fragiliser la France et l'éloigner de l'OTAN.

Un suspect Viêt-Minh découvert dans la jungle interrogé par une patrouille de la Légion française, photographie de l'US Army, 1954.

L'armée française en Algérie. Pacifier, Unir, affiche de l'armée française signée M. Fontaine, 86x68, 1957.

On le constate, les décolonisations de l'Empire français sont toutes parties prenantes de cette histoire-monde[18], comme le montre également la stratégie soviétique en Afrique noire française (AOF-AEF-Madagascar), qui multiplie les échanges avec les leaders syndicaux ou dote les étudiants de bourses pour étudier dans les pays du bloc de l'Est afin de les convertir à l'internationalisme, stratégie qui se traduit par un cuisant échec, sauf dans la Guinée de Sékou Touré[19], le Viêt-Nam et l'Algérie. La majorité des nouvelles nations indépendantes demeurèrent longtemps dans l'orbite de la France, constituant son « pré carré » au cours des années 1960-1980.

UN OUVRAGE-BILAN

L'historiographie de la colonisation et des décolonisations a énormément évolué depuis les dernières décennies[20]. Comme le rappelle Catherine Coquery-Vidrovitch[21], les débats sur les décolonisations étaient au début focalisés sur l'interprétation marxiste et sa contestation. Désormais, l'approche plus globale a fait la part des choses, notamment grâce à la *World history*[22] (devenue *Global history*[23]) et aux *postcolonial studies*, et les travaux sont nombreux[24] et divers[25], touchant tous les domaines de la recherche. Elle fait aussi l'objet d'une véritable « guerre des mémoires », mettant en lumière les nostalgiques de la colonisation mais aussi, dans le champ historiographique, d'une interprétation « conservatrice » de l'épisode colonial, emmenée par quelques historiens et ouvrages qui ont marqué les jalons d'une contre-réaction idéologique[26].

18. Marcel Dorigny, Jean-François Klein, Jean-Pierre Peyroulou, Pierre Singaravélou, Marie-Albane de Suremain, *Grand Atlas des empires coloniaux : des premières colonisations aux décolonisations (xve-xxie siècle)*, Paris, Autrement, 2019.

19. Odile Goerg, Céline Pauthier, Abdoulaye Diallo (dir.), *Le NON de la Guinée (1958). Entre mythes, relecture historique et résonances contemporaines*, Paris, L'Harmattan, 2010.

20. Raoul Girardet, *L'Idée coloniale en France de 1871 à 1962*, Paris, Hachette, 2005 [1972].

21. Catherine Coquery-Vidrovitch, « Les débats actuels en histoire de la colonisation », in *Tiers-Monde*, vol. 28, n° 112, 1987.

22. Bruce Mazlish, Ralph Buultjens, *Conceptualizing Global History*, Boulder, Westview Press, 1993.

23. Chloé Maurel, « La World/Global History », in *Vingtième Siècle. Revue d'histoire*, n° 104, 2009.

24. Marc Ferro (dir.), *Le Livre noir du colonialisme, xvie-xxie siècle : de l'extermination à la repentance*, Paris, Hachette littératures, 2004.

25. Entre autres, voir Mamadou Diouf, *L'Historiographie indienne en débat. Colonialismes, nationalismes et sociétés postcoloniales*, Paris, Karthala, 1999 ; Tony Chafer, *The End of Empire in French West Africa: France's Successful Decolonization?*, Oxford, Berg, 2002 ; Jacques Marseille, *Empire colonial et capitalisme français, histoire d'un divorce*, Paris, Albin Michel, 2005 [1988] ; Benjamin Stora, *Histoire de la guerre d'Algérie 1954-1962*, Paris, La Découverte, 2004 [1992] ; Yves Benot, *Indépendances africaines : idéologies et réalités*, Paris, Maspero, 1975.

26. Daniel Lefeuvre, *Pour en finir avec la repentance coloniale*, Paris, Flammarion, 2006 ; Daniel Lefeuvre, Michel Renard, *Faut-il avoir peur de l'identité nationale ?*, Paris, Larousse, 2008 ; Max Gallo, *Fier d'être français*, Paris, Fayard, 2006.

Cet ouvrage sur les décolonisations constitue donc une suite logique des travaux qui l'ont précédé[27]. Période charnière, car, malgré l'effondrement de l'Empire, les traces et héritages des décolonisations demeurent présents aussi bien dans les pays ex-colonisés que dans la France contemporaine. Beaucoup de ces travaux montrent que les politiques de décolonisations menées par la France ont été gouvernées par la volonté de conserver la puissance de la métropole, que cela passe par la guerre ou par des indépendances « négociées ».

Les situations, comme nous le verrons, sont hétérogènes. La décolonisation de l'Algérie n'a, apparemment, pas grand-chose à voir avec celle de l'Afrique-Occidentale française où, hormis le cas spécifique du Cameroun, les indépendances ne sont pas l'épilogue d'un bain de sang. Mais pourtant, dans les deux cas, et en fonction des circonstances, nous verrons que ces deux exemples répondent bien à la volonté de conserver la puissance et l'influence de la métropole, en usant de stratégies radicalement différentes. La pensée même de l'horizon historique des colonisations évolue durant toute la période et divise d'ailleurs à la fois les hommes politiques et la haute administration coloniale. Doit-on conserver l'Empire à tout prix ? La réponse est loin d'être unanime.

Mais au départ, dès la conférence de Brazzaville, les responsables politiques français ont cette idée chevillée au corps qu'il faut « sauver » une part de ce domaine colonial, coûte que coûte, et ils parviennent à leurs fins en en conservant près d'un sixième après 1962 et en maintenant l'influence de la France dans une bonne partie de ses anciennes colonies après les décolonisations.

L'histoire des décolonisations est aussi une histoire sanglante, la plus longue guerre menée par la France au XXe siècle, puisque, de l'Indochine à l'Algérie – et sans compter la poursuite de l'intervention française au Cameroun après 1960 ni les multiples interventions militaires qu'elle réalise après 1962 –, la France est constamment en guerre, pendant près de deux décennies. Durant toute cette période, la France coloniale, fondée sur les postulats et principes républicains de la « mission civilisatrice », fait face à ses démons. Peut-être comme jamais dans l'histoire coloniale de la France, à cette échelle, la République transgresse pendant les décolonisations ses principes[28], jusqu'à la torture, les massacres de populations « indigènes », l'utilisation des actions secrètes (La Main rouge[29], puis la *Françafrique*), le sacrifice d'une génération d'appelés, la trahison des populations et d'individus qui lui avaient fait confiance (à l'image des harkis), jusqu'à battre en brèche ses valeurs les plus fondamentales, à droite comme à gauche. C'est là, sans doute, l'une des raisons qui rendent difficilement audible, encore aujourd'hui, ce passé.

AUX ORIGINES D'UN BASCULEMENT

Tout commence en 1943, même si les décolonisations et les luttes nationales trouvent leurs origines dans l'entre-deux-guerres à l'ombre des fastes de l'Exposition coloniale de Vincennes en 1931. En 1943, l'Empire français est le second empire colonial au monde après l'Empire britannique en termes de surface – plus de douze millions de kilomètres carrés – et de population – environ soixante-cinq à soixante-dix millions d'« indigènes » sont placés sous la tutelle de la France[30]. Les territoires coloniaux sont, partout, avec des degrés d'intensité variable, gouvernés par le pouvoir de la force et la France y exerce une pleine autorité, y compris dans les mandats ou les protectorats[31].

En fonction des temporalités et des situations locales, mais aussi de l'ancienneté des mouvements politiques et des influences extérieures, de la présence importante ou non de minorités européennes, les réactions contre la domination coloniale à la fin de la Seconde Guerre mondiale vont de la guerre à outrance aux tentatives réformistes, selon une chronologie en quatre temps : les premiers chocs s'égrènent entre 1945 et 1948, suivis du grand basculement des années 1954-1956, puis de la rupture en 1960-1961, la période s'achevant avec la reprise en main de 1960 à 1967. Ainsi, très clairement, la Seconde Guerre mondiale a catalysé le

27. Qu'accompagnent la réalisation de deux films pour France 2 en 2020 sur les vingt-cinq années de luttes pour les indépendances, de Pascal Blanchard et David Korn-Brzoza.

28. Alain Ruscio, *Nostalgérie. L'interminable histoire de l'OAS*, Paris, La Découverte, 2015 ; Nicolas Bancel, Florence Bernault (dir.), Pascal Blanchard, Ahmed Boubeker, Achille Mbembe, Françoise Vergès, *Ruptures postcoloniales. Les nouveaux visages de la société française*, La Découverte, Paris, 2010 ; Patrick Weil, Stéphane Dufoix (dir.), *L'Esclavage, la colonisation, et après. France, États-Unis, Grande-Bretagne*, Paris, PUF, 2008.

29. Antoine Méléro, *L'Armée secrète de la République*, Paris, Éditions du Rocher, 1997 ; Mathilde von Bülow, *West Germany, Cold War Europe and the Algerian War*, Cambridge, Cambridge University Press, 2016.

30. L'Empire français comprend les « vieilles colonies » – Martinique, Guadeloupe, Guyane, Réunion –, mais aussi la Polynésie française et un ensemble de petits territoires côtiers tels les comptoirs français en Inde ; les protectorats – Tunisie, Maroc – et départements du Maghreb – Algérie – ; les mandats du Moyen-Orient – Liban, Syrie – ; l'Indochine – Laos, Cambodge, Cochinchine, Tonkin, Annam – et les territoires et concessions en Chine ; l'Afrique-Occidentale française (AOF) comprenant le Sénégal, la Côte d'Ivoire, le Soudan français (actuel Mali), le Niger, le Dahomey (actuel Bénin), la Haute-Volta (actuel Burkina Faso), la Guinée et la Mauritanie ; l'Afrique-Équatoriale française (AEF) comprenant le Gabon, le Congo-Brazzaville (actuelle République du Congo), le Tchad, l'Oubangui-Chari (actuelle République centrafricaine) ; mais aussi les mandats africains – Togo, Cameroun –, Madagascar, les Comores et Djibouti (alors Côte française des Somalis), ainsi que la Nouvelle-Calédonie, Wallis et Futuna et le condominium franco-britannique de Vanuatu. Enfin, plusieurs archipels et îles sur les trois océans, Saint-Pierre et Miquelon et les territoires de l'Antarctique.

31. Olivier Le Cour Grandmaison, *Coloniser, exterminer. Sur la guerre et l'État colonial*, Paris, Fayard, 2005.

processus de décolonisation de l'Empire français, après l'annonce de l'indépendance du Liban, en juin 1941, et sa matérialisation formelle en 1943, annonçant une période d'ébranlement dans tout l'Empire.

À cet égard, la conférence de Brazzaville, début 1944, manifeste la prise de conscience d'une fraction des élites politiques françaises de la nécessité d'entreprendre des réformes pour conserver l'Empire et répondre aux « aspirations des colonisés », face à la montée des revendications dans les colonies. Mais à l'avers de ces réformes, on distingue l'autre versant de la politique coloniale : réprimer partout où c'est possible les mouvements indépendantistes ou autonomistes[32]. Alors que la répression touche la Syrie et l'Algérie[33] en 1945 – avant de frapper pendant de longs mois Madagascar (1947-1948) – et alors que s'intensifie le conflit en Indochine, l'année 1946 est marquée par une série de réformes majeures[34].

Deux ans après, en 1948, la France pense avoir repris en main l'Union française, mais, signe des temps, dans les minuscules comptoirs français de l'Inde, la situation commence à échapper aux autorités, à la suite de l'indépendance des Indes britanniques de 1947, alors qu'au Cameroun, la naissance d'un parti ouvertement indépendantiste, l'Union des populations du Cameroun (UPC), inquiète les autorités coloniales, tout comme l'activisme du Rassemblement démocratique africain (RDA) en AOF.

À cet instant, l'attachement de l'opinion française – sous réserve de ne pas y consacrer trop de moyens financiers, dans cette période de reconstruction et de rationnement qui perdure jusqu'à fin 1949 – au domaine impérial mais aussi le fait que la propagande coloniale euphémise et travestisse la réalité des révoltes coloniales et de la guerre en Indochine, la fragilité des gouvernements de la IVe République – laissant aux militaires l'essentiel de la gestion des conflits coloniaux –, expliquent en grande partie l'aveuglement face à la dynamique mondiale de décolonisation qui s'engage partout. De droite comme de gauche – jusqu'au Parti communiste français –, la question de « partir » des colonies n'est ni envisagée, ni envisageable. Tout bascule dans la période suivante… celle de l'embrasement des territoires coloniaux.

L'UNION FRANÇAISE VACILLE

Embrasement de l'Indochine où, depuis 1946, l'intensification des combats entraîne la France à engager des forces toujours plus nombreuses, alors que le conflit s'internationalise pour devenir l'un des épicentres de la Guerre froide, avec d'un côté l'aide apportée par la Chine et l'URSS au Viêt-Minh communiste, de l'autre le soutien croissant des États-Unis – prolongeant en Indochine l'engagement des États-Unis dans la guerre de Corée depuis 1950 – à l'effort de guerre de la France. La première défaite majeure du corps expéditionnaire français en Extrême-Orient survient en 1950, lors de la bataille pour le contrôle de la Route coloniale 4, qui provoque la chute de la place forte de Cao Bang.

Ce choc marque le début du doute dans l'opinion comme dans les milieux d'affaires, sur la pérennité de l'édifice colonial. En Afrique, le RDA multiplie en Côte d'Ivoire les manifestations anticoloniales, entraînant jusqu'en 1950 – date à laquelle le RDA se sépare du Parti communiste – une répression brutale. Au Cameroun, l'UPC organise manifestations et grèves anticoloniales, suscitant également une vive réaction des autorités coloniales à peine sorties de la répression à Madagascar[35]. Les vieilles colonies ne sont pas épargnées par les mouvements de protestation, notamment aux Antilles en 1950-1952, devant les insuffisances de la départementalisation.

Le Maghreb est aussi la proie de revendications nationalistes croissantes. Au Maroc l'expulsion du sultan, en août 1953, provoque la colère populaire, alors qu'en Tunisie, le Néo-Destour, tiraillé entre les radicaux demandant l'indépendance immédiate et les modérés, emmenés par Habib Bourguiba, désirant une accession par étapes, multiplie les manifestations nationalistes. En Algérie, le jeu électoral se transforme en une parodie de démocratie

32. Yves Benot, *Massacres coloniaux. 1944-1950 : la IVe République et la mise au pas des colonies françaises*, Paris, La Découverte, 2005.

33. Annie Rey-Goldzeiguer, *Aux origines de la guerre d'Algérie, 1940-1945*, Paris, La Découverte, 2002.

34. Nicolas Bancel, « Un cadeau empoisonné ? Le Fonds d'investissement pour le développement économique et social des territoires d'outre-mer (FIDES), 1946-1958 », in Alain Ruscio, *Encyclopédie de la colonisation française*, Paris, Les Indes savantes, 2019.

35. Frederick Cooper, *Décolonisation et travail en Afrique. L'Afrique britannique et française 1935-1960*, Paris/Amsterdam, Karthala/Sephis, 2004.

36. Françoise Chapron, *Pierre Mendès France, la République en action*, Paris, Infimes, 2016.

Vive l'UPC. Vive le FLN, photographie (diffusée dans un reportage de *Paris-Match*) (Sénégal), 1958 [26 août]. Manifestation lors de la tournée du général de Gaulle en Afrique subsaharienne.

qui pousse les militants les plus engagés à la lutte armée et les partis politiques à sortir d'une situation sans perspective.

En France, face à ces évolutions qui englobent de larges parties de l'Empire, les gouvernements successifs de la IVe République apportent des réponses contrastées, en lien avec les divisions de la haute administration coloniale, partagée entre les ultras qui souhaitent préserver le *statu quo* par la force et les réformistes qui envisagent d'autres voies pour préserver l'influence de la France.

L'aveuglement, l'immobilisme ou le jusqu'au-boutisme des gouvernements de la IVe République conduisent au grand basculement de l'Union française de 1954. Pour l'Empire français, le point névralgique de ce processus se situe en Indochine. Après la défaite de Diên Biên Phu, le 8 mai 1954, Pierre Mendès France, conscient de l'impossibilité de conserver l'Indochine, accorde l'indépendance[36]. Le Laos et le Cambodge, formellement indépendants depuis 1953, sont reconnus pleinement par la France.

En France, le choc est énorme. Bercés par les mensonges de la propagande coloniale, les Français découvrent la fragilité de leur Empire et commencent à comprendre qu'il est peut-être éphémère. L'option militaire s'est soldée par un cuisant échec, ce qui n'empêche pas de

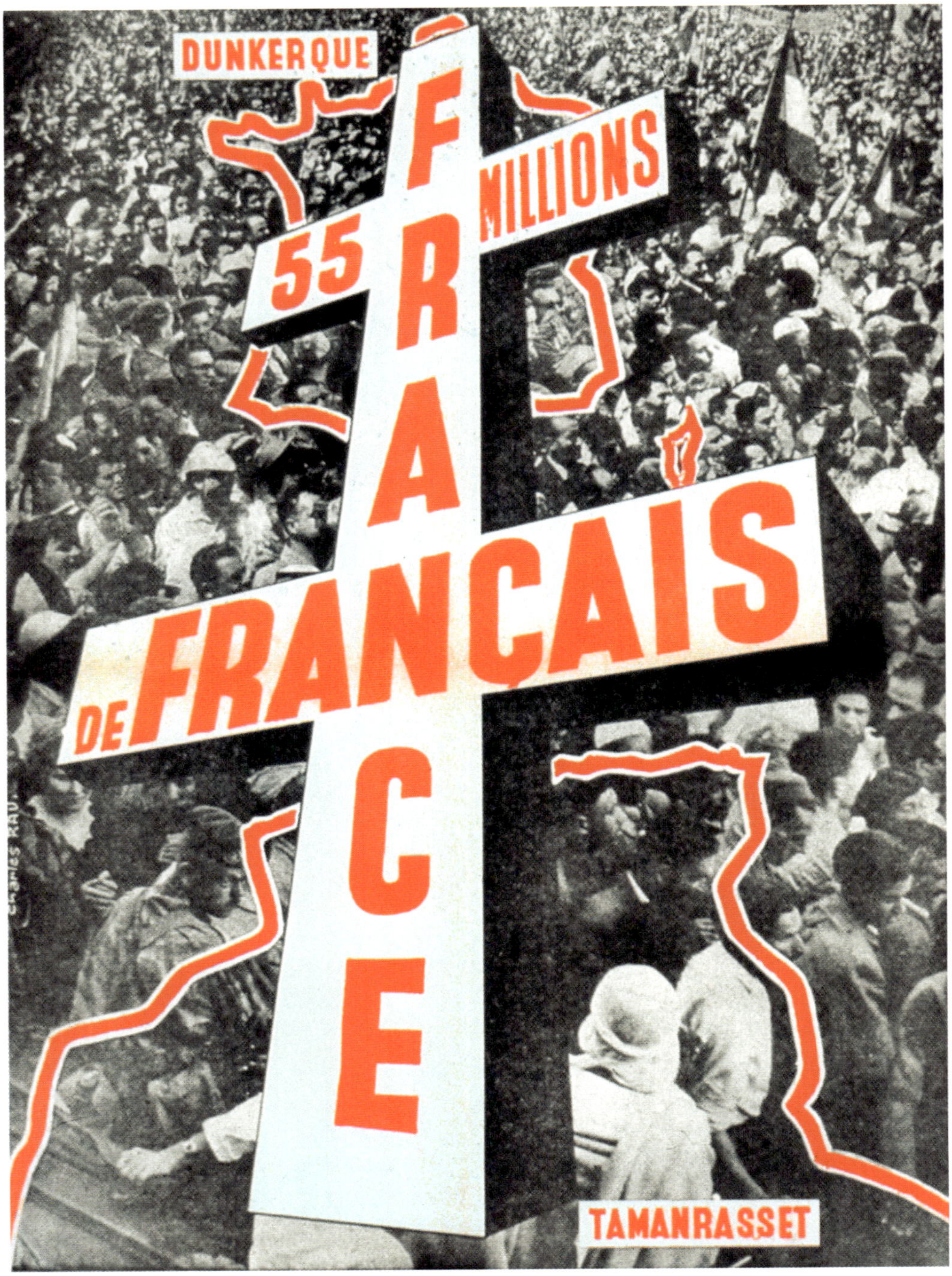

De Dunkerque à Tamanrasset. 55 millions de Français, affiche signée Charles Rau, 58x42, 1959.

poursuivre dans cette voie durant la première phase de la guerre d'Algérie ou au Maroc et en Tunisie, comme au Cameroun.

La France quitte l'Asie après trois siècles de présence. Alors que le drapeau sur le dernier comptoir des Indes est à peine baissé, le bruit des bombes et des attentats retentit en Afrique. Une nouvelle guerre commence avec la Toussaint rouge, le 1er novembre 1954, le Front de libération nationale (FLN) algérien perpétrant une série d'attentats contre les intérêts français. Avec la perte de l'Indochine, la perte des comptoirs indiens, le début du conflit algérien, les troubles au Maroc et en Tunisie, la crise qui s'installe au Cameroun ou dans les vieilles colonies, comme en Polynésie, 1954 constitue une année charnière, ouvrant la voie à une nouvelle époque dans le processus des indépendances.

L'EFFONDREMENT DE L'ÉDIFICE COLONIAL

À partir de 1954-1955, le temps des fractures s'engage[37]. Pierre Mendès France, plutôt que de subir et de s'enfermer dans une répression sans issue, a essayé avec le discours de Carthage et après le règlement de la question indochinoise, de développer une autre politique aux colonies. Mais il est trop tard. La France est désormais engagée dans un conflit sans fin en Algérie, l'humiliation de Suez ne faisant que renforcer la fuite en avant des autorités. En Algérie commence une guerre de huit ans qui ne dit pas son nom – la propagande militaire évoque des « *opérations de pacification* » –, comme au Cameroun à partir de 1955, alors que le Maroc et la Tunisie deviennent indépendants en 1956 après des années de « troubles » et de répressions.

En 1956-1957, on assiste à une intensification du conflit en Algérie, avec le recours aux appelés et la généralisation des attentats du FLN, en France comme en Algérie. Guy Mollet, nouveau président du Conseil, qui a fait campagne sur la résolution du conflit, abandonne toute velléité de négociation, et laisse bientôt toute latitude à l'armée pour régler le « problème algérien ». L'intensification de la répression, la bataille d'Alger, les camps de regroupement et la généralisation de la torture[38] sont les conséquences directes de cette politique, tandis que le FLN bénéficie désormais de soutiens directs avec l'Égypte et, fin 1956, le Maroc et la Tunisie indépendants[39]. Au même moment, les milieux d'affaires, les grandes banques et une partie de la haute administration coloniale commencent à douter du devenir impérial[40] et préconisent, sur les traces du journaliste de *Paris-Match* Raymond Cartier, le désengagement de ces « aventures », qui ne rapportent rien à la France et lui coûtent cher[41].

Débute alors au Cameroun un conflit qui ouvre un second front en 1955, en parallèle de celui au Maghreb, avec l'insurrection de l'UPC dans la région de la Sanaga-Maritime[42]. Si l'AOF, l'AEF et Madagascar semblent relativement « calmes », la crainte d'une extension des nationalismes radicaux et d'une rupture politique définitive avec les élites formées en France, qui ouvriraient d'autres fronts, encourage la France à envisager des réformes plus radicales pour conserver son influence. En 1956 est votée la loi-cadre, destinée à l'AOF, l'AEF, Madagascar, le Togo et le Cameroun. Le suffrage universel est instauré, des Assemblées territoriales instituées peuvent légiférer, les exécutifs locaux voient leurs pouvoirs élargis, la France conservant les prérogatives régaliennes (armée, justice, affaires étrangères, contrôle partiel de l'économie).

La voie d'indépendances sous contrôle est balisée[43], alors que les Antilles françaises voient se multiplier les mécontentements entre 1956 et 1959, avec des émeutes en Martinique, la création du premier parti indépendantiste en Guyane (Union du peuple guyanais, UPG, 1959), les violences sociales et syndicales en Guadeloupe et une vague d'arrestations d'indépendantistes en Polynésie. C'est le basculement, il ne reste plus à la France qu'à tenter de sauver ce qui peut l'être des colonies et ailleurs de sauvegarder sous d'autres formes son influence. Là où cela semble impossible, comme en Algérie, à intensifier la guerre en envoyant de plus en plus d'appelés et de rappelés.

Cette conjonction des crises coloniales, et en premier lieu la situation en Algérie, provoque la chute de la IVe République et le retour du général de Gaulle aux affaires, qui promet de conserver l'Algérie à la France tout en réformant l'Empire[44]. Il lance son « *je vous ai compris* » en Algérie, engage des négociations tout en maintenant la pression militaire, et crée en parallèle et en urgence, fin 1958, la Communauté des États associés à laquelle peuvent adhérer les territoires d'AOF, d'AEF, le Togo, le Cameroun et Madagascar, mais aussi d'autres territoires. Un référendum, territoire par territoire, est organisé en septembre 1958. Tous votent pour le « oui », à l'exception de la Guinée de Sékou Touré qui, en conséquence, obtient immédiatement l'indépendance.

En Algérie, la guerre se poursuit, et en réponse aux appels du général de Gaulle, le FLN crée en septembre 1958 le Gouvernement provisoire de la République algérienne (GPRA) pour conduire le pays sur la voie de l'indépendance. Les attentats se multiplient, en France

37. Frederick Cooper, *L'Afrique depuis 1940*, Paris, Payot, 2012.

38. Raphaëlle Branche, *La Torture et l'armée pendant la guerre d'Algérie, 1954-1962*, Paris, Gallimard, 2001.

39. Benjamin Stora, Ellyas Akram, *Les 100 Portes du Maghreb. L'Algérie, le Maroc, la Tunisie, trois voies singulières pour allier islam et modernité*, Paris, Éditions de l'Atelier, 1999.

40. Catherine Hodeir, *Stratégies d'Empire. Le grand patronat colonial face à la décolonisation*, Paris, Éditions Belin, 2003.

41. Nathalie Ruz, « La force du "cartiérisme" », in Jean-Pierre Rioux, *La Guerre d'Algérie et les Français*, Paris, Fayard, 1990.

42. Manuel Domergue, Jacob Tatsita, Thomas Deltombe, *Kamerun ! Une guerre cachée aux origines de la Françafrique (1948-1971)*, Paris, La Découverte, 2011 ; Achille Mbembe, *La Naissance du maquis dans le Sud-Cameroun, 1920-1960*, Paris, Karthala, 1996.

43. Frederick Cooper, *Citizenship between Empire and Nation: Remaking France and French Africa, 1945-1960*, Princeton, Princeton University Press, 2014.

44. Mohammed Harbi, Benjamin Stora (dir.), *La Guerre d'Algérie, 1954-2004. La fin de l'amnésie*, Paris, Robert Laffont, 2004.

et en Algérie, de Gaulle réplique en renforçant la répression[45], tout en sachant probablement que le sort de l'Algérie française est scellé. L'idée émerge de lâcher l'Algérie pour se concentrer sur ce qui peut être sauvegardé : les « confettis » que sont les vieilles colonies, les Comores et Djibouti, la Nouvelle-Calédonie et la Polynésie où partout la répression s'abat contre les mouvements indépendantistes (interdits ou éradiqués), leurs leaders (emprisonnés) comme les syndicats politiquement engagés.

En 1960, la majorité des possessions coloniales françaises accède à l'indépendance, alors que la guerre d'Algérie s'enlise malgré les succès militaires des forces françaises sur le terrain, et se transforme en guerre civile avec la création de l'OAS. La plupart des États africains nouvellement indépendants choisissent de maintenir de forts liens bilatéraux avec l'ancienne métropole, liens confirmés par les accords de coopération[46] dans les domaines économique, militaire et culturel. Ainsi s'invente la *Françafrique*[47], système semi-mafieux favorisant les relations « familiales » directes entre l'ancienne métropole et les dirigeants de ses ex-colonies africaines, autorisant, les indépendances achevées, à garder sous contrôle le « pré carré » africain.

En Algérie, le 4 novembre 1960, la perspective d'une « Algérie algérienne » est envisagée par le général de Gaulle. Le 8 janvier 1961, un référendum approuve, en France et en Algérie, sa politique algérienne ; en France, l'opinion souhaite la fin rapide du conflit, dont la violence touche la métropole avec la multiplication des attentats du FLN, mais aussi, le 17 octobre 1961, le massacre par la police d'Algériens manifestant à l'appel du FLN en bravant un couvre-feu instauré pour eux seuls[48]. Le 18 mars 1962, les accords d'Évian sont signés. L'exode des pieds-noirs commence, alors que les harkis – dont une poignée tente, contre la volonté de la France, de les suivre en métropole – sont massacrés[49]. Mais le gouvernement peut estimer qu'il a sauvé l'essentiel, pour une période transitoire : les essais nucléaires dans le Sahara (ainsi que la base de fusées) et l'exploitation du pétrole.

LES HÉRITAGES DES INDÉPENDANCES

Le domaine colonial s'est effondré, de la Communauté il ne reste rien, mais la France a su préserver son influence en vassalisant des anciennes colonies africaines, et elle possède encore des territoires ultramarins. C'est vers eux que se tourne désormais le regard des gaullistes. Aux Antilles et en Guyane, la situation est tendue. En Polynésie, en novembre 1963, le grand parti de l'opposition politique est dissous, et la Nouvelle-Calédonie est placée sous une forme de tutelle administrative de la France. À La Réunion, l'ordre règne avec la présence de Michel Debré, tandis qu'aux Comores et à Djibouti, la France reste aux commandes, jouant sur les antagonismes locaux, préparant le séparatisme de Mayotte. En à peine cinq ans, la France parvient à éteindre toutes les formes de revendications indépendantistes, dans des territoires où, il est vrai, l'indépendantisme demeure minoritaire. Lorsque la rue se révolte, comme à Djibouti et en Guadeloupe en 1967, la répression est féroce.

Dix ans plus tard, la France lâche Djibouti[50] – mais en fait une de ses principales bases militaires – et les Comores[51] – tout en gardant Mayotte après le référendum. Ainsi se termine, dans l'indifférence la plus totale de l'opinion française, le mouvement des indépendances des territoires coloniaux français. Dans le même temps, les relations avec les anciens territoires coloniaux sont diverses : complexes avec l'Algérie et le Viêt-Nam, elles se sont maintenues avec la plupart des anciennes colonies en Afrique subsaharienne[52], et les territoires ultramarins de la France font désormais partie intégrante de la République et lui assurent une des plus importantes zones exclusives au monde[53]. Même si les crises sociales et politiques se succèdent, même si la Nouvelle-Calédonie par le référendum de 2018 vient tout juste de sortir de trente ans de conflit ouvert, la France a conservé des territoires ultramarins.

Depuis, une amnésie collective, consciente ou non, a favorisé la nostalgie, plus que le regard critique sur les décolonisations[54]. Ce passé a ressurgi au cours des années 1990-2000[55],

45. Sylvie Thénault, *Violence ordinaire dans l'Algérie coloniale. Camps, internements, assignations à résidence*, Paris, Odile Jacob, 2012.

46. Franck Petiteville, « Quatre décennies de "coopération franco-africaine" : usages et usure d'un clientélisme », in *Études internationales*, vol. 27, n° 3, 1996.

47. François-Xavier Vershave, *La Françafrique : le plus long scandale de la République*, Paris, Stock, 1998.

48. Jean-Luc Einaudi, *Octobre 1961, un massacre à Paris*, Paris, Pluriel, 2011.

49. François-Xavier Hautreux, *La Guerre d'Algérie des harkis : 1954-1962*, Paris, Perrin, 2013.

50. Maurice Flory, « L'indépendance de Djibouti », in *Annuaire français de droit international*, vol. 23, 1977.

51. Pierre Caminade, *Comores-Mayotte : une histoire néocoloniale*, Marseille, Agone, 2003.

52. Roland Pourtier (dir.), *1960-2010 : 50 ans d'indépendances africaines*, Paris, Bulletin de l'Association des Géographes Français, 2010.

53. C'est la plus vaste après celle des États-Unis, loin devant celles de la Russie, de l'Australie, du Canada, de la Chine ou du Royaume-Uni.

54. Makhily Gassama (dir.), *50 ans après, quelle indépendance pour l'Afrique ?*, Paris, Éditions Philippe Rey, 2010.

55. Nicolas Bancel, Pascal Blanchard, « Les pièges de la mémoire coloniale », in La Documentation française/*Les Cahiers français*, n° 303, juillet-août 2001.

56. Pascal Blanchard, Isabelle Veyrat-Masson (dir.), *Les Guerres de mémoires. La France et son histoire*, Paris, La Découverte, 2010.

57. Nicolas Bancel, Pascal Blanchard, Dominic Thomas, *Vers la guerre des identités ? De la fracture coloniale à la révolution ultranationale*, Paris, La Découverte, 2016.

Briser les urnes colonialistes. Conquérir l'indépendance nationale [Antilles], affiche du GONG, 35x65, 1968.

devenant une véritable « *guerre des mémoires*[56] » où s'affrontent désormais non les acteurs de cette histoire – les derniers témoins sont en train de disparaître –, ni leurs enfants, mais bien souvent leurs petits-enfants issus des immigrations postcoloniales, descendants de rapatriés, ou nouveaux acteurs politiques qui reprennent le flambeau des luttes d'hier – tel le Rassemblement national, dans la continuité du mouvement poujadiste du milieu des années 1950.

Il reste que l'usage du passé colonial et des décolonisations dans les pays ex-colonisés devrait faire l'objet de travaux plus critiques, pour l'heure épars et peu nombreux. Comment par exemple, le FLN a-t-il monopolisé et héroïsé le récit de la lutte pour l'indépendance ? Comment s'est-il servi de ce passé pour se légitimer politiquement ? De ce fait, ce passé a-t-il encore un sens pour les jeunes générations en Afrique et en Asie ? Quelle histoire des décolonisations raconter dans les territoires ultramarins ? Comment des pays d'Afrique subsaharienne considèrent-ils aujourd'hui une période coloniale qui, pour nombre d'entre eux, est encore largement idéalisée ? Au-delà du cas français, les décolonisations ont également, sans aucun doute, laissé de nombreuses traces dans les anciennes colonies, et il est temps de regarder en face ce passé, en commun.

En France, pour les nostalgiques, le déclin de l'Hexagone aurait commencé avec les indépendances. Depuis lors, la France perdrait son « identité », les immigrations postcoloniales auraient provoqué une « colonisation inversée »[57] : la France ne serait plus la France. Revenir sur les décolonisations, aujourd'hui, c'est aussi comprendre pourquoi ce passé est encore un enjeu actuel qui hante le présent.

PARTIE I

L'ÉBRANLEMENT 1943-1948

Arrestation de villageois algériens après les émeutes dans le Constantinois [Kherrata, Algérie], photographie du service des armées, 1945 (mai). Le reportage porte la mention « soumission de musulmans révoltés »

En novembre 1942, la France libre et les Alliés débarquent en Afrique du Nord[1]. Une étape dans la libération de la France commence sur cette terre d'Afrique où, deux ans et demi plus tôt, ont eu lieu les premiers ralliements au général de Gaulle. Vichy a vu, à partir de l'été 1940, l'Empire lui échapper alors qu'en métropole, la « Révolution impériale[2] » pétainiste n'a eu de cesse de faire croire aux Français que « *l'Empire est fidèle* » et qu'il est une garantie de la puissance française dans la nouvelle Europe allemande.

Mais, depuis octobre 1940, Brazzaville au Congo (AEF) est la capitale de la France libre. Le général de Gaulle y tient l'essentiel de son assise territoriale grâce au ralliement de diverses colonies, les autres sont conquises par les armes[3]. Alger devient ainsi le centre névralgique de la France combattante avec le 3 juin 1943 la création du Comité français de libération nationale (CFLN) et, le 17 septembre 1943, celle de l'Assemblée consultative provisoire.

Dans le même temps, dans l'Empire, les revendications des colonisés prennent forme – sous l'impulsion des mouvements nationalistes fondés durant l'entre-deux-guerres – et les autorités de la France libre ont conscience qu'il faut agir vite pour ne pas voir le domaine colonial leur échapper. Il faut en premier lieu temporiser au Liban, à qui la France, après avoir tenté de résister, a dû accorder l'indépendance le 22 novembre 1943, faisant suite aux accords du 26 novembre 1941 proclamant l'indépendance, afin de garder la fidélité de ce territoire aux gaullistes, et ce deux mois après l'annonce de l'indépendance de la Syrie, également sous mandat français, le 27 septembre 1941[4]. Mais cette « indépendance sous tutelle » est purement théorique tant que les troupes françaises sont maintenues sur place.

En Afrique du Nord, la situation politique est tout aussi confuse. Publié en février 1943, le Manifeste du peuple algérien sous la conduite de Ferhat Abbas prône un fédéralisme autour d'un État associé avec la France[5]. Quelques mois plus tard, le Maroc s'engage lui aussi sur la voie de l'émancipation, imitant le Liban et la Syrie, avec la création en décembre 1943 du parti de l'Istiqlal (parti de l'indépendance au Maroc), qui le 11 janvier 1944 remet au sultan son Manifeste pour l'indépendance[6].

Pour preuve de cette nouvelle politique, le général de Gaulle avait annoncé à Constantine en Algérie, le 12 décembre 1943, qu'il allait donner la citoyenneté française à plusieurs milliers d'Algériens. Cette réforme, attendue depuis l'échec du projet Blum-Viollette du Front populaire, est mise en œuvre par l'ordonnance du 7 mars 1944[7]. En ce qui concerne l'Indochine, où se côtoient administration vichyste, nationalistes-communistes derrière Hồ Chí Minh qui a fondé le Viêt-Minh en mars 1941, et l'occupant japonais, le général de Gaulle reconnaît dans une allocution la légitimité du « *sentiment national* » des différents peuples d'Indochine[8]. Aux Antilles, au Sénégal, à Madagascar, dans les comptoirs des Indes ou en Polynésie, c'est le même mouvement qui s'engage, réclamant la fin du système colonial d'avant-guerre.

DE LA CONFÉRENCE DE BRAZZAVILLE AUX PREMIÈRES RÉPRESSIONS

Fin 1943, l'Empire colonial est fragilisé et le général de Gaulle décide dans cette perspective d'organiser la conférence de Brazzaville, le 30 janvier 1944, alors que la Seconde Guerre mondiale se poursuit. Il en confie la préparation à trois hommes de confiance : Félix Éboué, Henri Laurentie et René Pleven. Le symbole est fort : à Brazzaville, toute la France libre est réunie dans l'ancienne capitale de la France combattante. Lors de son discours mémorable, le général de Gaulle évoque la « *salutaire transformation de l'Afrique* » mais sans envisager l'indépendance, tout en suggérant de profondément réformer l'Empire. Globalement, la déception domine chez les militants anticolonialistes ou réformateurs,

1. Christine Levisse-Touzé, *L'Afrique du Nord dans la guerre, 1939-1945*, Paris, Albin Michel, 1998.

2. Pascal Blanchard, Ruth Ginio, « Révolution impériale : le mythe colonial de Vichy », in Pascal Blanchard, Sandrine Lemaire (dir.), *Culture impériale 1931-1961. Les colonies au cœur de la République*, Paris, Autrement, 2004.

3. François de Lannoy, « La 1re armée et la libération de la France », in *La Nouvelle Revue d'histoire*, n° 74, septembre-octobre 2014.

4. Pierre Fournié, *La France et le Proche-Orient : 1916-1946*, Tournai, Casterman, 1996.

5. Charles-Robert Ageron, « *Ferhat Abbas et l'évolution de la politique de l'Algérie musulmane pendant la Seconde Guerre mondiale* », in *Revue d'histoire maghrébine*, n° 4, juillet 1975.

6. Youssef Chiheb, *Manifeste pour l'indépendance du Maroc, 11 janvier 1944. Hommes, destins, mémoire*, Paris, Éditions Alfabarre, 2014.

7. Patrick Weil, « Le statut des musulmans en Algérie coloniale. Une nationalité française dénaturée », in *Histoire de la justice*, vol. 16, n° 1, 2005.

8. Robert Frank, « Préface », in Pierre Journoud (dir.), *De Gaulle et le Vietnam. 1945-1969. La réconciliation*, Paris, Tallandier, 2011.

9. Dimitri-Georges Lavroff (dir.), *La Politique africaine du général de Gaulle (1958-1969)*, Paris, Fondation Charles de Gaulle (colloque de Bordeaux), 1980.

10. Frederick Cooper, *Citizenship between Empire and Nation: Remaking France and French Africa, 1945-1960*, Princeton, Princeton University Press, 2014.

qui retiennent notamment l'une des conclusions de la conférence : « *Les fins de l'œuvre de civilisation accomplie par la France dans les colonies écartent toute idée d'autonomie.* »

Mais prenant assez vite conscience du décalage entre les conclusions de la conférence et les attentes des militants des mouvements nationalistes[9], le général de Gaulle déclare en juillet 1944 que « *chaque territoire sur lequel flotte le drapeau français doit être représenté à l'intérieur d'un système de forme fédérale* [...][10] ». Puis, le 25 octobre 1944, lors d'une conférence de presse reproduite par le journal *Combat*, il prononce enfin les mots attendus : « *La politique française consiste à mener chacun de ces peuples à un développement qui lui permette de s'administrer, et plus tard, de se gouverner lui-même...* » Ce décalage entre Brazzaville et ses déclarations ultérieures est révélateur de la pression

Alger capitale de l'Empire. Les autorités civiles et militaires assistent au défilé des troupes FFL en présence du général de Gaulle [Algérie], photographie, 1943. Aux côtés du général de Gaulle, sont présents le général Alphonse Juin (commandant du détachement de l'armée française en Tunisie), ainsi que le général René Bouscat, le général Edgard de Larminat, et plusieurs hauts fonctionnaires du CFLN, notamment Henri Bonnet, René Mayer, René Pleven, Jules Abadie et André Diethelm.

qu'imposent déjà les milieux coloniaux et les élites politiques.

Pour beaucoup, la preuve du double langage de Brazzaville se lit dans les événements du Maroc, où le leader Ahmed Balafredj et plusieurs dirigeants nationalistes sont arrêtés au moment où s'ouvre la conférence. En effet, les autorités françaises répriment des manifestations à Rabat-Salé – où des milliers de Marocains marchent vers le palais du sultan – et à Casablanca. L'insurrection gagne Fès[11], la répression faisant près de cinquante morts, des centaines de blessés, alors que l'on procède à des centaines d'arrestations[12]. En contrechamp de ces vagues répressives, sont mises en place plusieurs réformes techniques, toutes jugées insuffisantes par les nationalistes marocains ou les signataires du manifeste en Algérie.

Quelques mois plus tard, le retour des combattants coloniaux du front, et notamment les tirailleurs sénégalais qui réclament sans succès leurs primes et soldes depuis des semaines en métropole et dans les ports[13], déclenche de nouveau un vent de critiques en métropole et en AOF-AEF. Le 30 novembre 1944 éclate dans le camp de Thiaroye au Sénégal, une « mutinerie » de soldats débarqués à Dakar une dizaine de jours plus tôt. Le 1er décembre 1944, la répression fait des dizaines de morts[14].

Le message de la France est clair, au Maroc, au Sénégal, en Côte d'Ivoire, en Tunisie, l'ordre colonial doit être conservé. Léopold Sédar Senghor, dans son article publié dans la revue *Esprit* en juillet 1945[15], fait une allusion indignée à ces événements. Le jugement contre les « mutins de Thiaroye », sur la base de preuves trafiquées et de rapports militaires sur mesure, est prononcé le 5 mars 1945, et leur pourvoi en cassation rejeté le 17 avril 1945.

Quinze jours plus tard, l'insurrection commence en Algérie et au Levant (Syrie et Liban), alors qu'en Europe, à Berlin, Adolf Hitler se suicide le 30 avril 1945, annonçant les dernières heures du conflit.

La conférence de Brazzaville [Congo], photographie, 1944 [janvier].

MAI 1945 : LES ÉVÉNEMENTS AU LEVANT ET EN ALGÉRIE

La tension n'a cessé de croître au Liban et en Syrie en 1944-1945, du fait de l'essor du nationalisme arabe mais aussi de la stratégie de la France de retarder le retrait de ses troupes, s'opposant ainsi aux présidents libanais Bechara el-Khoury et syrien Choukri al Kouatli. La situation est tendue avec les nationalistes syro-libanais[16] car le général de Gaulle refuse de négocier. Pour marquer une rupture nette avec la France, la Syrie et le Liban viennent de participer à la fondation de la Ligue arabe au Caire le 22 mars 1945[17]. Dans ce cadre, les manifestations nationalistes redoublent d'intensité.

Dès avril 1945[18], il ne reste à la France qu'une alternative pour conserver son influence dans la région : trahir les traités, refuser le résultat des élections, doubler les Britanniques et employer la force pour imposer ses exigences. Le 5 mai 1945, des tirailleurs sénégalais sont débarqués à Beyrouth et face à la critique des Britanniques et de la Ligue arabe, les Français répondent que c'est « *une affaire exclusivement française* ». Le 17 mai 1945, de nouvelles troupes arrivent au Liban, et si la situation est encore calme dans ce mandat, en Syrie les manifestations et affrontements contre l'administration française se succèdent, notamment à Damas.

Le 29 mai 1945, exaspéré par ce vent de révolte, le général Fernand Olive donne l'ordre d'attaquer des bâtiments civils et de bombarder Damas, faisant près d'un millier de victimes. Le général de Gaulle tente de passer en force, il joue son joker au Levant, persuadé qu'il ne faut lâcher aucun territoire colonial sous peine de voir tout l'édifice s'effondrer. Les Britanniques sont furieux, et Winston Churchill « *estime nécessaire une intervention immédiate de sa part* ». Mais un nouveau Fachoda est évité car les troupes françaises, déjà engagées dans des « troubles » au Maghreb, doivent se replier. Le 4 juin 1945, le général de Gaulle déclare aux Britanniques : « [...] *vous avez outragé la France et trahi l'Occident. Cela ne peut être oublié.* » L'historienne Anne Bruchez précise qu'alors la France « *a été profondément marquée par cette aventure syrienne* [qui] *se conclut par une humiliation infligée par les Britanniques, dont découle la fin de sa présence au Moyen-Orient*[19] ». La France est contrainte de signer un accord le 13 décembre 1945 sur le retrait de ses troupes. Elle vient de perdre définitivement ses deux mandats au Levant et n'a plus aucune possession coloniale dans cette partie du monde.

En Algérie, début mars 1945, la conférence des Amis du Manifeste et de la liberté relance les revendications. Inacceptable là aussi pour les Français, le mouvement est décapité et le 23 avril 1945, Messali Hadj[20] est déporté. Malgré la répression, une grève générale s'organise à Alger et Oran, et plusieurs manifestations ont lieu le 1er mai 1945, que les militants souhaitent reconduire le 8 mai 1945. Les Français ne peuvent les interdire en ce jour qui commémore la paix, mais tous les slogans favorables à l'indépendance comme le drapeau algérien sont prohibés. Or, l'armée française se prépare depuis des semaines à un affrontement car pour le général de Gaulle, « *Il s'agit d'empêcher que l'Afrique du Nord ne glisse entre nos doigts pendant que nous libérons la France*[21]. »

Le 8 mai 1945, les manifestations commencent. Mais alors que Ferhat Abbas est à Alger face au général Yves Chataigneau, pour présenter ses félicitations pour la victoire des Alliés, il est arrêté sous l'accusation de « *complot contre la sécurité de l'État* ». À Bône, des policiers tirent sur des manifestants nationalistes. À Blida, Tizi-Ouzou, Tlemcen, Mostaganem, Sidi bel Abbes, Batna, Bou-Saada et Biskra, des manifestations ne font pas de victimes. Par mesure de prévention, un grand nombre de militants ont été arrêtés à Alger et Oran[22], ce qui explique leur absence dans les défilés de ces deux villes.

Dans le Constantinois, c'est l'explosion, notamment à Sétif, où des manifestants sortent les drapeaux algériens et reprennent des slogans « *Algérie libre !* » ou « *Libérez Messali Hadj* ». Un policier tue un porteur de drapeau (Bouzid Saâl), la ville s'embrase, des dizaines d'Européens sont massacrés. Même scénario à Guelma, autre ville du Constantinois, où la manifestation était interdite[23].

11. Jacques Valette, « Guerre mondiale et décolonisation. Le cas du Maroc en 1945 », in *Outre-Mers. Revue d'histoire*, n° 260-261, 1983.

12. Yves Benot, *Massacres coloniaux. 1944-1950 : la IVe République et la mise au pas des colonies françaises*, Paris, La Découverte, 2005.

13. Anne Cousin, *Retour tragique des troupes coloniales : Morlaix-Dakar, 1944*, Paris, L'Harmattan, 2011.

14. Pour des approches différentes sur les « événements » : Julien Fargettas, « La révolte des tirailleurs sénégalais de Tiaroye » in *Vingtième Siècle. Revue d'histoire*, n° 92, 4e trimestre 2006 ; M'Baye Gueye, « Le 1er décembre 1944 à Thiaroye, ou le massacre des tirailleurs sénégalais anciens prisonniers de guerre », in *Revue sénégalaise d'histoire*, n° 1, 1995 ; Armelle Mabon, *Prisonniers de guerre « indigènes ». Visages oubliés de la France occupée* Paris, La Découverte, 2010.

15. Léopold Sédar Senghor, « Défense de l'Afrique noire », in *Esprit*, juillet 1945.

16. Philip S. Khouri, *Syria and the French Mandate: The Politics of Arab Nationalism (1920-1945)*, Londres, I. B. Tauris, 1987.

17. Pierre Fournié, *La France et le Proche-Orient : 1916-1946*, Paris, Casterman, 1996.

18. Anne Bruchez, « La fin de la présence française en Syrie : de la crise de mai 1945 au départ des dernières troupes étrangères », in *Relations internationales*, vol. 122, n° 2, 2005.

19. Anne Bruchez, art. cit.

20. Benjamin Stora, *Messali Hadj, 1989-1974*, Paris Hachette Pluriel, 2012.

21. Jean-François Muracciole, Guillaume Piketty (dir.), *Encyclopédie de la Seconde Guerre mondiale*, Paris, Robert Laffont/Ministère de la Défense, 2015.

22. Annie Rey-Goldzeiguer, *Aux origines de la guerre d'Algérie, 1940-1945. De Mers-el-Kébir aux massacres du Nord-Constantinois*, Paris, La Découverte, 2002.

23. Jean-Pierre Peyroulou, *Guelma, 1945 : une subversion française dans l'Algérie coloniale*, Paris, La Découverte, 2009.

Des milices de colons se forment, l'armée et la police lancent les opérations de ratissages. Les autorités françaises décident de réprimer et de reprendre les lieux insurgés, comme à Kherrata le 9 mai 1945 ou à Villars le lendemain, mais aussi de détruire les villages insurgés. L'aviation française ainsi que les croiseurs français bombardent les « rebelles », en suivant les plans initialement prévus[24]. Un mois après le début de l'insurrection, la « *situation est redevenue normale, au moins en surface* », signale le général Henry Martin.

Le nombre des victimes s'élèverait à environ mille cinq cents selon les autorités françaises, en réalité, probablement quinze fois plus[25]. Du côté des Européens, on compte une centaine de tués dont une quinzaine de militaires. Une centaine de condamnations à mort sont prononcées dont vingt-huit exécutées[26]. Il faut là aussi, comme au Sénégal ou au Maroc, terroriser les populations locales, briser les militants, décapiter les leaders. Pour les nationalistes algériens – comme leurs voisins marocains et tunisiens –, c'est la stupeur. L'écrivain algérien Kateb Yacine a souligné en 1982 le choc ressentit lors de ces événements : « *devant l'impitoyable boucherie qui provoqua la mort de plusieurs milliers de musulmans, je ne l'ai jamais oublié* ».

À l'époque, la censure dans la presse en France et en Algérie rend invisibles pour les métropolitains et les soldats musulmans mobilisés les événements du Constantinois[27]. La commission d'enquête dirigée par Paul Tubert n'a passé qu'une journée dans la région et son rapport ne fut jamais publié, ni diffusé. Dans ses *Mémoires de guerre*, Charles de Gaulle écrit : « *En Algérie, un commencement d'insurrection survenu dans le Constantinois et synchronisé avec les émeutes syriennes du mois de mai a été étouffé* [...][28]. » Il avait échoué au Moyen-Orient, mais sa stratégie répressive a fonctionné au Maghreb.

Au Maroc, pressentant un risque d'insurrection comme en Algérie, le général de Gaulle décide de temporiser avec le sultan et l'invite en France en juin 1945 où il est reçu avec faste et même fait compagnon de la Libération. En septembre-octobre 1945, au moment du Ve Congrès panafricain à Manchester, la situation est également tendue dans toute l'AOF qui connaît plusieurs grèves et manifestations faisant plusieurs morts, à Dakar au Sénégal, mais aussi à Douala au Cameroun et à Conakry en Guinée, à la veille des élections.

La France reprend en main la situation dans toute l'Afrique subsaharienne dans les mois qui suivent, mais l'activisme politique est croissant et les réformistes et nationalistes africains créent le Rassemblement démocratique africain (RDA) à Bamako, le 18 octobre 1946[29], présidé par Félix Houphouët-Boigny. Pour autant, la situation semble sous contrôle en Afrique subsaharienne et au Maghreb pour les autorités françaises, mais en Indochine la crise s'intensifie.

LA CRISE S'INSTALLE EN INDOCHINE

Avec la défaite du Japon, l'Indochine est aux mains des communistes du Viêt-Minh depuis qu'Hồ Chí Minh a proclamé, le 2 septembre 1945, l'indépendance de la République démocratique du Viêt-Nam (le jour de la capitulation japonaise)[30]. La fédération est aussi coupée en deux, entre les troupes chinoises au Nord – car depuis le 9 septembre 1945, le général Siao Wen (Tieu Van en sino-vietnamien) a débarqué à Hanoi –, et les Britanniques au Sud.

Sur place, l'amiral Thierry d'Argenlieu, haut-commissaire en Indochine, Philippe de Hautecloque, dit Leclerc, commandant des troupes françaises, et Jean Sainteny, commissaire de la République pour le Tonkin et le Nord-Annam, mettent en place la doctrine de Gaulle de réoccupation du territoire et d'opposition frontale face aux communistes[31]. Les Français soutiennent majoritairement cette option, puisque 63 % des sondés déclarent fin 1945 « *encore croire que l'Indochine est et restera française* ». La stratégie mise en œuvre fonctionne, le Viêt-Minh recule partout et prend le maquis[32]. Les nationalistes au Sud, non communistes, rompent avec Hồ Chí Minh et négocient avec les Français.

Début janvier 1946, la situation semble se stabiliser au Viêt-Nam et les tractations

24. Abed Abidat, Jean-Louis Planche, *8 mai 1945. Tragédie dans le Constantinois. Sétif, Guelma, Kherrata*, Marseille, Images plurielles, 2010.

25. Yasmina Adi, *L'Autre 8 mai 1945, aux origines de la guerre d'Algérie*, documentaire, 2008.

26. Yves Benot, *Massacres coloniaux*, Paris, La Découverte, 2001.

27. Mehana Amrani, *Le 8 mai 1945 en Algérie : les discours français sur les massacres de Sétif, Kherrata et Guelma*, Paris, L'Harmattan, 2010.

28. Charles de Gaulle, *Mémoires de guerre : l'Appel (1940-1942)*, Paris, Plon, 1954.

29. Pierre Kipré, *Le Congrès de Bamako ou la naissance du RDA en 1946*, Paris, L'Harmattan, 2004.

30. Sylvain Pons, « Les visages d'un ennemi : la fabrication du Viêt-Minh, 1945-1946 », in *Relations internationales*, vol. 130, n° 2, 2007 ; Pierre Brocheux, *Hô Chi Minh, du révolutionnaire à l'icône*, Paris, Payot, 2003.

31. Alain Ruscio, « Le monde politique français et la révolution vietnamienne », in Charles-Robert Ageron, Philippe Devillers (dir.), *Les Chemins de la décolonisation de l'Empire colonial français, 1936-1956*, Paris, CNRS, 1986.

32. Guy Pedroncini, Philippe Duplay (dir.), *Leclerc et l'Indochine. 1945-1947, quand se noua le destin d'un empire*, Paris, Albin Michel, 1992.

33. Patrice Gélinet, *Indochine 1945-1954. Chronique d'une guerre oubliée*, Paris, Acropole, 2014.

commencent ; un gouvernement d'union est même mis en place, avec Hồ Chí Minh pour président et le pro-chinois Nguyen Hai Than à la vice-présidence. S'engage alors une négociation dans la perspective des élections à la Constituante, avec à la clé une répartition des sièges entre les différentes tendances et une large majorité pour les députés Viêt-Minh. C'est dans ce contexte qu'un coup de théâtre se produit le 19 janvier 1946 avec la démission du général de Gaulle, qui dénonce notamment la stratégie des socialo-communistes en Indochine.

Sous l'influence du PCF et de la SFIO, Félix Gouin, nouveau chef du gouvernement, demande à Jean Sainteny de reprendre les négociations avec Hồ Chí Minh, qui a gagné les élections, sauf dans le Sud. Hồ Chí Minh accepte que le corps expéditionnaire du général Leclerc occupe le nord du pays et que de nouvelles élections soient organisées, à condition que le Viêt-Nam soit reconnu par le GPRF comme un État libre[33].

Les accords sont signés et acceptés par les nationalistes du parti nationaliste vietnamien (VNQDD, Việt-nam Quốc-dân Đảng) :

Rencontre entre le général Philippe Leclerc de Hauteclocque et Hồ Chí Minh [Hanoi, Viêt-Nam], photographie, 1946 [mars].

Algérie pays de la qualité. Office algérien d'action économique et touristique (OFALAC), affiche signée Guy Nouen, 99x61, 1947. L'OFALAC est l'organisme de propagande dédié aux départements algériens.

le 6 mars 1946 après plusieurs semaines de négociations. En parallèle, les Français ont trouvé un accord avec les Chinois, en contrepartie de l'abandon des concessions de la France en Chine. Immédiatement, les critiques fusent et Jean Sainteny est désavoué par plusieurs membres du gouvernement[34]. Sans en référer à Paris, mais avec l'appui secret du ministre de la France d'outre-mer, le socialiste Marius Moutet, et du général de Gaulle[35], l'amiral Thierry d'Argenlieu crée alors de toutes pièces une « République indépendante de Cochinchine », brisant ainsi l'unité du Viêt-Nam, et violant les accords du 6 mars 1946.

Cette stratégie permet aux Français de reprendre le contrôle de la situation[36]. Un gouvernement provisoire est alors nommé avec Ngyuen Van Thinh à sa tête, et le 1er juin 1946, la République autonome est proclamée sous réserve de l'accord du Parlement français. Dans ce contexte de double jeu, les Français rétablissent l'ordre au Laos et, en avril 1946, reprennent Vientiane, obligeant les chefs indépendantistes pro-Viêt-Minh à fuir en Thaïlande.

Dans toute l'Indochine, un rapport de forces s'engage. Pourtant Hồ Chí Minh a décidé de venir en France pour la conférence de Fontainebleau, qui doit décider de « l'avenir du Viêt-Nam », où il négocie avec un gouvernement présidé désormais par le MRP Georges Bidault. Finalement, un accord de façade entre les deux parties est trouvé le 14 septembre 1946. Cependant, en Indochine, les accrochages entre soldats français et vietnamiens continuent, comme à Longson le 3 août 1946. Les Français lancent alors une opération d'envergure contre la République du Nord Viêt-Nam en octobre 1946.

Cependant en Cochinchine, l'amiral Thierry d'Argenlieu change de stratégie, lâche ses alliés de la république éphémère et décide de soutenir désormais la restauration de l'ex-empereur Bảo Đại. Mais le basculement ultime dans la guerre a lieu à Haiphong, fin novembre 1946, où la France bombarde la ville, faisant des milliers de morts. Lorsque Léon Blum prend en main le gouvernement français le 16 décembre 1946, il est trop tard. La bataille d'Hanoi, engagée pour le Viêt-Minh par Võ Nguyên Giáp, a débuté[37]. Le 21 décembre 1946, Hồ Chí Minh rédige une proclamation appelant à la lutte à outrance pour obtenir l'indépendance. La situation est désormais irréversible[38]. La guerre commence. Ella va durer huit années.

LES GRANDES RÉFORMES COLONIALES DE 1946

Pendant qu'en Indochine la guerre s'installe, à Paris les débats interminables sur les réformes coloniales et le choix d'un nouveau cadre juridique traversent les différents partis politiques[39]. Malgré les derniers mois de répressions dans les colonies, la politique de réformes, annoncée lors de la conférence de Brazzaville, se met en place dans le cadre de la IVe République naissante[40]. C'est l'autre facette de ces années 1945-1948 : réformer partout où cela est possible, réprimer partout où la France est critiquée, négocier ailleurs lorsqu'il n'y a pas d'autre choix.

La première de ces réformes est la départementalisation des vieilles colonies (Réunion, Guadeloupe, Martinique et Guyane), une manière d'inscrire définitivement ces territoires dans l'espace français. Pour tous les autres territoires coloniaux, c'est la preuve que la France accorde l'égalité à tous ses « sujets » à l'issue du processus colonial[41]. Ils sont désormais administrés par des préfets dépendant du ministère de l'Intérieur, même s'il faut près de quatre à cinq ans avant que les structures administratives soient mises en place[42].

En Afrique du Nord et subsaharienne, plusieurs mesures phares sont adoptées, même s'il faut attendre 1947[43] pour que le Code de l'indigénat soit aboli en Algérie[44]. En avril 1946, l'Assemblée nationale française adopte la « loi Houphouët-Boigny » (député de Côte d'Ivoire) qui supprime le travail forcé en Afrique subsaharienne[45] faisant suite aux décrets de décembre 1945 et de février 1946 qui abolissaient le système des pénalités administratives dit de « l'indigénat ». Un mois plus tard, la « loi Lamine Gueye » (nouveau député du Sénégal) généralise le statut de citoyen à l'ensemble des populations des

34. Jean Sainteny, *Histoire d'une paix manquée. Indochine, 1945-1947*, Paris, Amiot-Dumont, 1952.

35. Pierre Journoud (dir.), *De Gaulle et le Vietnam. 1945-1969. La réconciliation*, Paris, Tallancier, 2011.

36. Jacques Valette, *La Guerre d'Indochine 1945-1954*, Paris, Armand Colin, 1994.

37. Alain Ruscio, *La Guerre française d'Indochine (1945-1954)*, Bruxelles, Complexe, 1992.

38. Hugues Tertrais, *Regards sur l'Indochine, 1945-1954*, Paris, Gallimard, 2015.

39. Pascale Gœtschel, Bénédicte Toucheboeuf, *La Quatrième République. La France de la Libération à 1958*, Paris, Le Livre de Poche, 2004.

40. Raymond-Marin Lemesle, *La Conférence de Brazzaville de 1944, contexte et repères*, Paris, Centre des hautes études sur l'Afrique et l'Asie modernes, 1994.

41. Jean-Pierre Sainton, *Décolonisation et changement social aux Antilles françaises. De l'assimilation à la « départementalisation » ; socio-histoire d'une construction paradoxale (1946-1961)*, Pointe-à-Pitre, Université de Guadeloupe, thèse de doctorat en histoire contemporaine, 2012.

42. Véronique Dimier, « De la France coloniale à l'outre-mer », in *Pouvoirs*, vol. 113, n° 2, 2005 ; Gérard Gabriel Marion, « L'outre-mer français : de la domination à la reconnaissance », in *Pouvoirs*, vol. 113, n° 2, 2005.

43. Patrick Weil, « Le statut des musulmans en Algérie coloniale. Une nationalité française dénaturée », in *Histoire de la justice*, vol. 16, n° 1, 2005.

44. Sylvie Thénault, « Le "Code de l'indigénat" », in Abderrahmane Bouchène, Jean-Pierre Peyroulou, Ouanassa Siari Tengour, Sylvie Thénault (dir.) *Histoire de l'Algérie à la période coloniale. 1830-1962*, Paris, La Découverte, 2014 ; Claude Collot, *Les Institutions de l'Algérie pendant la période coloniale (1830-1962)*, Paris, Éditions du CNRS, 1987.

45. Babacar Fall, « Le travail forcé en Afrique-Occidentale française (1900-1946) », in *Civilisations*, n° 41, 1993.

territoires colonisés et abolit le Code de l'indigénat en AOF et AEF[46], mais conserve les collèges électoraux distincts. Enfin, après de longs débats autour de la première Constitution rejetée par référendum le 5 mai 1946, est créée l'Union française dans le second projet de Constitution.

Au-delà de ces nouveaux cadres juridiques et réformes attendues, la France se dote également d'outils économiques, notamment, le Fonds d'investissement pour le développement économique et social (FIDES) créé en avril 1946 pour moderniser l'économie, financer les infrastructures, l'éducation et l'hygiène, en deux plans successifs (1947-1952 et 1953-1957)[47]. Aussi, dès novembre 1946, le plan Monnet[48] pour la modernisation et l'équipement économique de la métropole et des territoires d'outre-mer est mis en place, alors que se prépare pour l'année suivante le premier plan quadriennal de modernisation et d'équipement de l'Afrique du Nord (qui concerne le Maroc, l'Algérie et la Tunisie)[49].

Dans le prolongement de ces décisions, sont organisées les élections dans l'Union française de novembre 1946 (à la suite des élections constituantes de juin 1946 et des législatives d'octobre 1945), avec deux collèges électoraux distincts. Bien que ces élections aient été manipulées dans plusieurs territoires, et malgré un système « sous contrôle » et en deux collèges, toute une génération d'élus émerge, comme lors du vote de 1945. En Afrique noire, ce sont Lamine Gueye, Léopold Sédar Senghor (futur président de la République du Sénégal), Yacine Diallo, Félix Houphouët-Boigny (futur président de la République ivoirienne), Félix Tchicaya, Sourou Migan Apithy (qui sera président de la République du Dahomey), Hamani Diori (futur président de la République du Niger), Barthélemy Boganda (président du Grand Conseil de l'Afrique-Équatoriale française en 1957 et président du gouvernement centrafricain en 1958-1959) et deux vétérans du nationalisme malgache, Joseph Raseta et Joseph Ravoahangy. Dans les vieilles colonies, ce sont Raymond Vergès à La Réunion, Léopold Bissol et Aimé Césaire en Martinique, Pouvana'a a Oopa Tetuaapua en Polynésie (considéré comme le père du « nationalisme tahitien »)[50]. En AOF, le RDA (Rassemblement démocratique africain) créé au congrès de Bamako, en octobre 1946[51], avec le soutien du PCF connaît un véritable succès.

En Algérie, les élections de 1946, là aussi largement sous l'emprise des préfets[52], donnent au Mouvement pour le triomphe des libertés démocratiques (MTLD) cinq députés (Mohamed Khider, Jamel Derdour, Ahmed Mezerna, Messaoud Hawes Boukadoum, Mohamed Lamine Debaghine) et huit au Parti musulman indépendant pour la défense du fédéralisme algérien (proche de l'Union démocratique et socialiste de la Résistance, UDSR), mais aussi des élus socialistes (Abderrahmane Bentounès), deux communistes (Mohamed Mokhtari et Abderrahmane Djemad) et un gaulliste (Mohamed Ben Kaddour Bentaïeb). Les autorités françaises, craignant une montée en puissance des indépendantistes du MTLD[53] – mais aussi des autonomistes de l'Union démocratique du manifeste algérien (UDMA) nouvellement créée –, qui malgré le contrôle des votes ont obtenu plusieurs députés, décident d'organiser un trucage à grande échelle des élections suivantes. Le MTLD n'obtient que neuf des soixante sièges de l'Assemblée algérienne en 1947[54] et aucun élu aux élections législatives de 1951.

La façade démocratique aux colonies est opérationnelle dès fin 1946 et fonctionne parfaitement en 1947, les programmes économiques sont lancés, les grandes réformes sont votées (elles se mettent en place début 1947, comme la majorité des assemblées territoriales). Mais à Madagascar, les élections ont permis au Mouvement démocratique de la rénovation malgache (MDRM) de dominer la vie politique. Dès janvier 1946, celui-ci a obtenu la majorité aux élections provinciales, malgré un découpage électoral peu favorable orchestré par les Français. Les autorités coloniales ont même aidé à créer un parti à leur solde, le Parti des déshérités de Madagascar (PADESM) – avec des élus comme Philibert Tsiranana, futur premier président du pays indépendant en 1960 –, pour briser cet élan. Mais rien n'y fait, le MDRM domine la vie politique locale.

C'est dans ce contexte que se préparent les élections au Conseil de la République (ancien Sénat) du 30 mars 1947 à Madagascar. La veille du vote éclate une insurrection.

46. Olivier Gohin, « La citoyenneté dans l'outre-mer français », in *Revue française d'administration publique*, vol. 101, n° 1, 2002.

47. Abdelhamid Senhaji, *L'Afrique occidentale française et le Fonds d'investissement pour le développement économique et social 1946-1960*, Université de Poitiers, thèse d'histoire contemporaine, 1989.

48. Philippe Mioche, *Le Plan Monnet. Genèse et élaboration (1941-1947)*, Paris, Publications de la Sorbonne, 1987.

49. Samir Saul, « Des plans économiques pour l'Afrique du Nord, 1945-1956 », in Samir Saul (dir.), *Intérêts économiques français et décolonisation de l'Afrique du Nord (1945-1962)*, Paris, Librairie Droz, 2016.

50. Sarah Mohamed-Gaillard, Maria Romo-Navarrete, « Les représentants de l'Outre-mer dans les assemblées de la IVe République (1946-1958). Approche prosopographique », in *Outre-mers. Revue d'histoire*, n° 370-371, 2011.

51. *Actes du Colloque international sur l'histoire du RDA Rassemblement démocratique africain* (à Yamassoukro), 2 tomes, Abidjan-Paris, CEDA/Hatier, 1987.

52. David Roudaut, *Les Députés des départements d'Algérie sous la IVe République*, Paris, Université de Paris 1, mémoire de Master 2, 2013.

53. Jacques Simon, *Le MTLD (Le Mouvement pour le triomphe des libertés démocratiques) (1947-1954)*, Paris, L'Harmattan, 2007.

54. Malika Rahal, « La tentation démocratique en Algérie. L'Union démocratique du manifeste algérien (1946-1956) », in *Insaniyat*, n° 42, 2008 ; Benjamin Stora, *Dictionnaire biographique des militants nationalistes algériens ENA, PPA, MTLD, 1926-1954*, Paris, L'Harmattan, 1985.

55. Noëlline Castagnez, « L'entourage de Vincent Auriol : au service d'une stratégie présidentialiste », in *Histoire@Politique*, vol. 8, n° 2, 2009.

56. Jean Fremigacci, « La vérité sur la grande révolte de Madagascar », in *L'Histoire*, n° 318, mars 2007. L'auteur, tout en reconnaissant les massacres et « crimes de guerre », retient une estimation basse du chiffre des victimes.

57. Jean-Luc Raharimanana, *Portraits d'insurgés, Madagascar 1947* (avec les photos de Pierrot Men), La Roque d'Anthéron, Vents d'ailleurs, 2011.

Des Français sont massacrés à Sahasinaka, à Manakara et à Vohipeno. Un train est attaqué à Fianarantsoa dans le Sud. Des centaines de Malgaches insurgés attaquent le camp militaire (base de transit pour les troupes se rendant en Indochine) de Moramanga, qui devient l'épicentre de la révolte. Les insurgés lancent alors une proclamation : « *c'est le jour où nous nous libérons du joug de la colonisation* ».

Au service de l'Union française. Engagez-vous dans les troupes coloniales, affiche signée M. F. Pointeau, 1948.

RÉPRESSION À MADAGASCAR...

Les Français répriment fortement le mouvement, brisant le vent de réformes de 1946. Depuis des mois, plusieurs leaders politiques malgaches réclament explicitement l'indépendance, à l'image de Joseph Ravoahangy et Joseph Raseta. Mais Vincent Auriol, homme de réseaux et conservateur typique de ces années d'après-guerre[55], a refusé de faire imprimer leur proposition de loi et enterre celle-ci, sans débat.

L'appel à la révolte ne vient pourtant pas du MDRM, mais de sociétés secrètes[56] comme la Jina et le Panama, fondées pendant la guerre. Immédiatement la France désigne, sans preuve, le MDRM comme instigateur et coordinateur de la révolte. À Tananarive, les arrestations des députés Joseph Ravoahangy et Jacques Rabemananjara sont immédiates, malgré leur immunité parlementaire, sous le prétexte de « *flagrant délit continu* ». Le MDRM, cible principale, est dissous et ses dirigeants emprisonnés. Mi-avril les renforts arrivent de Djibouti à Madagascar (des parachutistes et des tirailleurs sénégalais) et la majorité des colons est armée pour combattre les insurgés[57].

À Paris, on cherche à éteindre au plus vite l'insurrection. L'armée et les milices massacrent, répriment, fusillent des insurgés, comme à Fianarantsoa et à Mananjary, à Moramanga ; le 8 mai 1947, des Malgaches sont enfermés dans des wagons à bestiaux, mitraillés et les survivants abattus[58]. Vincent Auriol, dans ses notes du Conseil des ministres du 10 juillet 1947, souligne qu'au cours de cette période « *Il y a eu évidemment des sévices et on a pris des sanctions. Il y a eu également des excès dans la répression. On a fusillé un peu à tort et à travers.* »

Madagascar est devenu le laboratoire et l'acmé de la répression coloniale[59]. Pour montrer que la France maîtrise la situation dans l'Empire, le voyage, en juin 1947 du président de la République Vincent Auriol en Afrique subsaharienne, à Dakar et Bamako, est maintenu, mais cette tournée de propagande n'évite pas les débats qui s'engagent à l'Assemblée nationale. À son retour, le 6 mai 1947, le député malgache Joseph Raseta dénonce la répression. Il est arrêté à sa sortie de l'Assemblée nationale. Une véritable guerre de seize mois s'engage[60], menée par une armée composée essentiellement de troupes coloniales, d'Afrique noire (tirailleurs sénégalais) et d'Afrique du Nord (troupes venues d'Algérie et du Maroc),

58. Yves Benot, *Massacres coloniaux, 1944-1950 : la IVe République et la mise au pas des colonies françaises*, Paris, La Découverte, 1994.

59. Collectif *Madagascar 1947, la tragédie oubliée*, actes du colloque AFASPA-Université Paris 8/Saint-Denis, Montreuil, Le Temps des Cerises, 2018 [1997].

60. Jean-Luc Raharimanana, *Madagascar 1947* (édition bilingue français et malgache), La Roque d'Anthéron, Vents d'ailleurs, 2008.

Manifestation dans une rue de Pointe-à-Pitre [Guadeloupe], photographie du journal *L'Humanité*, 1948.

d'éléments de la Légion étrangère, de parachutistes et de formations blindées.

Au même moment, les autorités françaises sont sur le qui-vive en Algérie, comme au Maroc où début avril 1947 des tirailleurs sénégalais ont déclenché des troubles, suivis de massacres de populations à Casablanca, ayant entraîné une réaction du sultan du Maroc, qui prononce un discours anti-français à Tanger. En écho, le 5 août 1947, la Tunisie est en grève et connaît des manifestations à Sfax, faisant une trentaine de morts.

C'est dans ce contexte de répression dans plusieurs territoires coloniaux, alors que la guerre s'accentue en Indochine, qu'a lieu le 10 décembre 1947 la séance inaugurale à Versailles de l'Assemblée de l'Union française[61], organisée par le nouveau gouvernement de Robert Schuman, avec Paul Coste-Floret désormais à l'Outre-mer qui poursuit le travail de répression à Madagascar commencé par Marius Moutet[62]. Dès 1948, les Français ont éradiqué toute opposition, les derniers chefs « rebelles » sont capturés et exécutés.

Les parlementaires malgaches et « responsables » de l'insurrection sont jugés. Paul-Henri Teitgen, vice-président du Conseil, est alors certain du juste droit de la France à imposer l'Union française par tous les moyens.

La répression à Madagascar – qui a fait selon des sources contradictoires entre trente-cinq mille et quatre-vingt-dix mille morts... chiffre revendiqué à l'époque par la France pour marquer les esprits et envoyer un message de fermeté à tout l'Empire – a ouvert un second front, après celui ouvert en 1946 en Indochine où la situation politique s'est enkystée face au Viêt-Minh. Les Français n'ont trouvé comme seule alternative que de proposer l'option Bảo Đại, dernier monarque de la dynastie des Nguyễn et dernier empereur du Viêt-Nam, qui avait abdiqué en 1945.

BẢO ĐẠI OU LE DERNIER ESPOIR DES FRANÇAIS

La situation en Indochine a clairement basculé, depuis le 5 mai 1947, avec le départ des communistes du gouvernement français (et le refus des députés PCF de voter les crédits militaires pour la guerre lors des débats à l'Assemblée nationale). Il n'y a plus aucun obstacle pour s'opposer désormais frontalement à « Oncle Hồ ». La mission du radical-socialiste Émile Bollaert, nouveau haut-commissaire en Indochine, est désormais claire : il doit s'appuyer sur l'accord entre Bảo Đại et Vincent Auriol de mars 1947, qui énonce que le Viêt-Nam accède à l'indépendance sous condition, au même titre que le Cambodge et le Laos[63]. Les offensives contre les communistes au Nord n'ont guère de succès, mais il ne faut pas lâcher la pression sur le Viêt-Minh.

En décembre 1947, la rencontre Bollaert-Bảo Đại confirme l'« indépendance » du Viêt-Nam, mais la France garde ses prérogatives essentielles. Bảo Đại forme néanmoins un gouvernement en mars 1948... sans les communistes. Alors que les négociations se poursuivent, les Français s'enlisent dans l'opération Léa, et le Viêt-Nam devient un État associé dans l'Union française grâce à un nouvel accord, signé le 5 juin 1948[64], ce qui renforce par contrecoup la propagande des communistes, d'autant plus que Bảo Đại s'est installé à Dalat, loin des centres du pouvoir réel[65]. Simultanément, le Viêt-Minh a décidé de patienter, de maintenir la pression et d'engager une guérilla. Ce faux *statu quo* donne le sentiment à beaucoup, en France comme aux États-Unis[66], que la IVe République est enfin maîtresse du jeu.

Fin 1948, la France reçoit au palais de Chaillot les grandes nations du monde pour une session de l'ONU et les Français ont pendant quelques semaines le sentiment que le calme est revenu dans l'Union française[67]. En Indochine, c'est le reflux apparent des communistes, à Madagascar le MDRM et l'insurrection sont éradiqués, en Afrique du Nord la France a su réprimer les manifestations, manipuler les élections et étouffer les mouvements les plus dynamiques comme le MTLD et l'Istiqlal, alors que le Néo-Destour tunisien est enlisé dans une guerre des chefs entre Salah Ben Youssef et Habib Bourguiba depuis le congrès du parti d'octobre 1948. Enfin, la montée en puissance du RDA en AOF et des revendications sociales dans les vieilles colonies (comme en Guadeloupe et en Martinique dénonçant la départementalisation) ou en Polynésie ne sont pas encore perçues comme des risques de déstabilisation majeure.

Les responsables politiques de la IVe République sont alors persuadés que les deux pivots de leur politique, articulant réformes et répression, ont été efficaces[68], alors que dans les autres empires, certains territoires sont devenus des États indépendants comme l'Inde, Ceylan, la Birmanie ou les Philippines, ou le seront bientôt comme l'Indonésie ou la Libye. Ce temps de l'*ébranlement* n'a été pour l'Empire français, selon l'analyse de la majorité des partis politiques français, qu'un contrecoup du conflit mondial et l'ordre semble régner à nouveau, avec uniquement la perte des mandats du Levant et des concessions en Chine. Personne n'imagine alors l'*embrasement* de 1949 dans l'ensemble de l'Union française.

61. Véronique Dimier, « Décentraliser l'empire ? Du compromis colonial à l'institutionnalisation d'un gouvernement local dans l'Union française », in *Revue d'histoire d'outre-mer*, n° 338-339, 2003.

62. James I. Lewis, « The Tragic Carrier of Marius Moutet », in *European History Quarterly*, n° 38, 2008.

63. Dennis Wainstock, Robert L. Miller, *Indochine et Vietnam. Trente-cinq années de guerre : 1940-1975*, Paris, Nouveau Monde Éditions, 2017.

64. Alain Ruscio, *La Guerre française d'Indochine (1945-1954)*, Bruxelles, Complexe, 1993.

65. Georges Fleury, *La Guerre en Indochine, 1945-1954*, Paris, Plon, 1994.

66. John Prados, *Vietnam: The History of an Unwinnable War, 1945-1975*, Lawrence, University of Kansas Press, 2009.

67. Éric Duhamel, *Histoire politique de la IVe République*, Paris, La Découverte, 2001.

68. Georgette Elgey, *Histoire de la IVe République* (réédition complète en 6 volumes), Paris, Robert Laffont, 2018.

1944

LA CONFÉRENCE DE BRAZZAVILLE

La conférence de Brazzaville, tenue le 30 janvier 1944, est une réponse du Comité français de libération nationale (CFLN) à l'émergence de mouvements nationalistes, particulièrement en Indochine, au Maghreb (notamment au Maroc et en Algérie) et au Levant (la crise syrienne est alors à son paroxysme), mais aussi à la pression des États-Unis qui soutiennent le « *droit des peuples à disposer d'eux-mêmes* ». René Pleven, Félix Éboué et Henri de Laurentie en sont les initiateurs et les organisateurs, soutenus par le général de Gaulle, convaincu que pour préserver l'Empire, il faut le transformer. À leurs côtés, une quarantaine de hauts fonctionnaires coloniaux et... aucun représentant des mouvements nationalistes.
Il s'agit de proposer des réformes dans les domaines politiques, économiques et sociaux. Si la conférence, dans ses conclusions, rejette toute forme d'*indépendance* – le général de Gaulle avait pourtant envisagé cette possibilité en octobre 1944 dans le journal *Combat* –, des avancées significatives sont cependant suggérées, notamment dans le discours du général : « *En Afrique française, comme dans tous les autres territoires où des hommes vivent sous notre drapeau, il n'y aurait aucun progrès qui soit un progrès, si les hommes, sur leur terre natale, n'en profitaient pas moralement et matériellement, s'ils ne pouvaient s'élever peu à peu jusqu'au niveau où ils seront capables de participer chez eux à la gestion de leurs propres affaires.* »
Sur le plan social, la conférence propose donc d'abolir le travail forcé après une période transitoire de cinq ans, d'abolir les peines du Code de l'indigénat et de développer la scolarisation. Sur le plan économique, on annonce une réforme du système de financement et d'un point de vue politique, la conférence propose d'élargir la représentation des colonies au Parlement. Si ces projets reçurent un accueil sceptique de l'allié américain et d'une partie des élites colonisées – au même moment, la répression s'abat sur les nationalistes au Maroc –, ils préfigurent néanmoins les principales réformes engagées à partir de 1946 par la France.

Les hauts fonctionnaires dans la salle lors du discours d'ouverture du général de Gaulle. Conférence de Brazzaville [Congo], photographie, 1944 [janvier].

Le général de Gaulle est accueilli par le gouverneur général de l'AEF Félix Éboué pour la conférence de Brazzaville [Congo], photographie, 1944 [janvier].

PAGE DE GAUCHE

Le discours du général de Gaulle lors de la conférence de Brazzaville [Congo], photographie, 1944 [janvier].

"trott
COMPAGNIE ALGERIENNE

1944-1947

LE RÉVEIL DU NATIONALISME AU MAROC

C'est par le manifeste du parti de l'Istiqlal que les Marocains revendiquent leur indépendance, dès le 11 janvier 1944, à la veille de la rencontre entre le général de Gaulle et Winston Churchill à Marrakech pour souder l'amitié franco-britannique. Rendu public, ce programme du « parti de l'indépendance » revendique explicitement l'abandon par la France du régime du protectorat. L'Istiqlal, indépendantiste, conservateur et religieux, s'appuie alors sur le sultan Mohammed V qui fait lire le manifeste au palais. Les autorités françaises réagissent immédiatement et contraignent rapidement le sultan à désavouer les nationalistes, imposant la révocation de certains de ses ministres et l'arrestation des signataires du manifeste le 28 janvier 1944. Cette crise provoque dès le lendemain des manifestations de milliers de Marocains dans les rues de Rabat et Salé, qui seront réprimées dans le sang par les chars français. C'est la première grande répression de ce temps des décolonisations. La réaction française a pour effet de propager le mouvement et, dès le 30 janvier 1944 – jour de l'ouverture de la conférence de Brazzaville par le général de Gaulle –, un véritable soulèvement a lieu à Fès. Un siège d'une semaine y met fin. On compte une cinquantaine de morts et des milliers d'arrestations à Casablanca, Fès, Rabat et Salé. Cette première mise en échec du nationalisme marocain engage un rapprochement entre l'opinion et le sultan, qui s'affirme désormais comme un véritable symbole de la cause nationale. Trois ans plus tard, en avril 1947, une rixe éclate entre des soldats sénégalais et des Marocains, déclenchant un massacre à Casablanca. Cet événement est un nouveau prétexte pour une prise de distance du sultan Mohammed V avec les autorités du protectorat, alors que la grève générale touche tout le pays. Dans son discours de Tanger, ville alors sous administration internationale, il supprime toute référence à « *l'action civilisatrice de la France au Maroc* ». Ce discours d'avril 1947 est considéré comme une étape fondatrice du combat pour l'indépendance.

Le sultan Sidi Mohammed prononce le discours de Tanger [Maroc], photographie, 1947 [10 avril].

PAGE DE GAUCHE

Manifestation contre les autorités françaises [Casablanca, Maroc], photographie, 1947 [avril].

Des soldats fouillent et interpellent les passants après de violents affrontements à Oujda [Maroc], photographie, 1948 [11 juin].

1944

LE MASSACRE DE THIAROYE AU SÉNÉGAL

Entre novembre 1944 et mars 1945, plus de neuf mille soldats d'AOF sont rapatriés, en vue notamment de « blanchir » les troupes françaises avant la victoire, désormais certaine, sur l'Axe. Beaucoup attendent dans les ports ce rapatriement et réclament leurs soldes, comme à Morlaix en octobre-novembre 1944 où la ville se transforme en camps de regroupement de soldats démobilisés et d'anciens prisonniers venus de La Flèche, Versailles, Rennes, Coëtquidan ou Cholet. À partir de début novembre 1944, plusieurs centaines de tirailleurs embarquent pour Dakar, alors que quelques centaines ont refusé le retour, pour protester contre le non-paiement de leurs arriérés de solde. Promis à la démobilisation, les soldats transférés de Dakar au camp de Thiaroye réclament immédiatement leurs arriérés et soupçonnent leurs officiers supérieurs de détourner l'argent qui leur est dû.

Le 28 novembre 1944, le général Marcel Dagnan tente d'apaiser ses hommes, mais sa voiture est « *bousculée* ». Il réunit les tirailleurs, désarmés, sur l'esplanade du camp au petit matin, le 1er décembre 1944. Face à eux, un impressionnant déploiement de forces et d'armement lourd. Les premiers tirs fusent, déclenchant une fusillade nourrie. Des dizaines de tirailleurs sont tués. Le général Marcel Dagnan indique dans ses rapports le chiffre de vingt-quatre morts et quarante-cinq décédés des suites de leurs blessures, soit soixante-dix morts officiellement. D'autres sont arrêtés et jugés le 6 mars 1945 par la justice militaire, trente-quatre d'entre eux écopent de peines allant jusqu'à dix ans de prison pour « rébellion ». Il fallait faire un exemple, l'ordre colonial est rétabli. De nombreux corps n'ont jamais été retrouvés, alors que des manifestants à Dakar réclament la vérité. À l'occasion d'un voyage du président de la République Vincent Auriol, en juin 1947, les tirailleurs emprisonnés bénéficient d'une grâce présidentielle. Il déclare à cette occasion, dans le contexte de la Guerre froide naissante, que la France « *répudie la force. Mais quand on lui impose la trahison ou la violence, elle est aussi ferme que sa sincérité et sa bonne foi sont hors de soupçon et que son cœur est généreux* ». Certains généraux eurent le courage de dire la vérité, comme le général André Bach, contestant les chiffres des décès évoqués par les rapports de l'époque.

Manifestation demandant la libération des tirailleurs détenus suite aux événements de Thiaroye lors de la visite du président de la République Vincent Auriol à Saint Louis [Sénégal], photographie, 1947 [avril].

Le président de la République Vincent Auriol en visite officielle à Dakar en AOF [Sénégal], photographie, 1947 [avril].

PAGE DE GAUCHE

Le tirailleur sénégalais Antoine Abibou avant son rapatriement au Sénégal [France], photographie, 1944. Antoine Abibou fut arrêté comme « meneur » lors de la « rébellion » et condamné à dix ans de prison avant d'être amnistié deux ans plus tard.

1945

LES « ÉVÉNEMENTS » DANS LE CONSTANTINOIS

La répression des manifestations du 8 mai 1945 dans le Constantinois et principalement à Sétif, Guelma et Kherrata, traduit la crispation de la France face au nationalisme algérien depuis le manifeste adressé aux autorités de la France libre en 1943, alors qu'elle fête le même jour la libération du nazisme en métropole et dans tout l'Empire. Quelques mois auparavant, les nationalistes algériens modérés, tel Ferhat Abbas, prônant des réformes autonomistes, ont été débordés par les nationalistes plus radicaux menés par Messali Hadj, dénonçant la politique d'assimilation et revendiquant l'indépendance. Pour lutter contre ces derniers, les autorités françaises procèdent à l'arrestation d'une cinquantaine de partisans de Messali Hadj dès avril 1944 et à l'exil de celui-ci à Brazzaville, provoquant des protestations dans toute l'Algérie. Une partie des défilés de la victoire sont interdits, mais pas dans le Constantinois.
À Sétif, malgré l'interdiction formulée par les autorités françaises, le drapeau algérien est brandi lors d'un défilé, accompagné de slogans et chants nationalistes. Devant cette « provocation », la police tire, tuant un jeune manifestant, et s'empare des drapeaux, ce qui alimente la riposte et la colère. Les manifestations virent à l'émeute et plus d'une centaine d'Européens sont tués.
En réponse, durant plusieurs semaines, la répression est d'une brutalité inouïe : bombardement et incendies de villages, milices européennes armées par les autorités françaises perpétrant des meurtres d'« Arabes », exécutions sommaires par l'armée… Si le nombre de morts algériens reste impossible à chiffrer – la fourchette avancée par les historiens va de dix mille à trente mille morts –, il atteste une volonté de mettre fin à tout désir d'indépendance et de frapper l'opinion. La propagande fabrique de fausses soumissions de populations à qui des armes sans munitions ont été fournies, les autorités empêchent une commission parlementaire d'enquêter, on fait disparaître les cadavres dans tout le Constantinois et les traces de la répression.

Région de Kherrata (gorges de Chabet-el-Akra, Sétif, Perigotville aujourd'hui Aïn El Kebira, Chevreul aujourd'hui Beni Aziz). Redditions et soumissions des musulmans révoltés organisées par l'armée française dans le Constantinois [Algérie], planche/reportage photographique du service des armées, 1945 [15-22 mai].

PAGE DE GAUCHE

Reddition des Algériens organisée par l'armée française dans la plaine de Kherrata [Algérie], photographie, 1945 [mai]. Photographie du service des armées mettant en scène une « reddition » de soi-disant « insurgés » qui ont été armés pour l'occasion avec des fusils déchargés.

1945

SYRIE-LIBAN : LA MARCHE VERS L'INDÉPENDANCE DES MANDATS

Alors que les combats s'achèvent en Europe, l'agitation nationaliste gagne le Liban et la Syrie, ces deux mandats internationaux de la Société des Nations gérés par la France depuis 1920. La situation est confuse depuis que la France libre a concédé, sous la pression et dans le contexte de la guerre, l'indépendance au Liban le 22 novembre 1943, avec comme président Bechara el-Khoury, élu deux mois plus tôt par le Parlement. Mais cette indépendance a été précédée par plusieurs mois d'une crise intense avec la France. Dans le même temps, les autorités françaises se heurtent aux nationalistes syriens qui réclament eux aussi une indépendance immédiate.
La France, puissance mandataire, souhaite qu'un traité maintienne provisoirement son autorité, s'oppose également aux Britanniques qui veulent régner en maîtres sur la région. Les Syriens revendiquent l'autorité sur les forces militaires locales pour construire leur future armée, ainsi que le départ des troupes françaises de leur territoire. Face aux tensions grandissantes, le Gouvernement provisoire de la République française décide d'envoyer des renforts. Si le calme se maintient au Liban, les grèves et les manifestations violemment anti-françaises en Syrie se multiplient. Exaspéré par les attaques contre ses troupes, le général Fernand Olive (dit Oliva-Roget) ordonne de s'emparer de Damas la capitale. La ville devient le théâtre de violents combats et, le 29 mai 1945, le bombardement des bâtiments publics par les forces françaises fait près d'un millier de victimes civiles. Un ultimatum britannique met fin aux velléités françaises. Le général de Gaulle dénonce cette « traîtrise » des Anglais, mais ne peut s'imposer par la force. La France doit négocier. L'accord du 13 décembre 1945 prévoit l'évacuation simultanée des troupes françaises et anglaises, laquelle est effective le 17 avril 1946, qui devient fête nationale. La Syrie, après le Liban, a obtenu son indépendance, la France voit les deux premières pierres de son édifice impérial s'effondrer.

Le président Bechara el-Khoury en train de saluer le drapeau libanais lors du premier défilé militaire libanais sur la place des Martyrs à Beyrouth après le retrait des troupes françaises du Liban [Beyrouth, Liban], photographie, 1945 [22 novembre].

La ville de Damas après le bombardement par l'armée française [Syrie], carte postale, 1945 [mai].

PAGE DE GAUCHE

Exécution publique organisée par l'armée française sur une place à Damas [Syrie], photographie, 1945.

Des soldats français sur la route d'Hanoi [Viêt-Nam], photographie, 1946 [avril].

Français... tu dois délivrer l'Indochine de l'hydre japonaise, affiche du CFLN signée R. Danyach (Imp. Latypolitho & J. Carbonel) [Alger], 30x43, 1943 [octobre].

PAGE DE DROITE

Hồ Chí Minh, chef du Viêt-Minh, proclamant la déclaration d'indépendance de la République démocratique du Vietnam à Hanoi [Viêt-Nam], photographie, 1945 [2 septembre].

1945

LA DÉCLARATION D'INDÉPENDANCE D'HỒ CHÍ MINH

Sur une estrade improvisée au cœur d'Hanoi, le 2 septembre 1945, le leader de la toute nouvelle Ligue pour l'indépendance du Viêt-Nam – le Viet Nam Doc Lap Dong Minh, dit Viêt-Minh – Hồ Chí Minh (pseudonyme de Nguyễn Sinh Cung, alias Nguyên Ai Quôc) s'avance et commence son discours de sa voix saccadée : « *Nous déclarons, au nom du peuple du Vietnam tout entier, nous affranchir complètement de tout rapport colonial avec la France impérialiste, annuler tous les traités que la France a signés au sujet du Vietnam, abolir tous les privilèges que les Français se sont arrogés sur notre territoire.* [...] *Pour ces raisons, nous proclamons solennellement au monde entier : le Vietnam a le droit d'être libre et indépendant et, en fait, est devenu un pays libre et indépendant. Tout le peuple du Vietnam est décidé à mobiliser toutes ses forces spirituelles et matérielles, à sacrifier sa vie et ses biens pour garder son droit à la liberté et à l'indépendance.* » Le mot indépendance a été prononcé, c'est un choc dans toute l'Asie et pour les autorités françaises qui, depuis Paris, sont impuissantes. Hồ Chí Minh a, de fait, profité de la désorganisation provoquée par l'occupation de l'Indochine par les Japonais (depuis le 9 mars 1945), puis de l'effondrement de l'Empire nippon en ce début septembre 1945, après les bombardements atomiques d'Hiroshima et de Nagasaki, pour pousser ses pions sur l'échiquier indochinois, prendre de vitesse les nationalistes rivaux du parti nationaliste vietnamien (Việt-nam Quốc-dân Đảng, VNQDD), anticiper l'occupation des troupes chinoises du général Siao Wen qui débarquent à Hanoi une semaine plus tard, et surtout agir avant le retour des Français. Ceux-ci, depuis la mi-août, se préparent d'ailleurs à revenir en Indochine et à reprendre le territoire en main, avec l'amiral Thierry d'Argenlieu nommé haut-commissaire, et Philippe de Hauteclocque, dit Leclerc, pour prendre le commandement des troupes françaises.

1945

LE CONGRÈS PANAFRICAIN DE MANCHESTER

Le Congrès panafricain de Manchester est issu d'une série de congrès initiée depuis la première Conférence panafricaine de Londres en 1900. Celui qui se réunit à partir du 15 octobre 1945 en Grande-Bretagne est le cinquième, et le plus important dans la perspective des décolonisations. Il rassemble près d'une centaine de délégués et plus de cinquante organisations, dont vingt-six venues d'Afrique, mais aussi des Caraïbes, de Grande-Bretagne et des États-Unis. Organisé par George Padmore – un militant marxiste originaire de Trinité-et-Tobago – et Kwame Nkrumah – militant panafricain et futur président du Ghana –, le congrès rassemble des personnalités telles Jomo Kenyatta – futur président du Kenya – ou Hastings Banda – futur président du Malawi. Ce congrès marque une rupture, y compris pour les colonies françaises alors que leurs représentants brillent par leur absence à Manchester. Rupture idéologique d'abord : les congrès précédents militaient pour « l'égalité raciale » dans tous les pays et luttaient contre les « abus » de la colonisation. Le congrès de Manchester opte, aux côtés de revendications présentes dans les anciens congrès (suffrage universel dans les colonies, égalité raciale, droit à l'éducation, abolition du travail forcé…), pour une dénonciation sans équivoque du colonialisme et réclame l'indépendance. Cette rupture idéologique procède d'une rupture générationnelle. Lors des précédents congrès, c'est essentiellement la classe moyenne britannique et la première génération d'« évolués » qui étaient représentées, promouvant une approche réformiste. Désormais, ce sont des leaders politiques qui revendiquent le pouvoir, et tous sont représentatifs d'une nouvelle génération d'intellectuels militants, passés par les universités occidentales, et décidés à combattre frontalement la colonisation, tout en coordonnant cette lutte sur le plan international. Signe des temps et d'une époque révolue, c'est le dernier congrès à se réunir hors du continent africain.

Pan-African Congress [Manchester, Grande-Bretagne], affichette-programme, 1945 [octobre].

PAGE DE DROITE

Le secrétaire général du Parti travailliste John McNair prend la parole devant le Congrès panafricain à Manchester [Grande-Bretagne], photographie signée John Deakin, 1945 [octobre].

CONCILIO ET LABORE
OPPRESSED PEOPLES
UNITE!
FREEDOM FOR ALL SUBJECT PEOPLES
AFRICA
ARABS AND JEWS UNITE! AGAINST BRITISH IMPERIALISM
TRUSTEESHIP
DOWN WITH
DOWN WITH ANTI-SEMITISM

Le transsaharien entre Oujda et Colomb-Béchar [Mnabha, Maroc], photographie, 1946 [mai].

Foire de Casablanca [Maroc], photographie, 1948.

PAGE DE DROITE

AOF. L'Union française. Le développement économique de l'AOF. Un grand programme de petits travaux, affiche du ministère de l'Information (Communiqué graphique, série d'outre-mer, n° 3) signée Curial-Archereau, 100x65, 1947.

Bons d'équipement de l'Algérie, affiche signée Joseph Salem imprimeur La Typo-LithoCarbonel (Jules), Alger, 1947.

1945–1946

LE GRAND RETOUR DE LA PROPAGANDE COLONIALE

En 1945, la propagande coloniale doit se renforcer tout en s'appuyant sur une longue tradition qui a traversé les régimes – IIIe République et Vichy –, en ayant largement démontré son efficacité.
Dans la continuité des organismes précédents, en gardant la plupart de ses directeurs et fonctionnaires, est (re)créée l'Agence de la France d'outre-mer, dont la mission est d'adapter le message colonial au nouveau cadre institutionnel (la future Union française) et au contexte des décolonisations, mais surtout d'insister sur les « réformes politiques » et les « progrès économiques » imputables à la France. Avec des moyens renouvelés en 1946, elle travaille en lien étroit avec les services de l'État, notamment les équipes du ministère des Affaires étrangères ou celles du FIDES créé en avril 1946 pour financer les investissements économiques et sociaux de la métropole outre-mer. L'une de ses missions est aussi de fournir aux ambassades et aux fonctionnaires français à l'ONU de la « matière » pour soutenir le discours officiel.
Le meilleur vecteur de cette propagande est l'image, en insert dans des magazines ou des affiches, ou *via* de courts films produits pour les salles de cinéma.
D'où une profusion de photographies de routes en construction, d'ouvriers et de paysans « au travail », de ponts et ports, de tracteurs, de moissonneuses-batteuses, d'écoles ou de dispensaires.
Ces clichés répondent explicitement aux perspectives de la phase initiale du plan décennal pour les colonies (1947-1952) en ne montrant que le mouvement, le « progrès », presque jamais la guerre, les grèves ou la pauvreté. La propagande fabrique un monde colonial « idéal », en faisant le plus souvent appel aux meilleurs photographes ou réalisateurs du temps, tels André Martin, Pierre Verger, François Kollar, Léon Herschtritt ou Robert Carmet. Efficace car en 1949, un sondage de l'INSEE montre que 81 % des Français pensent que « *la France avait intérêt à avoir des colonies* ». Mais à partir de 1954, la propagande se fait plus politique, car désormais l'objectif est de masquer l'état de guerre permanent aux colonies, après le déclenchement de la guerre d'Algérie et de la guerre au Cameroun.

1946–1948

LA DÉPARTEMENTALISATION DES VIEILLES COLONIES

Le 19 mars 1946, la loi de départementalisation crée des départements d'outre-mer (DOM) dans les quatre « vieilles colonies » – Réunion, Guadeloupe, Martinique et Guyane française –, pratiquement un siècle après l'abolition de l'esclavage en 1848. C'est, avec l'Union française fondée la même année, la réforme la plus importante et la plus durable de l'après-guerre, touchant alors huit cent cinquante mille habitants, soit 1,5 % des colonisés sous l'autorité de la France en 1946. Cette réforme s'inscrit dans la nouvelle Constitution au nom du principe stipulant que « *le fait national n'exige pas la continuité territoriale ni l'uniformité ethnique* », mais elle se situe aussi au carrefour de plusieurs intérêts, souvent contradictoires à l'époque : les revendications de plusieurs leaders politiques locaux, la volonté de signifier explicitement les « bienfaits » de la politique d'assimilation coloniale « à la française » et, enfin, la nécessité pour les autorités politiques de *sanctuariser* ces territoires face au mouvement de décolonisations qui s'annonce sur tous les continents. Trois propositions de loi (de Léopold Bissol, Gaston Monnerville et Raymond Vergès) l'initient, et sont regroupées dans une réforme unique adoptée à l'unanimité sur la proposition d'Aimé Césaire, le plus jeune des députés d'outre-mer de l'Assemblée nationale à l'époque. Il déclare à cette occasion, le 12 mars 1946, que ces quatre territoires « *entrent dans la famille française* ». Ils sont désormais administrés par des préfets dépendant du ministère de l'Intérieur. En 1951, lors du débat sur l'investiture de Georges Bidault, Aimé Césaire dresse le bilan de cette réforme, précisant que des départements « *sont devenus des caricatures de départements français. Des caricatures oui !* » Malgré cet échec, tant social que politique, la France a su avec la départementalisation repousser de dix ans les revendications indépendantistes dans ces territoires.

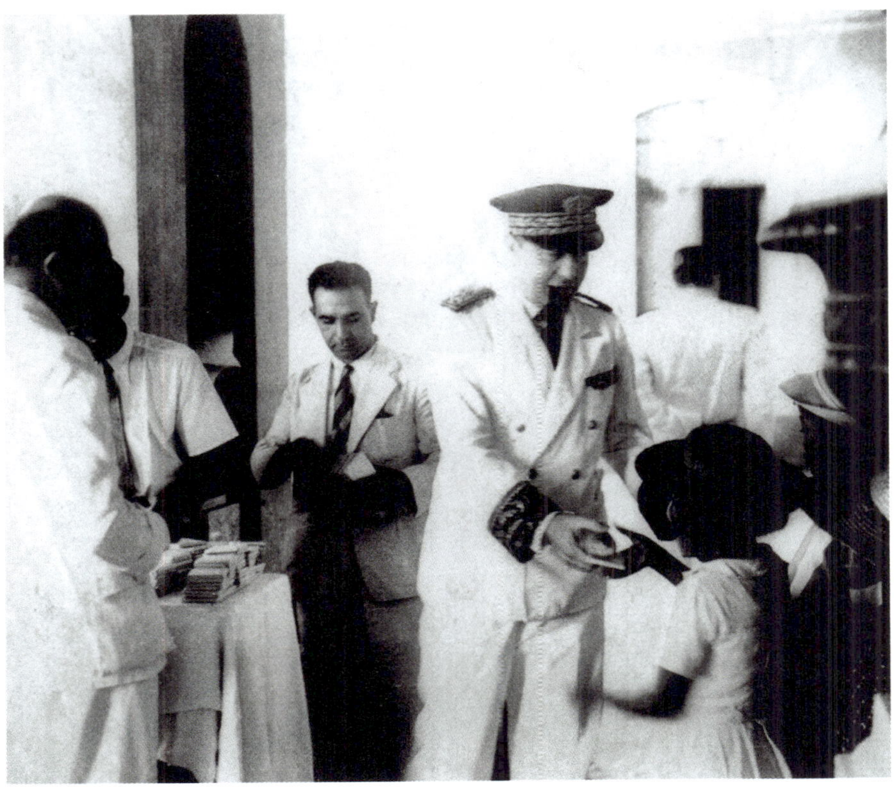

La foule se presse lors de la cérémonie avec le nouveau préfet Gilbert Philipson [Pointe-à-Pitre, Guadeloupe], photographie de Denise Colomb, 1948.

Le préfet Paul Demange distribue des macatias et des chocolats dans le cadre du « mois de l'enfance malheureuse » [La Réunion], photographie, 1947 [décembre].

PAGE DE GAUCHE

Répression d'une foule et arrestation à Fort-de-France le 8 juillet 1948 [Martinique], photographie, 1948 [8 juillet].

1946

LA FIN DES LOIS D'EXCEPTION AUX COLONIES

La IVe République, héritière du discours de Brazzaville et soucieuse de témoigner symboliquement sa gratitude aux colonisés qui ont combattu lors de la Seconde Guerre mondiale, engage une vague de réformes aux colonies sur les thèmes mobilisateurs des nouveaux élus coloniaux au Parlement. Ils sont désormais huit fois plus nombreux qu'avant la guerre, et très actifs pour engager des réformes que réclament leurs électeurs. Le 11 avril 1946, l'Assemblée nationale française adopte la loi 46-645, dite « loi Houphouët-Boigny », qui supprime le travail forcé en Afrique. Dans les faits, il faudra plusieurs années pour que cette décision soit mise en pratique, et ce n'est qu'en 1952 que sera voté un Code du travail pour l'outre-mer. Le 7 mars 1944, le CFLN avait mis fin au régime de l'indigénat en Algérie. La mesure est étendue, début 1946, à toutes les autres colonies et, en février 1946, les peines de l'indigénat sont proscrites, comme toutes les peines collectives pour l'AOF, l'AEF, les mandats du Togo-Cameroun et pour la Côte française des Somalis, Madagascar et la Nouvelle-Calédonie. Enfin, troisième réforme symbolique, le 7 mai 1946, la loi Lamine Gueye (nouveau député du Sénégal) généralise le statut de citoyen à l'ensemble des territoires colonisés, s'appuyant sur l'abolition par décrets des différentes règles et pratiques du Code de l'indigénat. Cette citoyenneté ne signifie pas l'égalité entre Français et colonisés puisque les « indigènes » votent dans leur propre collège. De fait, soixante-cinq millions d'indigènes-citoyens sont représentés par 7 % des élus, et quarante-deux millions d'Européens de métropole et des colonies (incluant les étrangers) par 93 % des élus. Ces réformes, modestes, sont alors souhaitées par la majorité des hommes politiques français, afin de ne pas aller « trop loin » dans l'équité, comme le montre la déclaration d'Édouard Herriot du 26 août 1946, lorsqu'il évoque sa crainte de voir un jour une « *France colonisée par ses propres colonies* » si le système électoral devenait universel.

« L'homme exploité sur la terre marocaine », *Regards*, couverture de presse, 1945 (octobre).

PAGE DE GAUCHE

Dans les rizières au sud du Tonkin (Viêt-Nam), photographie de Jack Birns, 1948. Jack Birns est connu pour avoir été l'un des correspondants primés de *Life*.

Le président de la République Vincent Auriol, aux côtés du gouverneur général de l'AOF René Barthes et de Gaston Monnerville, est accueilli par Amadou Lamine-Guèye, député-maire de Dakar (Sénégal), photographie, 1947 (22 avril).

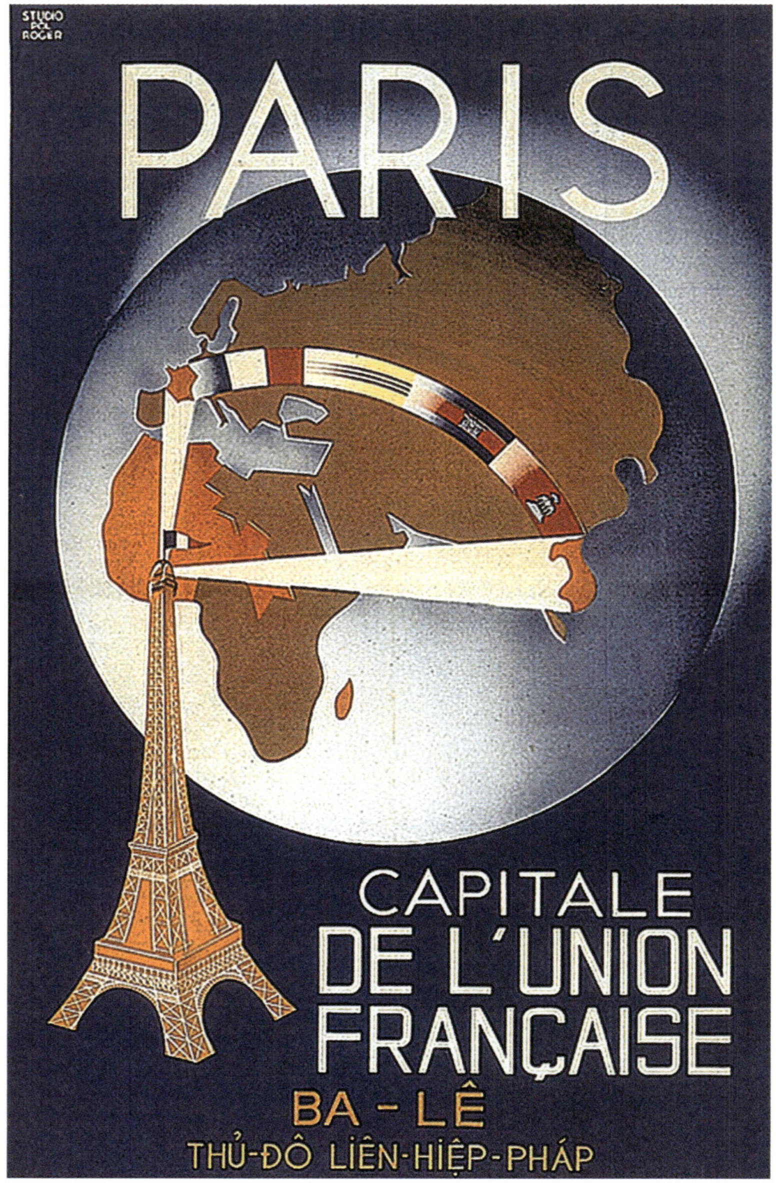

« En avant France », *L'Union française*, couverture de presse, 1946.

Paris capitale de l'Union française Ba-Lê - Thú-Dô Liên Hiêp Pháp, affiche éditée par le Cercle national des combattants et signée Roger Pol Studio (Imp. Coopublicité), 99x64, 1947.

PAGE DE DROITE

La tribune de l'Union française avant le discours politique du général de Gaulle à Bordeaux [France], photographie, 1947 [mai].

1946

LA CRÉATION DE L'UNION FRANÇAISE

La dernière étape des grandes réformes de l'année 1946 est la création de l'Union française. Celle-ci aurait pu être une réforme capitale, elle ne fut au final qu'un trompe-l'œil, favorisant le *statu quo*. En effet, la première Constitution – rejetée par référendum le 5 mai 1946 – était clairement progressiste, avec notamment la promulgation du suffrage universel. Elle était soutenue par le PCF et la SFIO ainsi que les élus coloniaux non européens, mais combattue par le MRP (alors premier parti de France) et toute la droite, ainsi qu'une grande majorité de colons et de l'administration coloniale. La seconde Constituante déclenche moult débats face à des députés des colonies beaucoup plus revendicatifs, ce qui conduit à intégrer une charte de l'Union française dans le texte final. Les parlementaires les plus réformistes ont échoué, au sein de l'intergroupe qu'ils avaient constitué avec à leur tête le Sénégalais Lamine Gueye ou l'Algérien Ferhat Abbas. Finalement, le vieux parti colonial a gagné (revigoré en septembre 1945 par les États généraux de la colonisation, où l'ensemble du lobby colonial a su définir une stratégie unitaire), puisque les innovations demeurent marginales alors que les propositions de l'intergroupe réformiste sont refusées. Ainsi, sur toutes les décisions, c'est l'Assemblée nationale qui prédomine (où les États associés, à la différence des colonies ne sont pas représentés). Inversement, l'Assemblée de l'Union française, dont la première séance se tient à Versailles en décembre 1947 – avec une centaine de membres –, a un rôle purement consultatif. Elle ne peut initialement contrebalancer une politique coloniale qui, de l'Indochine au Maroc, de Madagascar à la Côte d'Ivoire, bascule déjà dans la répression. L'Assemblée de l'Union française élabore cependant des propositions – suppression du deuxième collège, application de la loi Lamine Gueye sur le Code du travail – qui influenceront certaines des réformes prises après 1956.

Débarquement des troupes françaises à Haiphong [Indochine], photographie du service des armées de Claude Le Ray, 1946 [6 mars]. Dans le cadre de l'opération Ban-Tre, plus de vingt mille combattants français remontent vers le nord en direction d'Haiphong.

Dégâts causés par des attaques Viêt-Minh dans le delta du Mékong, photographie du service des armées, 1945.

PAGE DE DROITE

Aide aux combattants d'Indochine, affiche de la Quinzaine nationale signée Jean B. Picard (Imp. E. Desfossés-Néogravure), 80x120, 1947.

1946

LE BOMBARDEMENT D'HAIPHONG AU VIÊT-NAM

La crise indochinoise culmine à Haiphong (Hải Phòng), le 20 novembre 1946, lorsqu'un navire français arraisonne une chaloupe chinoise de contrebande chargée de carburant destiné au Viêt-Minh. Le colonel Pierre Debès reçoit du général Jean-Étienne Valluy un télégramme qui lui donne toute latitude pour défendre le « *prestige de la France* » : « *Le moment est venu de donner une dure leçon à ceux qui nous ont traîtreusement attaqués.* » L'affaire dégénère en une série d'affrontements qui aboutissent, le 23 novembre 1946, au bombardement de la ville d'Haiphong. Un militaire français, Henri Martin, ancien résistant devenu quatre ans plus tard un héros communiste de la lutte contre la guerre d'Indochine, déclare que ce jour-là « *L'amiral Battet a estimé le nombre des victimes en ville à six mille, mais il est possible qu'il y en ait eu davantage...* » Face aux événements, la revue *Les Temps modernes* affirme que la ligne rouge a été franchie : « *Il est inimaginable qu'après quatre années d'Occupation les Français ne reconnaissent pas le visage qui est aujourd'hui le leur en Indochine, ne voient pas que c'est le visage des Allemands en France.* » À Paris, la première législature de la IVe République s'ouvre le 28 novembre 1946, cinq jours après le massacre d'Haiphong. Le gouvernement Georges Bidault – condamné depuis les élections législatives du 10 novembre – n'est remplacé que le 16 décembre 1946 par le ministère Léon Blum. Celui-ci doit désormais faire face, à compter du 19 décembre 1946, à la bataille d'Hanoi engagée par le Viêt-Minh et conduite par le général Võ Nguyên Giáp pour venger le bombardement d'Haiphong. Entre-temps, « Oncle Hồ » a essayé de négocier avec Léon Blum, mais l'administration fait tout pour que les négociations échouent. Le 21 décembre, Hồ Chí Minh fait une proclamation décisive : « *Luttez avec vos armes, vos pioches, vos pelles, vos bâtons. Sauvez l'indépendance.* » La guerre d'Indochine vient de commencer.

1947

TERREUR À MADAGASCAR

C'est dans le contexte de l'essor du Mouvement démocratique de la rénovation malgache (MDRM) que les premiers troubles éclatent le 29 mars 1947 dans divers points de Madagascar. Plusieurs dizaines de Français sont massacrés par les émeutiers réclamant l'indépendance. Entre 1947 et 1948, les « rebelles » font plusieurs milliers de morts, à la fois des colons, des soldats français et des militants du parti concurrent et francophile, le Parti des déshérités de Madagascar (PADESM).

La première réaction des autorités françaises est d'arrêter à Tananarive les deux députés malgaches du MDRM, Joseph Ravoahangy et Jacques Rabemananjara, puis le troisième député malgache Joseph Raseta à Paris – qui avaient pourtant appelé au calme, mais dont l'action souterraine est assez opaque – et de dissoudre le MDRM. La rébellion est en fait coordonnée par des sociétés secrètes qui appellent à la révolte contre les Français en invoquant la magie contre les balles. Sans doute deux mille au début des troubles, les émeutiers sont bientôt vingt mille. En réponse, ils sont réprimés, ainsi que les militants du MDRM. La volonté des autorités coloniales est de provoquer la terreur pour prévenir toute révolte. Incendies de villages et de récoltes, « rebelles » enfermés dans un wagon à bestiaux et mitraillés, prisonniers lâchés vivants d'avions, « insurgés » brûlés vifs, viols et tortures des populations civiles, toutes les techniques sont employées pour envoyer un message clair aux Malgaches mais aussi à tous ceux qui, dans l'Empire, voudraient suivre leur exemple. La répression s'abat partout dans l'île, notamment dans le village de Moramanga où un haut fonctionnaire a qualifié le massacre perpétré par l'armée française, « *d'Oradour malgache* ». Les « rebelles » se retranchent dans les forêts où, privés de nourriture, rongés par les maladies, beaucoup ne survivent pas. La répression dure seize mois avec un bilan très contesté oscillant entre trente-cinq mille et deux cent mille victimes. Les autorités françaises en reconnaissent officiellement quatre-vingt-dix mille, les historiens discutent de ce chiffre, le plus souvent à la baisse. L'île rouge n'a jamais aussi bien porte son nom.

France
ILLUSTRATION
N° 89 | 14 JUIN 1947 | 40 FRANCS

LA RÉBELLION DE MADAGASCAR
Interrogatoire d'un chef rebelle qui vient d'être fait prisonnier par les troupes françaises dans un des villages de la côte orientale de Madagascar, où des bandes indigènes ont sauvagement accumulé les tortures, les massacres, les dévastations et les ruines. — Voir l'article pages 623 à 625.

« La rébellion de Madagascar. Interrogatoire d'un chef rebelle prisonnier », *France Illustration*, couverture de presse, juin 1947 (juin).

PAGE DE GAUCHE

Militaires français en patrouille dans les villages rebelles [Madagascar], photographie, 1947.

Rébellion de 1947. Sabotage de la voie ferrée par les rebelles au km 172. Après trois heures de travail, la voie a été remise en état [Madagascar], photographie du Gouvernement général de Madagascar, 1947.

1947–1948

LE NOUVEAU STATUT DE L'ALGÉRIE

Le statut de l'Algérie, après de longs débats, est entériné le 20 septembre 1947. Ce nouveau statut vise à déconcentrer les pouvoirs de la France coloniale à l'Algérie qui obtient ainsi un « statut organique » : le Gouvernement général détient le pouvoir exécutif et contrôle l'administration, l'Assemblée algérienne vote le budget et détient des pouvoirs législatifs limités permettant de voter ou d'adapter des lois déjà existantes. En outre, l'article 2 reconnaît « *l'égalité effective entre tous les citoyens français* » (à l'exclusion donc des Algériens). Cette Assemblée est élue par un double collège électoral, le premier composé de citoyens de statut civil français, le second de citoyens de « droit local » (les « indigènes musulmans »). Mais en Algérie, cet arbitrage suscite le mécontentement de tous. Ce « compromis juridique » n'apporte en effet aucune solution à long terme : les nationalistes le rejettent car il ne reconnaît pas la souveraineté de l'Algérie, la minorité européenne craint que le droit de vote accordé à un collège même limité d'« indigènes » – ce qu'elle avait pu empêcher avant la guerre sous le Front populaire dans le cadre du projet Blum-Viollette – ne signe le début de la fin de sa domination. Dans le même temps, il faut éviter que ce semblant de démocratie ne fasse émerger la force d'opposition la plus structurée du moment, le MTLD. Dès 1948, le gouverneur général de l'Algérie Marcel-Edmond Naegelen inaugure une longue série de trucages des élections du deuxième collège afin que la minorité européenne et l'administration puissent continuer à contrôler l'Algérie. Tous les recours en annulation sont rejetés par le Conseil d'État. Les élus sont donc, au final, ceux soutenus par l'administration et sont péjorativement surnommés les « béni-oui-oui ».

Images d'Algérie. Voyage du ministre plénipotentiaire Yves Chataigneau, gouverneur général au Mzab [Algérie], affiche (Imprimerie officielle du Gouvernement général de l'Algérie), 1947.

PAGE DE DROITE

Première réunion de l'Assemblée algérienne [Alger, Algérie], photographie, 1948 [24 avril].

Vote de Fernand Male, maire de Mascara, lors de la première élection à l'Assemblée algérienne [Algérie], photographie, 1948 [11 avril].

DELHI & BOMBAY
VIA
CAWNPORE

1947–1948

LE DESTIN DES COMPTOIRS DES INDES

Le 15 août 1947, avec la déclaration d'indépendance de l'Inde, les autorités françaises sentent que le vent de l'histoire souffle sur les comptoirs français (Mahé, Karikal, Pondichéry, Yanaon et Chandernagor). Anticipant la décolonisation de l'Inde, le gouvernement français avait conféré aux comptoirs français, le 27 octobre 1946, le statut de territoires d'outre-mer à « statut particulier », sous le nom officiel d'établissements français de l'Inde, avec un député et deux conseillers de la République. Malgré cette évolution institutionnelle, l'Inde demande, aussitôt après son indépendance, le retour des « comptoirs » dans la fédération indienne. La France négocie, et n'accepte au début que la cession des « loges » (petites concessions dans quelques villes), mais refuse celle des comptoirs. Le bras de fer commence. Le 28 juin 1948, le gouvernement français s'engage à restituer les comptoirs sous réserve d'un référendum organisé dans chacun d'entre eux. Maurice Gaudart, représentant de l'Inde française à l'Assemblée de l'Union française, dénonce alors les « *menaces de mort et des appels aux meurtres contre ceux qui veulent défendre l'Union française* ». Or, les élections municipales du 1er août 1948 à Chandernagor donnent la victoire aux pro-indiens. À Mahé, en octobre 1948, c'est l'insurrection, mais le vote est au final favorable aux Français, comme dans les autres comptoirs. Les gouvernements français successifs doivent gérer cette situation complexe. Pour maintenir la pression, les Indiens instaurent, en avril 1949, un blocus sur les importations françaises – ce que les Français contournent en négociant avec les Pakistanais –, et exigent une cession immédiate des comptoirs. Ce à quoi la France se refuse, tout en étant obligée de procéder à un nouveau vote, cette fois-ci avec des observateurs internationaux. Le référendum se tient à Chandernagor le 19 juin 1949 avec un résultat sans équivoque puisque plus de 98 % des votants se prononcent en faveur de la fusion avec l'Inde. Ailleurs, pour quelques années encore, la France parvient à conserver son autorité.

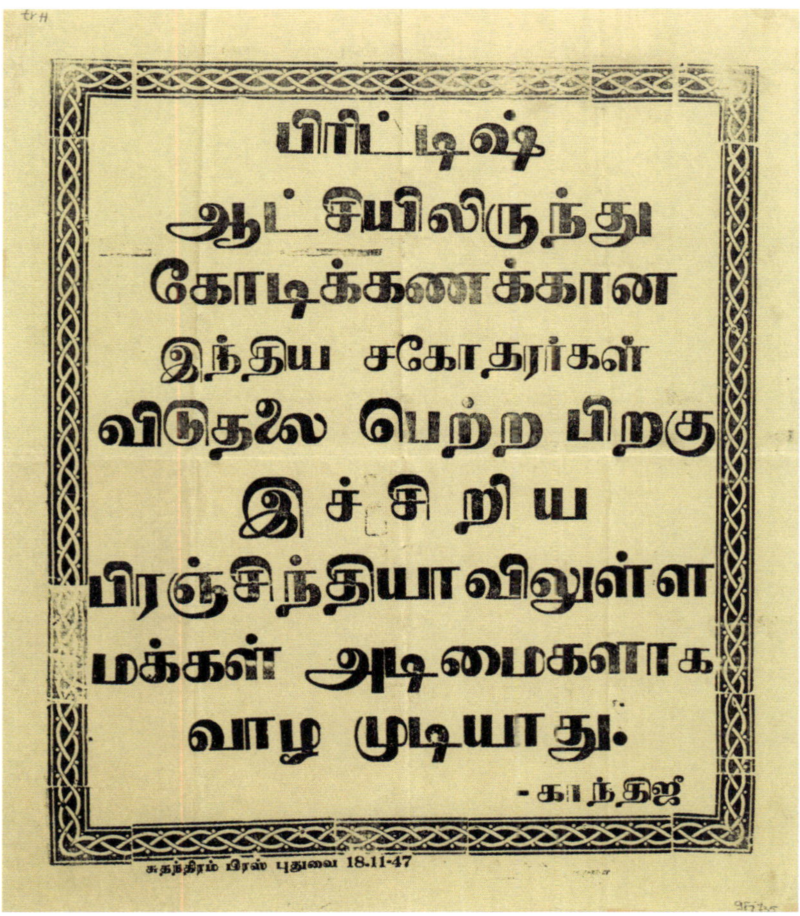

Le peuple de cette petite Inde française ne veut pas vivre en esclave [Inde], tract-affiche édité par le Parti communiste, 1947.

PAGE DE GAUCHE

Pilotes français de Catalina devant un panneau « Delhi Bombay via Cawnpore » [Allahabad, Inde], photographie, 1946.

Palais du gouverneur à l'occasion du voyage de Marius Moutet, ministre de la France d'outre-mer [Pondichéry, Inde], photographie, 1946 [janvier].

Peuple algérien alerte !, affiche du MTLD, 1948. Affiche diffusée à l'occasion des élections pour l'Assemblée algérienne d'avril 1948.

Meeting commun des partis communistes français et algérien (PCF et PCA) au stade municipal [Alger, Algérie], photographie, 1946.

PAGE DE DROITE

Allal El Fassi, leader du parti de l'Istiqlal [Maroc], photographie, 1948.

Discours d'Habib Bourguiba à Tunis [Tunisie], photographie, 1948.

1947–1948

LE MAGHREB EN ÉBULLITION

Le Maghreb entre en ébullition politique dès le début de l'année 1947. Pour les nationalistes, les timides réformes politiques engagées ne sont qu'un trompe-l'œil, une manière de ne pas donner suite aux revendications indépendantistes. Symbole de ces années charnières, le 8 mai 1947, Ahmed Mezerna, nouvel élu algérien, réduit l'action de la France au Maghreb à une longue suite de massacres depuis 1945. En Algérie, la vie politique s'est reconfigurée. Depuis 1946, le Mouvement pour le triomphe des libertés démocratiques (MTLD) de Messali Hadj occupe le devant de la scène et triomphe aux élections municipales de 1947. Les autorités françaises n'ont de cesse de faire diminuer artificiellement sa représentation politique. À ses côtés, Ferhat Abbas – qui en 1943 avait proposé le Manifeste du peuple algérien – crée l'Union démocratique du manifeste algérien (UDMA) qui revendique un État associé à la France. Derrière ces deux « façades légales », les durs de l'ex-Parti du peuple algérien (PPA) ont fondé l'Organisation spéciale pour abattre la puissance occupante par les armes.
Tous se radicalisent fin 1948 face à une France incapable d'accepter la démocratisation du pays, comme celle des deux protectorats voisins. Au Maroc, la crise est croissante depuis les événements sanglants de 1944 et le discours anti-français du sultan du 9 avril 1947. En Tunisie, la situation politique est complexe et Habib Bourguiba cherche une autre voie pour contrer les Français. Après le congrès du Néo-Destour en août 1946, il se lance dans une tournée aux États-Unis, puis rêve de fédérer la lutte des trois pays du Maghreb contre la France au sein du Comité de libération d'Afrique du Nord créé le 5 janvier 1948. Car, en Tunisie, la situation a basculé dans une violente répression à Sfax, en août 1947, faisant une trentaine de morts. Marginalisé et expulsé du Bureau du Maghreb arabe du Caire, Habib Bourguiba regagne la Tunisie en septembre 1948 où la lutte pour le leadership sur le Néo-Destour commence entre lui et Salah Ben Youssef. Ce vent de contestations est relayé depuis le début 1947 par le tout nouveau Bureau du Maghreb arabe qui impose une pression propagandiste nouvelle sur la France.

1948

DE LA « RÉBELLION » MALGACHE AU PALAIS DE CHAILLOT

À Madagascar, la terreur et la répression se sont installées. Les principaux responsables politiques ont fermé les yeux sur les violences, et lorsque les parlementaires se rendent dans l'île, comme Maurice Pernot et René Coty (futur président de la République), ce n'est pas pour mener une enquête sur la répression, mais pour préparer le rapport sur la levée de l'immunité parlementaire des députés malgaches arrêtés... En janvier 1948, les Français commencent à prendre le dessus. Dans le même temps, la répression politique continue contre le MDRM, car les autorités coloniales veulent éradiquer toute possibilité d'opposition politique. C'est en avril-mai 1948 que l'on note un pic dans les soumissions, où, devant les caméras des actualités cinématographiques, des villages entiers se rendent aux autorités françaises. Durant l'été, l'insurrection a partout reculé. Deux des principaux dirigeants (Michel Radaoroson et Victorien Razafindrabe) sont tués, et le 3 octobre 1948, le verdict du procès des parlementaires malgaches tombe : ils sont condamnés à mort. Le gouverneur Marcel de Coppet était néanmoins lucide, écrivant dès juillet 1947 : « *On ne vient pas à bout d'un sentiment national populaire par la violence. L'indépendance de Madagascar sera, quoi qu'il arrive.* » Enfin, pour marquer l'opinion, le 15 novembre 1948, l'armée médiatise en urgence la soumission du « *dernier grand insurgé* » et stratège de la rébellion : Philippe Leohaha. Il fallait faire vite, et surtout frapper l'opinion française et internationale avant la réunion de l'ONU prévue à Paris. La France peut désormais accueillir au palais de Chaillot, sûre de sa victoire écrasante à Madagascar, les cinquante-huit États membres qui s'apprêtent à voter la Déclaration universelle des droits de l'homme le 10 décembre 1948. Robert Schuman, ministre des Affaires étrangères, peut tout aussi sereinement prendre la parole à l'occasion de ce vote hautement symbolique : « *Nous considérons nous Français qu'il y a là une sorte d'hommage rendu aux efforts séculaires de l'esprit français dans la recherche d'une paix universelle.* »

3 500 rebelles appartenant au MDRM revendiquant l'indépendance de l'île de Madagascar se rendent dans la région de Tamatave [Madagascar], photographie, 1947 [25 septembre].

Session de l'Organisation des Nations Unies au palais de Chaillot [Paris, France], photographie, 1948 [décembre].

PAGE DE GAUCHE

Procès des parlementaires malgaches [Paris, France], photographie, 1948 [août]. De gauche à droite : Joseph Ravoahangy, Joseph Raseta, Jacques Rabemananjara, et les sénateurs Jules Ranaivo et Raramonjy Raherivelo.

PARTIE II

L'EMBRASEMENT 1949–1954

Un bataillon vietnamien, chargé de nettoyer la zone du Bui Chu de ses rebelles [Viêt-Nam], photographie, 1953 [août].

Début 1949, les autorités de la IVe République pensent qu'elles ont repris la main dans l'Empire. Cinq ans après la conférence de Brazzaville, le « vent de la décolonisation » n'a emporté que les mandats moyen-orientaux et la situation en Indochine ne représente pas encore un des conflits majeurs de la Guerre froide.

Néanmoins, la France n'a pas anticipé – le regard tourné vers Madagascar et l'Indochine en priorité – ce qui se préparait au Cameroun avec la création d'un nouveau parti, en avril 1948, l'Union des populations du Cameroun (UPC), ou la montée en puissance du RDA (Rassemblement démocratique africain) dans la plupart des territoires d'Afrique noire, et qui à l'Assemblée nationale s'est allié avec les communistes. Ailleurs, dans l'Union française, elle ne mesure pas les mutations politiques de la Polynésie, des Antilles ou de La Réunion[1], pas plus que la redistribution des cartes au Maghreb où s'affirment des forces politiques centrales comme le Néo-Destour en Tunisie, le sultan au Maroc, le MTLD en Algérie[2].

Le nouveau gouvernement, avec à sa tête Henri Queuille, en place depuis la mi-septembre 1948, est préoccupé par les six millions et demi de mineurs grévistes. Dès le 4 octobre 1948, pour mater cette grève sans précédent, le ministre SFIO de l'Intérieur, Jules Moch, a décidé d'envoyer l'armée et de rappeler soixante mille réservistes. En pleine Guerre froide, le bras de fer contre les communistes est devenu l'épicentre de la vie politique française, en métropole comme aux colonies[3]. La répression est d'une grande brutalité. Trois mille mineurs sont condamnés et six mille licenciés.

Sur le plan international, début 1949, la Guerre froide s'intensifie[4]. Désormais, les enjeux coloniaux s'inscrivent de manière systémique dans la dichotomie des relations internationales, structurées autour des deux blocs[5]. Partout dans le monde, les craquements dans les empires sont désormais identifiés comme les signes de cette nouvelle configuration. Face à l'URSS qui partout étend son influence[6], les États-Unis affinent leur stratégie d'*endiguement* et se lancent dans la chasse aux sorcières sur leur sol[7]. Les deux grands basculent vers un conflit ouvert lorsque les Chinois entrent dans le jeu des grandes puissances en Corée en 1950[8], premier conflit « chaud » d'une guerre jusqu'alors « froide ».

Dès lors, les conflits, comme celui d'Indochine ou la crise au Cameroun[9], se lisent à l'aune de la proximité, ou non, des mouvements indépendantistes avec Moscou ou Pékin.

L'UNION FRANÇAISE À L'HEURE DE LA GUERRE FROIDE

Dans l'immédiat, les yeux se tournent vers l'AOF où le RDA monte en puissance. Il faut éviter un « nouveau Viêt-Nam ». Ce mouvement panafricain, actif dans onze territoires, ne réclame pas encore l'indépendance, mais « *l'émancipation africaine* », un terme qui fait trembler les fonctionnaires coloniaux à Paris comme à Dakar, à la veille du congrès du parti, en janvier 1949. Lors de celui-ci[10], les militants appellent à l'union contre « *l'oppression coloniale* » et soutiennent le Viêt-Minh.

La France réagit immédiatement. Elle organise la riposte, un mois après la clôture du congrès, le 7 février 1949, et la répression politique s'abat sur le parti. Dans le même temps, les Français décident d'accélérer les réformes économiques pour remobiliser autour du projet colonial et lancent pour l'AOF le Fonds d'équipement rural pour le développement économique et social (FERDES). Pour couper court à toute volonté insurrectionnelle, la France décide d'arrêter le leader du RDA, Félix Houphouët-Boigny, bien qu'il s'agisse d'un parlementaire français. Le député ivoirien refuse de suivre le juge qui est venu l'arrêter. En 1950, les Français poursuivent la répression, arrêtent les opposants, brûlent des villages, répriment les manifestations s'opposant à l'ordre établi, occasionnant plusieurs dizaines de morts. Une commission d'enquête est néanmoins

1. Gilles Gauvin, « Le Parti communiste de La Réunion (1946-2000) », in *Vingtième Siècle. Revue d'histoire*, n° 68, 2000.

2. Jacques Simon, *Le MTLD (Le Mouvement pour le triomphe des libertés démocratiques) (1947-1954)*, Paris, L'Harmattan, 2007.

3. Paul Villatoux, Marie-Catherine Villatoux, *La République et son armée face au « péril subversif ». Guerre et action psychologique*, 1945-1960, Paris, Les Indes savantes, 2005 ; Alexander Keese, « A culture of Panic. "Communist" Scapegoats and Decolonization in French West Africa and French Polynesia (1945-1967) », in *French Colonial History*, n° 9, 2008.

4. Catherine Durandin, *La Guerre froide*, Paris, PUF, coll. « Que sais-je ? », 2016 ; John Lewis Gaddis, *We Now Know. Rethinking Cold War History*, Oxford, Clarendon Press, 1997.

5. Pascal Blanchard, Pierre Haski, Farid Abdelouahab, *Les Années 50. Et si la Guerre froide recommençait ?*, Paris, Éditions de La Martinière, 2018 ; Pierre Grosser, *L'histoire du monde se fait en Asie. Une autre vision du XXe siècle*, Paris, Odile Jacob, 2017.

6. Gérard Chaliand, *Mythes révolutionnaires du Tiers Monde*, Paris, Seuil, 1979.

7. Larry Ceplair, Steven Englund, *The Inquisition in Hollywood*, Berkeley, Illinois University Press, 1979 ; Marie-France Toinet, *1947-1957. La chasse aux sorcières*, Bruxelles, Complexe, 1984.

8. Claude Delmas, *Corée 1950. Paroxysme de la Guerre froide*, Bruxelles, Complexe, 1982.

9. Achille Mbembe, *La Naissance du maquis dans le Sud-Cameroun, 1920-1960*, Paris, Karthala, 1996.

10. Marcel Amondji, « Masses et dirigeants pendant la guerre contre le RDA (1949-1950) », in Marcel Amondji, *Félix Houphouët et la Côte-d'Ivoire. L'envers d'une légende*, Paris, Karthala, 1984.

« La mise en valeur de l'AOF et du Togo », *Réalités africaines*, photomontage de couverture, 1953 [août].

demandée sur les « événements ». Deux mois plus tard, en avril 1950, elle n'est toujours pas sur place, et le député du RDA Ouezzin Coulibaly tire le signal d'alarme à l'Assemblée nationale. Tout le pays est en ébullition et la commission d'enquête n'arrive sur place que mi-juillet, aux lendemains de la constitution du gouvernement de René Pleven.

Pendant ces longs mois, le bras armé de cette politique répressive, le gouverneur Laurent Péchoux, a eu le temps de fabriquer de toutes pièces une opposition partisane face au RDA et de reprendre en main la fédération. Pour garder le contrôle, la répression doit se faire sans images. Un homme filme pourtant les événements. Il s'agit de René Vautier. Il réalise ainsi le premier film anticolonial français intitulé *Afrique 50*, diffusé clandestinement, qui montre qu'en Côte d'Ivoire la France réprime brutalement. De ces événements, la commission ne dit rien, le rapport est d'ailleurs enterré.

Les soldats du septième régiment de tirailleurs algériens embarquent à bord d'un navire à destination de l'Algérie [Tourane (Đà Nẵng), Indochine], photographie, 1953.

Au sortir de l'été 1950, la situation est bloquée. Les négociations secrètes s'engagent avec le gouvernement français et surtout avec François Mitterrand, patron de l'Union démocratique et socialiste de la Résistance (UDSR), qui regroupe alors un grand nombre de députés des colonies. La stratégie est simple : puisque la base militante, malgré la répression et les arrestations, est toujours active, il faut s'attaquer à la tête du parti : Félix Houphouët-Boigny. Il faut le convaincre de changer de stratégie pour éviter que le pays ne connaisse la situation de Madagascar et lui proposer en échange des prébendes. François Mitterrand, ministre de la France d'outre-mer, raconte lui-même cette rencontre : « *Je l'ai traité un peu rudement. Je l'ai prévenu que j'allais doubler les garnisons en Afrique et que je le tiendrais pour responsable d'éventuels troubles.* »

Au sortir des négociations, le 18 octobre 1950, Félix Houphouët-Boigny décide de désapparenter le RDA du PCF, accepte de faire un « *moins bon résultat* » aux futures élections de 1951[11], entre en négociation avec les Français quant au devenir de l'AOF[12], et accepte de participer aux différentes majorités parlementaires dans le sillage de l'UDSR qu'il rejoint peu après. Trois ans plus tard, après avoir repris en main sur cette nouvelle ligne la majorité du RDA, qui comprend cependant plusieurs sections clairement anticolonialistes, Félix Houphouët-Boigny devient président de l'Assemblée ivoirienne et bientôt ministre à Paris. Les Français ont gagné leur pari, après dix-huit mois de répression et un retournement de jeu politique en Afrique de l'Ouest.

Il fallait la paix en Afrique noire – et à n'importe quel prix –, d'autant plus que dans le même temps, la France commence à subir militairement la pression du Viêt-Minh[13] ; il fallait donc briser le rapprochement entre les communistes et les nationalistes africains. L'année suivante, les autorités coloniales nettoient les derniers foyers d'opposition politique en AOF, mais poursuivent les militants du RDA qui refusent la nouvelle ligne politique. En avril 1951, au Dahomey, la répression fait deux morts ; au Togo, on compte dix morts à Vogan ; en Guinée, à Conakry, les trucages électoraux[14] déclenchent des manifestations et de nouvelles répressions se poursuivent jusqu'en avril 1952, notamment au Tchad.

En 1952, l'ordre commence à régner en AOF et en AEF[15], sauf en Guinée, où l'opposition reste active, et au Cameroun, où l'Union des populations du Cameroun (UPC) s'est décidée à engager un bras de fer avec les Français et a déposé un texte devant l'ONU, le 17 décembre 1952[16]. C'est d'ailleurs dans ces deux pays que les crises suivantes explosent, en 1955 et en 1958[17]. Mais dans l'immédiat, les Français peuvent concentrer leurs forces vers d'autres territoires de l'Union française.

LES REGARDS SE TOURNENT VERS L'INDE, LA POLYNÉSIE ET LES ANTILLES

La situation dans les comptoirs des Indes (Mahé, sur la côte ouest, Karikal, Pondichéry, Yanaon et Chandernagor à l'est) est de plus en plus confuse depuis l'indépendance des Indes britanniques de 1947[18]. Pour le gouvernement français, l'objectif est de ne rien lâcher qui pourrait démoraliser les troupes françaises engagées en Indochine. Face à ces blocages, les Indiens imposent une pression permanente, conduisant à une crise qui dure jusqu'à la fin du conflit indochinois, avec au passage la cession de Chandernagor à l'Inde en mai 1950.

Dans le même temps, la situation politique est tendue dans plusieurs territoires et dans les départements d'outre-mer. En Guadeloupe comme en Martinique, mais aussi en Polynésie où en novembre 1949 a été créé le Rassemblement démocratique des populations tahitiennes (RDPT), la situation sociale et politique vire au rouge en 1949. La règle à Paris, depuis trois ans, est l'application toujours différée du régime législatif métropolitain dans les vieilles colonies et l'opposition face aux communistes et indépendantistes, qui néanmoins ont dominé les élections législatives en 1946 avec Aimé Césaire et Léopold Bissol en Martinique, Pouvana'a a Oopa Tetuaapua en Polynésie, Rosan Girard en Guadeloupe et Paul Vergès à La Réunion. Partout la situation sociale est critique, les grèves se succèdent, et l'administration, à travers les services de renseignements, surveille l'opposition politique comme le lait sur le feu.

Signe des temps, et du conservatisme de certaines élites, Marius Moutet n'a de cesse de réclamer que les nouveaux départements soient toujours rattachés au ministère des Colonies… question qui ne sera tranchée qu'en 1949. D'ailleurs dès janvier 1949, les grands propriétaires sont entendus et les CRS interviennent dès qu'une grève se déclenche. Lorsque François Mitterrand devient ministre de la France d'outre-mer, Aimé Césaire fait le bilan de la colonisation : « *Entre colonisateur et colonisé, il n'y a de place que pour la corvée, l'intimidation, la pression, la police, le vol, le viol, les cultures obligatoires, le mépris, la méfiance, la morgue, la suffisance, la muflerie, des élites décérébrées, des masses avilies.* […] *J'entends la tempête. On me parle de progrès, de "réalisations", de maladies guéries, de niveaux de vie élevés au-dessus d'eux-mêmes. Moi, je parle de sociétés vidées d'elles-mêmes, des cultures piétinées, d'institutions minées, de terres confisquées, de religions assassinées, de magnificences artistiques anéanties, d'extraordinaires possibilités supprimées.* […] *Je parle de ceux qui, à l'heure où j'écris, sont en train de creuser à la main le port d'Abidjan. Je parle de millions d'hommes arrachés à leurs dieux, à leur terre, à leurs habitudes, à leur vie, à la danse, à la sagesse. Je parle de millions d'hommes à qui on a inculqué savamment la peur, le complexe d'infériorité,*

11. Le RDA n'a que trois députés : Félix Houphouët-Boigny, Mamadou Konaté et Félix Tchicaya.

12. Alpha Oumar Konaré, « Le RDA, l'Union soudanaise et le désapparentement », in Collectif, *Rassemblement démocratique africain, Actes du colloque international sur l'histoire du RDA, Yamoussoukro, 18-25 octobre 1985*, Abidjan, CEDA Hatier, 1987.

13. Michel Bodin, « L'aide de la Chine au Viêt-Minh (1947-1954), un aspect des relations franco-chinoises », in *Guerres mondiales et conflits contemporains*, n° 187, 1997.

14. Alexander Keese, « Rigged Elections? Democracy and Manipulations in the Late Colonial State in French West Africa and Togo, 1944-1958 », in Martin Thomas, *The French Colonial Mind*, Lincoln, University of Nebraska Press, 2011.

15. Tony Chafer, *The End of Empire in French West Africa: France's Successful Decolonization?*, Oxford, Berg, 2002.

16. Manuel Domergue, Jacob Tastita, Thomas Deltombe, *Kamerun ! Une guerre cachée aux origines de la Françafrique (1948-1971)*, Paris, La Découverte, 2011.

17. Pascal Blanchard, Sandrine Lemaire, *L'Afrique, un continent, des nations*, Toulouse, Les Essentiels/Milan, 199[illegible].

18. Patrick Pitoëff, « L'Inde française en sursis, 1947-1954 », in *Revue française d'histoire d'outre-mer*, n° 290, 1991.

le tremblement, l'agenouillement, le désespoir, le larbinisme[19]. »

Ces années connaissent un véritable durcissement de la vie politique et des revendications, comme des désillusions face à la départementalisation. C'est dans ce contexte qu'Aimé Césaire appréhende la situation coloniale par ces lignes explicites publiées en 1950 – sous le ministère Pleven –, faisant le bilan de cet embrasement dans les colonies : « *On peut tuer en Indochine, torturer à Madagascar, emprisonner en Afrique, sévir aux Antilles. Les colonisés savent désormais qu'ils ont sur les colonialistes un avantage. Ils savent que leurs "maîtres" provisoires mentent. Donc que leurs maîtres sont faibles*[20]. » Pour toute une génération de leaders politiques, Aimé Césaire devient le porte-parole de la dénonciation de la France coloniale. Aux Antilles, entre autres, la crise ne cesse de s'intensifier et en 1952 débouche sur le massacre de manifestants dans la commune du Moule en Guadeloupe, sous la conduite du préfet Pierre Bolotte[21].

Au moment où son livre est publié, la guerre en Indochine a basculé en devenant un conflit moderne, à armes égales, grâce à l'aide chinoise apportée au Viêt-Minh. D'ailleurs, dès décembre 1949, l'opinion publique française se sentait de moins en moins concernée. Lors d'un sondage, 52 % des Français se déclarent désormais « *indifférents à ce qui se passe en Indochine* ». Avec seulement cent soixante-dix mille hommes, l'État-major prend conscience qu'il aurait besoin en réalité de trois fois plus de combattants pour tenir tout le pays du nord au sud. C'est impossible dans l'immédiat, la France n'en a pas les moyens.

En métropole, le Parti communiste français lance de nombreuses campagnes, notamment avec l'affaire Henri Martin, et dénonce la torture en Indochine[22]. La guerre s'enlise et l'option Bảo Đại semble de plus en plus irréelle[23]. Les cheminots bloquent le matériel militaire à destination de l'Indochine, et les dockers refusent de décharger sur le port de Marseille les cercueils qui reviennent des zones de conflit. Il est temps que les États-Unis apportent leur aide logistique, car la guerre en Indochine occupe désormais 45 % des budgets militaires de la France, soit une part considérable du budget national. Alors que les Français ont d'autres soucis, le prix du pain, l'inflation, la reconstruction du pays, les grèves… Pour les Français, l'Indochine est devenue un bourbier.

LE BOURBIER INDOCHINOIS

L'aide américaine commence à arriver en février 1950, officiellement au cours de l'été. Mais il est trop tard. Le basculement militaire arrive avec la défaite française sur la RC 4 allant de Cao Bang à Langson, en septembre-octobre 1950. La situation est telle que le gouvernement français décide d'envoyer sur place le général Jean de Lattre de Tassigny, et que les Américains doublent leur aide en fin d'année. Le parallèle avec la guerre en Corée devient une évidence pour tous[24], au point que Jacques Soustelle écrit en octobre 1950 : « *Indochine et Corée : un seul front.* »

Mais les Américains et les Français ont un point de désaccord majeur : la nature de l'indépendance des trois pays. Dans cette perspective, les États-Unis souhaitent une diminution progressive de l'administration, afin de disposer d'États forts, capables de mobiliser les populations contre le communisme. Fin 1950 et début 1951, l'option de l'accentuation de l'action militaire l'emporte devant les premiers succès du général Jean de Lattre de Tassigny. Notamment, en janvier 1951, à Vĩnh Yên, où il parvient à repousser le Viêt-Minh. Très vite, la situation en Indochine est une longue suite de batailles sur plusieurs fronts. À la veille de l'été 1951, la bataille du Day marque un coup d'arrêt jusqu'à la victoire française, mi-juin 1951. Celle-ci est pourtant le symbole de l'enlisement en Indochine. Même s'il a dû reculer lors de la bataille du Day, le Viêt-Minh progresse sur d'autres fronts, les Français parviennent tout juste à bloquer la contre-offensive du général Võ Nguyên Giáp en pays thaï, qui se solde par un demi-échec à Nghia Lo.

Contrairement à ce qu'annonçait le gouvernement français avec la création des « armées nationales » au sein des trois États et le soutien des États-Unis, le budget

19. Aimé Césaire, *Discours sur le colonialisme*, Paris, Présence africaine, 1955 [1950].

20. Aimé Césaire, *ibid.*

21. Ce dernier est par la suite le responsable du dernier grand massacre colonial, celui de Pointe-à-Pitre en 1967.

22. Jean-Pierre Rioux, *La France de la Quatrième République. L'expansion et l'impuissance (1952-1958)* (tome 2), Paris, Seuil, coll. « Points Histoire », 1983.

23. Patrice Gélinet, *Indochine 1945-1954. Chronique d'une guerre oubliée*, Paris, Acropole, 2014.

24. Claude Delmas, *Corée 1950. Paroxysme de la Guerre froide*, Bruxelles, Complexe, 1982.

25. Pierre Brocheux, Daniel Hémery, *Indochine, la colonisation ambiguë, 1858-1954*, Paris, La Découverte, 2001 [1995].

Panorama de l'Union française, couverture de livre, 1950.

militaire ne fait que croître – il passe de 5,4 % du PNB français en 1950 à 11,4 % en 1953 – et la situation militaire s'enlise en 1952, conséquence directe du départ du général Jean de Lattre de Tassigny. L'armée est épuisée et le moral est au plus bas. En outre, l'allié américain commence à jouer double jeu depuis l'arrivée aux affaires du nouveau président Dwight D. Eisenhower. En janvier 1953, un nouveau sondage sert de repère au gouvernement français : seuls 21 % des Français approuvent encore la guerre en Indochine. Le 3 juin 1953, dans *Le Figaro*, le général Georges Catroux, dépité, constate : « *La France, dans de très larges couches de sa population, subit la guerre beaucoup plus qu'elle ne la vit.* » À l'été 1953, la situation est critique en Indochine[25].

LE MAGHREB EN ÉBULLITION

Alors que dans toute l'Union française, les crises politiques et militaires s'enchaînent, que les budgets consacrés à ces conflits ou au maintien de forces de police sont croissants, les gouvernements français successifs n'ont de cesse d'engager en parallèle de vastes programmes d'investissements. Dans le domaine des infrastructures, les transports font l'objet de la plus grande attention en AOF et AEF, sous l'égide du FIDES[26].

La France s'engage ainsi dans une double politique. Elle poursuit les lourds investissements (infrastructures, système d'enseignement, modernisation économique…) dans les territoires coloniaux, promettant des réformes libérales et démocratiques, tout en poursuivant la répression des mouvements nationalistes et menant rapidement plusieurs conflits de front. Les deux facettes de cette politique mobilisent des budgets colossaux, alors que dans le même temps la IVe République doit s'engager dans la construction de l'Europe et que le contexte de la Guerre froide l'oblige à maintenir une capacité militaire pour l'OTAN[27]. Diplomatiquement, la situation est tout autant fracturée, avec de fortes critiques de sa politique coloniale émanant de l'ONU et des pays nouvellement décolonisés en Asie, qui complexifient les choix français quant à la politique à mener, au regard des différentes crises que connaît son Empire en Inde, en AOF, au Maroc, en Tunisie, en Algérie ou aux Antilles.

En Afrique du Nord s'engage, en 1950, un programme d'investissements, influencé par l'expérience antillaise, pour répondre à la montée des nationalismes. Pourtant, malgré

Des soldats du contingent français débarquant sur les quais [Tunis, Tunisie], photographie, 1954.

les chiffres annoncés, les programmes engagés et la propagande constante ne parviennent pas à inverser la courbe des revendications politiques en Algérie, comme dans les protectorats. Les milieux économiques commencent à douter, même si la manne financière publique permet de poursuivre ou d'engager plusieurs programmes qui s'avèrent très rentables pour certaines activités économiques[28].

C'est dans ce moment charnière que dans les protectorats maghrébins, la crise entre dans une nouvelle phase. Au Maroc, le gouvernement français joue une carte complexe pendant de longs mois pour rendre illégitime le sultan ; en Tunisie, c'est face au Néo-Destour qu'il tente la politique du double jeu entre négociations et répressions, jusqu'à l'enlisement. En 1950, la France est décidée à agir sur les deux protectorats.

En premier lieu au Maroc, où le général Alphonse Juin cherche le rapport de forces avec le sultan dès la fin de l'année 1950, obligeant le sultan Mohammed Ben Youssef, fin février 1951, à désavouer les tenants de l'indépendance et les leaders de l'Istiqlal pour sauver son trône[29]. Le général Augustin Guillaume poursuit cette politique de déstabilisation du sultan, tout en organisant les festivités pour les « quarante ans de présence française » dans le protectorat[30]. C'est à l'occasion de ces festivités, le 15 mars 1952, que le sultan adresse à Vincent Auriol et au gouvernement, présidé alors par Edgar Faure, un premier mémorandum dans lequel il réclame la constitution d'un gouvernement provisoire. Puis, six mois plus tard, un second où il demande cette fois-ci à la France de tenir la promesse faite par Robert Schuman à l'ONU l'année précédente, d'ouvrir des négociations avec son pays sur l'avenir du protectorat.

Comme au Maroc, la Tunisie s'engage dans un rapport de forces avec les Français. Le leader nationaliste, au sein du Néo-Destour, Habib Bourguiba, est revenu à Tunis le 9 septembre 1949 et devient le symbole des revendications nationales. Le 10 juin 1950, cette pression constante conduit à la déclaration publique de Robert Schuman à Thionville, admettant l'indépendance future de la Tunisie. C'est une surprise… mais, le ton change très vite, et le résident général précise qu'il n'envisage concrètement pour la Tunisie qu'un « *cheminement très progressif* » vers l'indépendance. Les nationalistes déclenchent immédiatement, le 20 novembre 1950, les grèves d'Enfidaville qui font sept morts suite à la répression.

Dans ce contexte insurrectionnel, les négociations reprennent et, le 8 février 1951, les accords franco-tunisiens sont signés, amorçant la fin de l'administration directe par la France en Tunisie. La situation semble dès lors stabilisée. Mais, le 15 décembre 1951, nouveau coup de théâtre : une note de l'administration française adressée au gouvernement tunisien met fin au processus. La réponse de la rue est immédiate. Les Français décident alors de remplacer Louis Périllier par Jean de Hauteclocque, pour engager le bras de fer. Comme en Syrie où il a déjà œuvré, il ordonne l'arrestation des dirigeants nationalistes et notamment d'Habib Bourguiba. La Tunisie entre en rébellion à partir du 22 janvier 1952 et bascule dans la lutte armée.

Quelques mois plus tard, le rapport de forces s'engage aussi au Maroc. À la fin de l'année 1952, les manifestations se succèdent, la répression est constante dans les grandes villes du pays, et les appels à la révolte sont largement diffusés, conduisant aux émeutes de Casablanca de décembre 1952. Au cours de l'été 1953, après des semaines de tensions, le général Augustin Guillaume dépose le sultan Mohammed Ben Youssef et fait proclamer un nouveau chef religieux au Maroc, Mohammed Ben Arafa. La répression est alors intense pour « pacifier » le pays, où les manifestations se succèdent[31].

Ainsi au Maroc comme en Tunisie, la crise bascule dans la lutte armée, les attentats et les grèves à répétition. De nouvelles troupes françaises sont envoyées pour maintenir l'ordre et reprendre en main les deux protectorats. La situation politique est dans l'impasse en 1953. Mais, en Tunisie, pour le résident général Jean de Hauteclocque, c'est une forme de victoire, car même si le pays est entré dans la lutte armée, il a le sentiment d'avoir bloqué le processus de cheminement vers l'indépendance. Au Maroc, la rue rend chaque jour de plus en plus illégitime le nouveau « sultan des Français » et réclame explicitement le départ de la résidence[32]. Symboliquement, le 22 septembre 1953,

26. Nicolas Bancel, Pascal Blanchard, François Delabarre (dir.), préface d'Albert Memmi, *Images d'Empire*, Paris, La Documentation française/Éditions de La Martinière, 1997

27. Adekeye Adebajo, Kaye Whiteman, *The EU and Africa: from Eurafrique to Afro-Europa*, Londres, Hurst & Co., 2011.

28. Jacques Marseille, *Empire colonial et capitalisme français, histoire d'un divorce*, Paris, Albin Michel, 2005 [1988].

29. Daniel Rivet, *Le Maghreb à l'épreuve de la décolonisation*, Paris, Hachette, 2002.

30. Benjamin Stora, *Algérie-Maroc : histoires parallèles, destins croisés*, Paris, Maisonneuve et Larose, 2004.

31. Yves Benot, *Massacres coloniaux, 1944-1950 : la IVe République et la mise au pas des colonies françaises*, Paris, La Découverte, 1994.

32. Jacques Thobie, Gilbert Meynier, Catherine Coquery-Vidrovitch, Charles-Robert Ageron, *Histoire de la France coloniale 1914-1990*, vol. 2, Paris, Armand Colin, 1991.

33. François Mitterrand, *Aux frontières de l'Union française*, Paris, Julliard, 1953.

34. Raymond F. Betts, *Decolonization*, New York, Routledge, 2004.

35. Jacques Binoche-Guerda, « Les indépendances africaines devant le Parlement français », in Charles-Robert Ageron, Marc Michel (dir.), *L'Afrique noire : l'heure des indépendances*, Paris, CNRS Éditions, 1992.

François Mitterrand, ministre d'État, en désaccord avec la politique marocaine et percevant l'impasse en Indochine, démissionne[33]. L'événement n'est pas qu'anecdotique, il est le signe que dans la classe politique, certains revendiquent désormais une « autre politique ». L'idée, pragmatique, d'abandonner l'Asie et les deux protectorats, pour concentrer les forces militaires et les investissements en Afrique subsaharienne, en Algérie, dans les départements d'outre-mer et les territoires océaniens est en germe[34] et accompagne moult débats à l'Assemblée nationale[35].

C'est dans ce nouveau contexte qu'en Tunisie, les autorités françaises changent de politique, après la mise à l'écart du général Jean de Hauteclocque, engageant de nouvelles négociations qui conduisent en 1954 au processus de décolonisation irréversible dont le déclencheur ultime est la défaite en Indochine, mais aussi la volonté d'un homme, Pierre Mendès France, de changer de politique dans les protectorats et de négocier avec Habib Bourguiba, toujours en exil[36]. Le nouveau président du Conseil français procède à un tournant radical lors de son discours de Carthage, le 31 juillet 1954. Au Maroc, si la France n'imagine pas encore le retour du sultan, ni de négocier avec les nationalistes, la ligne à suivre est désormais le *statu quo*. Quelques mois plus tard, l'évolution tunisienne conduira, de la même manière et suivant le même processus, le Maroc à sortir de la crise et à s'engager vers l'indépendance[37].

L'ALGÉRIE, UNE LONGUE MARCHE VERS LA RUPTURE

La situation en Algérie est tout aussi complexe, sinon plus, que dans les deux protectorats à ses frontières, mais beaucoup moins perçue à l'époque par l'opinion. Pourtant, fin 1954, les événements se sont enchaînés depuis la parodie que fut l'élection pour l'Assemblée algérienne, après la montée en puissance du panarabisme, le contexte de la Guerre froide et la défaite de Diên Biên Phu. Dès octobre 1948, l'intellectuel anticolonialiste André Mandouze avait clairement prévenu : « *Si la France ne fait rien – et immédiatement – l'Algérie est perdue* [...]. » En outre, la lutte armée engagée par l'Organisation spéciale (OS) a préparé une génération de militants à l'affrontement avec les Français, seule alternative à leurs yeux pour obliger la puissance coloniale à accepter l'indépendance. Au-delà de la crise politique et démocratique, la situation sociale dans le pays est dramatique[38]. Une situation structurelle, que n'infléchit pas la mise en place tardive du second plan quadriennal – le plan décennal initialement prévu ayant été segmenté en deux plans quadriennaux – de modernisation et d'équipement de l'Afrique du Nord qui n'est opérationnel qu'en 1953[39].

Tous les éléments sont en place pour que la « belle façade démocratique » de 1947-1948 s'effondre. Aux élections législatives de 1951, l'administration française maîtrise désormais tous les rouages pour piloter les élections depuis Paris, avec le ministre de la France d'outre-mer, François Mitterrand, et Henri Queuille, président du Conseil et ministre de l'Intérieur. Notamment dans le Constantinois où règne le préfet Maurice Papon, qui contrôle le profil des élus dans les départements. En raison de cette mascarade électorale, ni l'UDMA ni le MTLD n'ont de siège[40]. Le MTLD adresse alors un mémo à l'ONU, inscrivant la problématique de la fraude et du comportement de l'administration dans le jeu des relations internationales. Désormais, la rupture est consommée.

En métropole comme en Algérie, la surveillance des Maghrébins est alors constante, comme la répression politique ou syndicale, à l'image des sept militants du MTLD tués lors de la manifestation du 14 juillet 1953. Le gouvernement, sous l'égide des ministres de l'Intérieur successifs, organise des contrôles policiers constants, des rafles, et l'interdiction des manifestations[41]. La répression est telle, que l'Assemblée nationale en fait l'objet de débats[42], et un député de droite, André Liautey, réclame la déchéance des Algériens de leur nationalité lorsqu'ils participent à des « troubles ». La crise est croissante au sortir de l'été 1953, alors que la métropole vient de vivre une grève générale sans précédent et voit émerger la mouvance poujadiste[43].

36. Michel Camau, Vincent Geisser, *Habib Bourguiba. La trace et l'héritage*, Paris, Karthala, 2004.

37. Pascal Blanchard, Sandrine Lemaire (dir.), *Culture impériale 1931-1961. Les colonies au cœur de la République*, Paris, Autrement, 2004.

38. Abderrahmane Bouchène, Jean-Pierre Peyroulou, Ouanassa Siari Tengour, Sylvie Thénault (dir.), *Histoire de l'Algérie à la période coloniale. 1830-1962*, Paris, La Découverte, 2014.

39. Samir Saul, « Des plans économiques pour l'Afrique du Nord, 1945-1956 », in Samir Saul (dir.), *Intérêts économiques français et décolonisation de l'Afrique du Nord (1945-1962)*, Paris, Librairie Droz, 2016.

40. Malika Rahal, « La tentation démocratique en Algérie. L'Union démocratique du manifeste algérien (1946-1956) », in *Insaniyat*, n° 42, 2008.

41. Emmanuel Blanchard, *La Police parisienne et les Algériens (1944-1962)*, Paris, Nouveau Monde Éditions, 2011.

42. Sarah Mohamed-Gaillard, Maria Romo-Navarrete, « Les représentants de l'Outre-mer dans les assemblées de la IVe République (1946-1958). Approche prosopographique », in *Outre-mers. Revue d'histoire*, n° 370-371, 2011.

43. Thierry Bouclier, *Les Années Poujade : une histoire du poujadisme, 1953-1958*, Paris, Perrin, 2006.

44. Éric Duhamel, *Histoire politique de la IVe République*, Paris, La Découverte, 2000.

45. Jacques Despuech, *Le Trafic des piastres*, Paris, Deux rives, 1953.

46. Alain Ruscio, « L'opinion française et la guerre d'Indochine (1945-1954). Sondages et témoignages », in *Vingtième Siècle. Revue d'histoire*, vol. 29, 1991.

47. Alain Ruscio, *La Guerre française d'Indochine (1945-1954)*, Bruxelles, Complexe, 1993.

LES DERNIÈRES HEURES DE L'INDOCHINE FRANÇAISE

Au même moment, la guerre d'Indochine entre dans sa dernière année. Au regard des erreurs stratégiques des militaires français et de l'impasse politique, le pessimisme est de mise. Au Laos et au Cambodge, la France sait qu'elle va devoir lâcher du lest, et au Viêt-Nam reprendre la main militairement. Sur ces deux registres, elle échoue. Point d'acmé de la crise, un scandale marque les Français[44] : l'affaire du trafic de piastres (du nom de la monnaie locale en Indochine). En 1953, un fonctionnaire français dénonce dans un pamphlet ceux qui « *s'enrichissent dans les bureaux cossus de Saigon* » pendant « *que certains meurent dans les rizières*[45] ». Certains bâtirent au cours de ces années – comme Alain Delon – d'immenses fortunes en quelques semaines, voire quelques jours. En mai 1953, le gouvernement de René Mayer – l'homme du parti colonial – doit se résoudre à rééquilibrer le cours de la piastre indochinoise. Une commission parlementaire est mise en place… et finalement enterrée.

Depuis trois ans, les infiltrations des combattants du Viêt-Minh ne cessent pas au Laos et au Cambodge. Depuis la défaite de Cao Bang en 1950, le doute s'est emparé des Français, surtout après le départ du général Jean de Lattre de Tassigny. Celui-ci avait quelque temps redonné le sentiment qu'une victoire était possible, avec des opérations à succès comme à Vĩnh Yên, Dong Trieu, Mao Khé ou avec la bataille du Day en juin 1951. Mais depuis, la déprime l'emporte de nouveau[46], et l'armée française a dû abandonner plusieurs zones aux communistes. Devant une telle situation politique et militaire, le gouvernement de Joseph Laniel, formé en juin 1953, est obligé d'accorder l'indépendance au Laos et au Cambodge, à la suite de la campagne de Norodom Sihanouk, roi du Cambodge, et sa « croisade pour l'indépendance », pour éviter d'ouvrir un nouveau front militaire, offrant *de facto* la même option politique à Bảo Đại au Viêt-Nam[47]. Si la campagne du monarque cambodgien a été efficace, la décision française a surtout été prise sous la pression de l'allié américain, désormais encombrant, mais maître à bord puisque les États-Unis financent 80 % du conflit.

Pendant que les politiques et les hauts fonctionnaires négocient les traités avec les trois nouveaux États, les militaires français, avec à leur tête le général Henri Navarre, décident d'intervenir au Laos pour mettre fin aux infiltrations du Viêt-Minh. C'est dans cette perspective qu'il est décidé d'occuper Diên Biên Phu avec les parachutistes français à partir du 20 novembre 1953.

Bons d'équipement de l'Algérie, affiche signée Jacques Blein (Imp. Baconnier), 1954.

La chute de la forteresse indochinoise de Diên Biên Phu [Paris, France], photographie, 1954 [mai].

Pour les Français, l'idée est simple : tenir le Laos, c'est empêcher le Viêt-Minh d'effectuer la jonction entre le Tonkin, l'Annam et la Cochinchine. En cas d'affrontement, les Français sont persuadés que leur aviation et leur artillerie feront la différence, et qu'*in fine*, les États-Unis apporteront le soutien de leurs bombardiers.

En fait, l'État-major est aveugle, sous-estimant l'adversaire, et ne comprenant pas que les Américains ne prendront jamais le risque d'un nouvel affrontement avec les Chinois en intervenant en première ligne militairement, et il commet en outre plusieurs erreurs tactiques faisant de Diên Biên Phu le tombeau du colonialisme français en Asie. En fait, la plaine, mal équipée, devient un piège. À partir de mars 1954, tout bascule. Le Viêt-Minh est opérationnel et grâce à l'aide chinoise et soviétique, il dispose d'une artillerie lourde et légère, de plusieurs dizaines de milliers d'hommes et de souterrains tout autour de la cuvette. À l'arrière, deux cent mille hommes et femmes assurent l'intendance et le transport de matériel et de vivres[48].

En parallèle de la montée en puissance des forces militaires sur place, Hồ Chí Minh lance le principe d'une paix négociée dans une lettre ouverte qu'il adresse aux Français, le 29 novembre 1953, dans un journal suédois… quatre semaines avant l'élection de René Coty à la présidence de la République. C'est un coup brillant, qui le transforme en « homme de la paix », et comme prévu les débats s'éternisent jusqu'à la conférence des Quatre à Berlin, le 18 février 1954, où est annoncée l'ouverture prochaine de la conférence de Genève sur les problèmes asiatiques. La stratégie du Viêt-Minh est claire : arriver en position de force à cette prochaine conférence. Lorsque la date de la conférence de Genève est connue (le 26 avril 1954), les Vietnamiens derrière Võ Nguyên Giáp, avec à leurs côtés le général chinois Wei Guoqing, se préparent à l'offensive[49]. Le 11 mars 1954, « Oncle Hồ » adresse une lettre à ses forces sur le terrain. Deux jours plus tard, c'est le début des attaques Viêt-Minh. Inévitablement, la cuvette s'embrase et cette tragédie a son chef tout désigné, le tout nouveau général Christian de Castries – nommé au début de la bataille à ce grade –, pour ce qui est, après un peu plus de cinquante jours de bataille, une des plus grandes défaites militaires de la France. Le 7 mai 1954, tout est terminé.

Le lendemain, le 8 mai 1954, le général Võ Nguyên Giáp et ses officiers fêtent la victoire. Elle est décisive. Tout le Tiers-Monde est à l'unisson. Les radios, actualités chinoises et russes ouvrent leurs antennes sur l'événement. Dans les semaines qui suivent, des milliers d'affiches, de tracts et de conférences rendent hommage au Viêt-Minh, à « Oncle Hồ » ou au général Võ Nguyên Giáp. Une semaine après la victoire, le cinéaste soviétique Roman Karmen fait revivre cette défaite, y compris l'arrestation du général Christian de Castries, en présence de celui qui l'a fait prisonnier, Hoang Dang Vinh. Il rejoue la scène pour la postérité.

Ce même jour, le 8 mai 1954, les négociateurs de Genève abordent, après la question de la Corée, celles concernant l'Indochine. Les Vietnamiens, comme les Russes et les Chinois, sont en position de force. Tout se déroule très vite, alors que Pierre Mendès France est appelé à la présidence du Conseil. En Indochine, le général Paul Ely – avec Raoul Salan à ses côtés – remplace le général Henri Navarre, jusqu'alors commandant en chef des forces françaises en Indochine, désormais désigné comme « le général de la défaite ». Il doit organiser l'abandon des zones sud et ouest du Delta, mais aussi à An Khé et Nam Dinh, puis Phu Ly, jusqu'au cessez-le-feu définitif du 27 juillet 1954 au Nord et du 6 août 1954 au Sud. Les soldats français, lâchés par les Américains en Indochine[50], piégés par leurs généraux peu visionnaires, sont épuisés. En France, les critiques des communistes et les enjeux contradictoires de la Guerre froide fragilisent les thuriféraires de l'Empire, par ailleurs inquiets de la situation en Tunisie et au Maroc... L'Empire colonial, avec la défaite de Diên Biên Phu, perd en quelques semaines les fleurons de sa présence en Asie : le Laos, le Cambodge, le Viêt-Nam... et, quelques mois plus tard, les comptoirs des Indes.

Dans le même temps, en Océanie, la Polynésie connaît une vie politique intense et en Nouvelle-Calédonie naît un nouveau mouvement politique. L'Union calédonienne a en effet remporté les élections au conseil général de 1953, puis les législatives et les élections sénatoriales. Si on y ajoute les négociations en cours avec les Indiens quant au devenir des comptoirs, la situation de l'Empire a de quoi angoisser les autorités françaises, qui voient toutes leurs possessions du bassin océano-asiatique leur échapper.

Mais les regards se tournent également vers le Maghreb qui est entré ébullition. François Mitterrand, nouveau ministre de l'Intérieur, est sur la brèche en Algérie[51], encourageant la répression constante sur le terrain à l'encontre du MTLD et des autres mouvements politiques[52]. Simultanément, le ministre des Affaires étrangères de Pierre Mendès France accompagne le président du Conseil dans sa stratégie offensive en Tunisie et encourage la reprise en main de la situation au Maroc.

Pour les Français, le bilan est désormais clair : en laissant les mains libres aux États-Unis en Asie du Sud-Est – même si la France essaie de jouer sa carte au Cambodge et au Laos, alors qu'au Sud Viêt-Nam elle lâche prise –, ils auront carte blanche en Afrique et au Maghreb. Toutes les options sont encore possibles : soit ne rien changer, soit envisager une mutation plus radicale de la relation coloniale que celle mise en œuvre dans le sillage de la conférence de Brazzaville, soit miser sur l'intégration des colonies dans un grand ensemble eurafricain[53], qui permettrait « *de gêner l'action des mouvements d'émancipation encouragée par l'anticolonialisme viscéral des États-Unis et de l'URSS*[54] ». Ce recentrage stratégique en Afrique – anticipé par les militaires depuis des mois[55] – est rapidement perturbé par la crise qui explose en Algérie fin 1954. Désormais, la France subit. L'Empire entre dans une nouvelle phase de décomposition.

48. Lucien Bodard, *La Guerre d'Indochine. L'enlisement, l'humiliation, l'aventure*, Paris, Grasset, 1997.

49. James Cable, *The Geneva Conference of 1954 on Indochina*, Londres, Palgrave Macmillan, 2000.

50. Alain Frachon, Daniel Vernet, *La Chine contre l'Amérique, le duel du siècle*, Paris, Grasset, 2012.

51. Michel Winock, *François Mitterrand*, Paris, Gallimard, 2015.

52. François Malye, Benjamin Stora, *François Mitterrand et la guerre d'Algérie*, Paris Calmann-Lévy, 2010.

53. Anton Zischka, *Afrique complément de l'Europe*, Paris, Laffont, 1952 ; Patrick Nord, *L'Eurafrique, notre dernière chance*, Paris, Fayard, 1955

54. Papa Dramé, Samir Saul, « Le projet d'Eurafrique en France (1946-1960) : quête de puissance ou atavisme colonial ? », in *Guerres mondiales et conflits contemporains*, vol. 216, n° 4, 2004.

55. Raoul Castex (amiral), « L'Afrique et la stratégie française », in *Revue de Défense nationale*, mai 1952

1949–1950

LES ÉVÉNEMENTS DE GRAND-BASSAM EN CÔTE D'IVOIRE

Depuis le début de l'année 1949, les feux de l'actualité et les yeux des autorités françaises sont braqués sur l'AOF et plus spécifiquement sur la Côte d'Ivoire, où le Parti démocratique de Côte d'Ivoire (PDCI), section ivoirienne du Rassemblement démocratique africain (RDA), occupe désormais l'espace politique. À partir du 2 janvier 1949 – et pour quatre jours – s'ouvre à Abidjan le deuxième congrès du RDA. Il aurait dû se tenir en Haute-Volta (Burkina Faso actuel), mais les autorités françaises l'ont interdit. Le 7 février 1949, un mois après la clôture du congrès, le haut-commissaire général de l'AOF Paul Béchard lance sur Abidjan les forces de police et arrête huit membres du comité directeur du PDCI. De très nombreuses arrestations suivent dans toute l'AOF. Pour déstabiliser le PDCI, le gouverneur de la Côte d'Ivoire Laurent Péchoux a créé un parti politique à sa solde, le Parti progressiste, avec à sa tête l'ancien sénateur Étienne Djaument. Les militants des deux partis s'affrontent violemment. Début mars 1949, les militants du PDCI se rassemblent et protestent face à cette situation d'ostracisme. La répression est immédiate, comme à Ferkessédougou où l'on compte plusieurs morts. Tout au long de l'année, la situation est tendue et, fin 1949, les détenus du RDA de Grand-Bassam se mettent en grève de la faim pour protester contre leurs conditions de détention. Pour les soutenir, est lancée la « marche des femmes » sur la prison de Grand-Bassam. Le 24 décembre 1949, à la veille de Noël, deux mille à quatre mille manifestantes essaient de contourner le dispositif des forces de l'ordre. L'arrivée sur place de Félix Houphouët-Boigny, leader du RDA en Côte d'Ivoire, permet le retour au calme. Il vient de prouver au gouverneur de l'AOF qu'il était bien le « maître de la situation » dans la colonie. Quelques semaines plus tard, en janvier 1950, l'insurrection commence... De ces événements, les Français ne virent aucune image à l'exception de celles tournées secrètement pour le film *Afrique 50* par René Vautier. Invisible à l'époque, la « marche des femmes » est restée dans les mémoires collectives comme le symbole de la participation des femmes à la lutte pour l'indépendance.

Manifestations des femmes d'Abidjan contre le procès des dirigeants ivoiriens du RDA devant la cour d'assises [Grand-Bassam, Côte d'Ivoire], photographie de *L'Humanité*, 1950 [mars].

Café, cacao, acajou, bananes. Port d'Abidjan, photomontage publicitaire de presse, 1951.

PAGE DE GAUCHE

Au cours du meeting du comité de défense des libertés démocratiques, Félix Houphouët-Boigny, président du RDA, s'élève contre la violence de la répression coloniale [Paris, France], photographie de presse, 1950 [mars].

« Henri Martin marin de la liberté »,
Regards, couverture de presse, 1952.

Libérez Henri Martin [France],
photographie, 1953 [septembre].
Campagne du PCF au lendemain
de la grâce d'Henri Martin,
datant d'août 1953.

PAGE DE DROITE

*Procès du quartier-maître mécanicien
Henri Martin* [Toulon, France],
photographie, 1950 [octobre].

1950

L'AFFAIRE HENRI MARTIN ET LA GUERRE EN INDOCHINE

Henri Martin est un jeune soldat engagé dans la marine, ancien résistant, communiste, envoyé en Indochine en 1945. Il assiste au bombardement de Haiphong et cet épisode est décisif dans son opposition à l'engagement français en Indochine. De retour en France, il est cantonné à Toulon où, avec le Secours populaire et les cellules communistes du Var – qui, en pleine Guerre froide, suivent les consignes du Komintern –, il entreprend, en distribuant tracts et journaux, de convaincre de l'absurdité du conflit. La police militaire l'arrête en mars 1950. Les chefs d'accusation sont lourds : « *atteinte au moral de la Nation* », « *agitation politique illégale au sein des bâtiments militaires* », et surtout « *acte de sabotage* » (Henri Martin étant accusé sur ce point par un autre marin). Le tribunal militaire rejette cette dernière accusation, mais valide les deux premières, le condamnant à cinq ans de prison pour propagande hostile à la guerre d'Indochine. Le PCF déclenche alors une intense campagne de soutien, s'indignant de la lourdeur de la condamnation au regard d'une simple activité politique, certes au sein de l'armée et donc contre les règlements militaires. Cette campagne s'étend bien au-delà des militants communistes et du parti. Des intellectuels, tels Jean-Marie Domenach pour la revue *Esprit*, Jean Cocteau ou encore Jean-Paul Sartre qui publie en 1953 *L'Affaire Henri Martin*, y prennent part dans des comités Henri Martin. Sous la pression, le président Vincent Auriol le gracie en août 1953.

بار جان
DEW-DROP INN

1950–1951

TENSIONS AU MAROC

Au Maroc, la situation du protectorat est complexe, opposant la résidence à l'Istiqlal et au sultan. Le général Alphonse Juin, nouveau résident en poste depuis deux ans et demi, veut rétablir l'ordre et adopte une politique d'autorité envers l'Istiqlal tout en entendant imposer au sultan des réformes visant à consolider le régime de cosouveraineté du protectorat au bénéfice des Européens du Maroc. Si le sultan, qui soutient les nationalistes de l'Istiqlal et est soutenu en retour par ce mouvement, est contraint d'accepter plusieurs réformes sous la pression française, il s'oppose néanmoins à celle des municipalités, qui aurait confirmé la prééminence politique des Français du Maroc, alors qu'ils sont numériquement inférieurs, dans une proportion d'un vingtième de la population totale. Le sultan bloque ainsi la politique du général Juin, qui souhaite alors l'écarter du pouvoir pour imposer l'entrée du Maroc dans l'Union française. Dans cette perspective, il impose au sultan un encadrement administratif par un chef de confrérie et le pacha de Marrakech, favorables aux intérêts français, afin d'affaiblir son autorité. Cette situation débouche sur la multiplication des conflits. Aussi le gouvernement français invite-t-il le sultan en France afin d'apaiser ses rapports avec la résidence. Mais cette initiative est un échec car le sultan n'a de cesse de réclamer au président de la République comme au gouvernement français, la révision du régime de protectorat. Ce nouveau refus réactive le conflit avec la résidence. Dans ce contexte, en octobre 1950, l'Istiqlal publie un communiqué dans lequel il dénonce la répression policière à l'égard de ses membres et le refus des Français de faire évoluer le statut du protectorat. Cette situation débouche le 9 avril 1951 sur le pacte de Tanger, où l'Istiqlal et le sultan proclament leur volonté commune de faire accéder le Maroc à l'indépendance

Le général René Chouteau gouverneur général de Paris, le prince Moulay Hassan du Maroc, le sultan Sidi Mohammed, le président de la République Vincent Auriol avec son ministre de la Défense nationale Jules Moch, photographie, 1950 [octobre].

Consommez les produits du Maroc, OCE, affiche signée Plaquet, 10x63, 1951.

PAGE DE GAUCHE

Manifestations au Maroc, photographie, 1951 [mars].

PAIX
PARTI
SECTION
MAGENTA
La Corée
aux Coréens
Le Viet-nam
aux
VIETNAMIENS
CONTRE LA

АВТОЗАВОД
им. Молотова
CỦA BỌN CỘNG-SẢN CHO CHIẾN-TRANH
COMMUNISTE POUR LA GUERRE
CAMION RUSSE
MOLOTOVA
PASSÉ PAR LA CHINE ET
TIRÉ DES STOCKS DE MATÉRIEL
ET D'ARMES PRIS AUX REBELLES
AU NORD VIETNAM

1950

LA CHINE ENTRE DANS LE CONFLIT INDOCHINOIS

Entre 1946 et 1949, le corps expéditionnaire français en Extrême-Orient est engagé dans un conflit colonial de type guérilla face au Viêt-Minh. À partir de 1950, la guerre d'Indochine change de nature et devient un conflit typique de la Guerre froide. Il s'internationalise en opposant indirectement les idéologies communiste et libérale. Ce tournant s'opère lorsque la République populaire de Chine est proclamée, le 1er octobre 1949, et qu'elle reconnaît la République démocratique du Viêt-Nam.
Le communisme gagne ainsi du terrain en Asie, le grand frère du Nord apporte désormais une aide logistique régulière – initiée en réalité depuis 1947 –, mais aussi matérielle et financière au Viêt-Minh, *via* la « frontière nord » entre la Chine et le Tonkin. Dans le même temps, un second front s'ouvre lorsqu'en juin 1950, la guerre de Corée est déclarée, après que les forces communistes du Nord ont franchi le 38e parallèle. Les États-Unis y affrontent désormais les communistes coréens et decident alors de changer de stratégie en Asie. Jusqu'alors opposés à entrer dans une « guerre coloniale », ils se décident à intervenir en Indochine en fournissant une aide financière et logistique croissante aux Français dans le cadre de la stratégie du *containment*, soit la lutte contre l'extension du communisme.
Par effet ricochet, la Chine renforce son soutien à l'armée populaire du Viêt-Minh qui dès lors n'est plus isolée et accroît son efficacité contre les Français. Par la suite, les Chinois construisent même une voie ferrée entre Nanning et Nam Quam. Elle apporte désormais au Viêt-Minh des armes lourdes, dispense une formation permanente dans des camps d'entraînement dans le Yunnan, qui est aussi une base de repli pour le Viêt-Minh.
Cette armée, devenue plus moderne et mieux équipée, se prépare à affronter l'armée française à armes égales, un tournant qui très vite, fin 1950, est visible sur le terrain.

Désarmement de soldats nationalistes chinois à l'ouest de Lào Cai [Viêt-Nam], photographie du service des armées, 1950. Après la victoire communiste en Chine, des dizaines de soldats et fonctionnaires nationalistes chinois traversent la frontière.

PAGE DE GAUCHE

Manifestation pour la paix en Indochine [Paris, France], photographie, 1950 [juillet].

Campagne de propagande contre la livraison de matériel soviétique et chinois au Viêt-Minh, à destination de la presse française et internationale [Viêt-Nam], photographie, 1953 [avril].

1951

LE PROCÈS DES 16 DE BASSE-POINTE À BORDEAUX

Un siècle après l'abolition de l'esclavage en Martinique, en 1948, un crime place les Antilles au cœur de l'actualité. Une histoire qui commence à Basse-Pointe en 1948 et se termine à Bordeaux en 1951. Deux ans après la départementalisation, la situation sociale aux Antilles est inchangée, et la situation politique tendue depuis l'arrivée du premier préfet en titre de la Martinique, Pierre Trouillé, en août 1947.
Les grèves sont incessantes et la répression féroce, comme le 4 mars 1948 où, au Carbet, les gendarmes tirent sur des ouvriers en grève de l'habitation Lajus, faisant trois morts. Six mois plus tard, une nouvelle « affaire » éclate sur la plantation Leyritz en grève. Un béké administrateur de la plantation, Guy de Fabrique, est retrouvé poignardé d'une trentaine de coups de couteau. Il faut arrêter au plus vite des « coupables », l'ordre vient de Paris. Seize ouvriers agricoles sont arrêtés, sans aucune preuve. Ils sont incarcérés pendant trois ans avant d'être jugés... en métropole. Aux Antilles, c'est la mobilisation. Georges Gratiant, qui dirige la Fédération communiste de Martinique, regroupe autour de lui une dizaine d'avocats. De criminel, le procès devient politique, et est largement relayé par les syndicats, le Secours populaire et le PCF de Maurice Thorez. L'heure du procès s'annonce pour août 1951 à Bordeaux. Tous les accusés clament leur innocence. Aucun n'a parlé en trois ans, alors que selon l'un des derniers protagonistes encore en vie, René Polomat, cinq d'entre eux ont participé au crime. Georges Gratiant est sans aucun doute le plus lyrique des avocats : « *Trois ans qu'ils font un voyage dans la nuit, battant obstinément des mains après l'invisible justice...* » La presse et l'opinion commencent à s'intéresser à leur sort. Le procès des « 16 » se transforme en procès contre la départementalisation et le colonialisme. Cette stratégie politico-judiciaire est efficace. Ils sont tous acquittés, et on les voit dans un reportage de *L'Humanité* se promener tels des touristes dans les rues de Bordeaux au sortir du procès.

Libération des seize accusés du procès de Basse-Pointe [Bordeaux], photographie de presse (*L'Humanité*), 1951 [août].

PAGE DE DROITE

À bas la répression colonialiste, Libérez les « 16 » de Basse-Pointe [Martinique], affiche signée Jean-Pierre Chabrol, 1951 [juillet].

A BAS
LA RÉPRESSION
COLONIALISTE
JEAN-PIERRE CHABROL
Libérez les "16" de Basse-Pointe (Martinique)

Le roi Félix du Gabon (au milieu) avec, à sa droite, son frère, et à sa gauche, son épouse et sa famille lors de la célébration du centenaire de l'attachement du Gabon à la France [Gabon], photographie, 1950 [4 août].

François Mitterrand, secrétaire d'État aux Départements français d'outre-mer, consultant le plan du futur port d'Abidjan [Côte d'Ivoire], photographie, 1951 [février].

PAGE DE DROITE

« Dakar AOF » [Sénégal], couverture de portfolio, photographie de François Kollar, 1951. Ces photographies sont issues d'une série sur l'AOF commandée par l'Agence de la France d'outre-mer, en 1950-1951, à François Kollar.

1951–1952

LA REPRISE EN MAIN DE L'AOF ET DE L'AEF

La reprise en main de l'Afrique subsaharienne constitue, au début des années 1950, un enjeu majeur pour les autorités françaises. François Mitterrand, ministre de la France d'outre-mer entre juillet 1950 et août 1951, est l'acteur majeur de cette politique. Il initie la volte-face du RDA en Côte d'Ivoire en négociant directement avec Félix Houphouët-Boigny, qui abandonne la contestation, se désapparente du PCF et surtout devient un « allié » majeur des Français dans la région. Désormais, la stratégie coloniale est d'imposer partout des alliés de la France et de réprimer toute contestation. Mais le trucage systématique des élections locales au profit des partis favorables à la France catalyse les mécontentements. C'est le cas au Togo, en 1951, où la répression d'une manifestation fait dix morts à Vogan et, la même année, à Conakry en Guinée, où l'on déplore plusieurs morts. C'est également le cas au Tchad, à Bebalem, en avril 1952, où les partisans de Gabriel Lisette s'insurgent contre les trucages électoraux. Devant l'ampleur des manifestations, la répression s'intensifie : deux compagnies de tirailleurs sont envoyées dans la ville et tirent sur la foule. Les différentes sources font état d'un bilan compris entre soixante-dix et trois cents morts. La répression se poursuit, à Mondou notamment, où les protestations continuent faisant cette fois une vingtaine de morts. Depuis la fin de la Seconde Guerre mondiale, le syndicalisme africain s'est considérablement renforcé, surtout dans l'administration coloniale où la loi Lamine Gueye de 1946, prévoyant un nouveau Code du travail incluant l'égalité de traitement entre fonctionnaires européens et africains, n'a jamais été mise en œuvre. En 1952, éclate une grève générale dans toute l'AOF, ponctuée de manifestations, qui aboutissent enfin au vote du Code du travail en décembre 1952, les syndicats étant alors pleinement légalisés. La situation semble stabilisée, entre négociation et répression, mais les revendications sociales, politiques et syndicales reprennent l'année suivante (notamment en Guinée et Oubangui-Chari), démontrant que la *Pax Colonica* initiée en 1950 par François Mitterrand n'a été qu'éphémère.

1951

CAO BANG, LA PREMIÈRE DÉFAITE FRANÇAISE EN INDOCHINE

Dès mars 1948, le général Raoul Salan a obtenu du Kouo-Min-Tang chinois, l'autorisation d'installer un poste de renseignement pour défendre la Route coloniale 4 (RC 4), située au nord du Viêt-Nam dans le Tonkin, partant de Cao Bang (un nœud routier majeur) et longeant la frontière sino-vietnamienne, afin d'empêcher les communistes des deux côtés de la frontière de communiquer. Dès 1949, il devient impératif de stabiliser ce front, surtout depuis l'accord de mars signé entre les Français et Bảo Đại, et après la proclamation le 2 juillet 1949 de l'État du Viêt-Nam, réunifiant l'ensemble du territoire vietnamien. Au même moment, après son inspection en Indochine, le chef d'état-major de l'armée, le général Georges Revers, émet un rapport qui se prononce pour l'abandon de Cao Bang. Pour les autorités sur place et particulièrement Léon Pignon, alors haut-commissaire, la RC 4 doit cependant rester un poste stratégique face à l'intensification de l'aide chinoise. Tous comptent sur la création par les Français d'une armée vietnamienne capable de les soutenir contre le Viêt-Minh et de renforcer ce front nord. Face à eux, le général Võ Nguyên Giáp a appris de l'ouvrage de Mao Zedong (*Stratégie de la guerre révolutionnaire en Chine*) les éléments clés de sa propre stratégie contre les Français : lorsque « *L'ennemi est épuisé, nous attaquons* ». Il encercle les postes français. À partir de janvier 1950, Cao Bang et Dong Khê ne reçoivent plus leur ravitaillement que par voie aérienne. Trop tardivement, le 2 septembre 1950, Léon Pignon prend conscience de la situation et change de position en décidant l'évacuation de ces postes. Dès le 18 septembre 1950, Dong Khê tombe. Trois semaines plus tard, avec l'évacuation de Cao Bang, l'offensive du Viêt-Minh commence. Dans les semaines qui suivent, les Français doivent évacuer Lao Kay, laissant libre la frontière nord. Le repli s'organise alors dans une pagaille totale. La France a laissé près de cinq mille victimes sur place (morts, blessés et prisonniers, dont deux mille ne reviendront jamais) et plusieurs tonnes de matériel. Cette défaite est symbolique pour les autorités coloniales, un moment de basculement du conflit indochinois. Cao Bang provoque aussi un choc dans l'opinion en métropole, qui comprend qu'en Indochine, la France n'est plus maîtresse du jeu.

Sur la route de Cao Bang [Langson, Viêt-Nam], photographie du service des armées, 1948 [octobre].

PAGE DE DROITE

Une unité nord-vietnamienne rend hommage au drapeau envoyé par Hồ Chí Minh [Viêt-Nam], photographie de propagande du Viêt-Minh, 1951 [janvier].

Le général Võ Nguyên Giáp dirige la bataille de Diên Biên Phu, photographie, v. 1954 (sans doute postérieure à la bataille).

Extraction d'uranium [Madagascar], photographie de Daniele Darolle, 1954. Daniele Darolle est une photographe de la vie culturelle et artistique parisienne.

Barrage de Sansanding [Mali], photographie de Jean Morin, 1953.

PAGE DE DROITE

1903-1953. Colomb-Béchar. Tourisme et Industrie, affiche signée Signouret, 80x60, 1953.

1951–1952

INVESTISSEMENTS ET GRANDS TRAVAUX : LE FIDES

Le Fonds d'investissement pour le développement économique et social des territoires d'outre-mer (FIDES), visant les territoires d'AOF, d'AEF et de Madagascar, ainsi que les mandats du Togo et du Cameroun, est entériné par la loi du 30 avril 1946. Le FIDES finance à partir de cette date un plan de développement décennal de trois cent cinquante milliards de FCFA. Cent quatre-vingt-deux milliards de FCFA furent investis concrètement par le FIDES entre 1947 et 1952, le plan décennal étant finalement scindé en deux plans quinquennaux. Trois secteurs sont délimités : les infrastructures (45 % des sommes allouées), la production (35 %) et le secteur social (20 %, incluant notamment la santé et l'éducation). Le FIDES finance à hauteur de 75 % ou 80 % les projets, le reste étant à la charge des territoires. Quelques grands travaux marquants sont entrepris durant la période comme le port de Dakar ou la centrale hydroélectrique d'Édéa au Cameroun. Les investissements dans l'économie et les infrastructures visent alors plusieurs objectifs. D'abord, faciliter le transport des productions coloniales vers les zones portuaires, en vue de les exporter. Ensuite, renforcer les spécialisations économiques des territoires (café pour la Côte d'Ivoire, arachide et riz pour le Sénégal…). Enfin, favoriser la productivité en modernisant le secteur agricole, tout en encourageant l'émergence d'un secteur industriel. Si le bilan économique de la colonisation était piteux en 1945, le FIDES permet, à mi-parcours de son programme, d'augmenter significativement pratiquement toutes les productions de matières premières, et commence à produire des réalisations tangibles et visibles dès 1951-1952. Désormais, pour valoriser ces équipements auprès de l'opinion, l'Agence de la France d'outre-mer commande à des photographes de vastes tournées – comme François Kollar qui fait la couverture d'*AOF magazine* (p. 97) – et démultiplie les articles dans les revues spécialisées. Mais le prix à payer pour ces « succès » est élevé. D'une part, les grands travaux sont dès le début des « éléphants blancs » non rentables et coûteux ; d'autre part, la spécialisation des territoires les enferme dans une monoculture ou biculture d'exportation qui les rend très dépendants du marché mondial et des investissements de la métropole.

1951–1952

LA CRISE TUNISIENNE

Répondant aux revendications nationalistes tunisiennes, le ministre des Affaires étrangères français Robert Schuman annonce, le 10 juin 1950, que le nouveau résident devra « *amener la Tunisie vers l'indépendance* ». Cette déclaration fait aussitôt scandale auprès des colons et de l'armée, et le président du Conseil Georges Bidault le désavoue immédiatement. La crise s'installe dès 1951. Le gouvernement Chenik, cabinet constitué des différentes tendances du nationalisme tunisien, doit alors négocier les réformes institutionnelles en vue de l'autonomie dans un contexte conflictuel avec les Français. De fait, lorsque le 31 octobre 1951 M'hamed Chenik remet aux Français son mémorandum demandant l'autonomie interne dans un délai rapide, la réponse de Robert Schuman, affirmant désormais le « *caractère définitif* » du protectorat, suscite des manifestations de protestations dans tout le pays.
Les négociations sont rompues.
Mais c'est l'arrivée le 13 janvier 1952 du nouveau résident général Jean de Hauteclocque qui attise la contestation. Il demande au bey le renvoi de deux de ses ministres, interdit le congrès du Néo-Destour et surtout fait arrêter Habib Bourguiba et plusieurs centaines de militants destouriens.
Des émeutes s'étendent alors dans les régions du cap Bon et du Sahel, puis dans le Sud où des fermes sont pillées et incendiées. Le général Pierre Garbay – un ancien de la France libre, mais surtout le commandant en chef à Madagascar pendant la répression – procède alors au « ratissage » du cap Bon, du 28 janvier au 1er février 1952, et des villes de Tazarka, El Maâmoura et Kélibia. La presse américaine se saisit du scandale. Une grève générale est lancée par l'Union générale des travailleurs tunisiens (UGTT) à Tunis. Les protestations tunisiennes à l'ONU sont suivies de celles de plusieurs États qui saisissent le Conseil de sécurité. Mais les Français refusent de plier, et font arrêter le Premier ministre tunisien M'hamed Chenik – qui a « osé » faire appel à l'ONU – et trois de ses ministres, que Jean de Hauteclocque fait déporter dans le Sud tunisien. Le bey est contraint de capituler après avoir reçu une lettre du président de la République Vincent Auriol, et se résigne à accepter le Premier ministre désigné par la France, Salaheddine Baccouche. Le bras de fer a fait plier les nationalistes tunisiens, mais pour un temps seulement.

Barrage policier à Menzel Bou Zelfa dans le cadre de l'opération au cap Bon dirigée par le général Pierre Garbay [Tunisie], photographie, janvier 1952. Le général Pierre Garbay était en charge de la répression de l'insurrection de Madagascar à partir de juin 1947, en tant que commandant supérieur des troupes.

Manifestation politique nationaliste à Hammam-Lif où se trouve la résidence du bey de Tunis [Tunisie], photographie, 1952.

PAGE DE GAUCHE

Les troupes et la police françaises ont effectué une vaste opération de police à Soliman, arrêtant des suspects [Tunisie], photographie, 1952 [janvier].

CONTRE
LE SABOTAGE
UNIVERSITAIRE
DU
T.L.D.
R LE TRIOMPHE
OCRATIQUES EN ALGÉRIE
.L.D
D AFRICAINE
CATS OUVRIERS
DE LA
FSM
USION DANS
DE L'ATLANTIQUE
NOUS VOULONS DU TRAVAIL
ET
NON DU CHÔMAGE
LES ALGÉRIENS ÉMIGRÉS E
PARTICIPENT À LA L
POUR L' DÉPENDANCE NA

1951–1953

LE RENOUVEAU DU NATIONALISME ALGÉRIEN

Depuis la radicalisation, en 1948-1949, des nationalistes algériens, la situation est tendue en Algérie. Dans le même temps, les Français d'Algérie s'organisent pour refuser toute négociation avec les « Français musulmans ». En première ligne, le futur président du Conseil René Mayer, député de Constantine, et le député-maire d'Alger Jacques Chevallier, futur secrétaire d'État à la Guerre. Aux dernières élections législatives de 1951, le trucage est devenu la règle, comme dans le Constantinois où règne le préfet Maurice Papon. À l'issue de cette mascarade électorale, ni l'UDMA ni le MTLD n'ont de siège dans les cinq circonscriptions algériennes. En juillet 1951, les nationalistes algériens tentent de s'unir contre ce système électoral inique, en constituant l'éphémère Front algérien pour la défense et le respect des libertés (FADRL). Face à l'immobilisme français et à l'opposition frontale du grand colonat et des élus, le MTLD cherche une alternative depuis l'échec de l'Organisation spéciale (OS), qui a été démantelée par les Français à partir de 1950 et dont le procès des membres, qualifiés de « terroristes », se tient de février à juin 1951. Messali Hadj refuse alors de considérer la violence politique comme la solution sur le chemin de l'indépendance. C'est dans cette perspective qu'il part en tournée en Algérie et qu'à cette occasion, lors de son discours à Orléansville le 14 mai 1952, les forces de l'ordre ouvrent le feu, faisant deux morts, et le placent en résidence surveillée en métropole. Le mécontentement dans le pays débouche sur des explosions de violence comme à Blida et Orléansville, suivies d'une grève générale. Messali Hadj, toujours assigné à résidence, entre alors en conflit avec le comité central du MTLD, et est lâché par ceux qui vont devenir les futurs fondateurs du FLN. En France, les nationalistes multiplient les manifestations et, le 14 juillet 1953, la CGT et le PCF organisent un défilé rassemblant plusieurs milliers d'Algériens. Mais au moment de la dispersion, la police tire sur les manifestants, tuant six nationalistes algériens et un militant de la CGT. La rupture entre le mouvement nationaliste algérien et les autorités françaises est définitive en cet été 1953. La voie des armes va l'emporter.

Messali Hadj, chef du MTLD [Niort, France], photographie, 1953. Depuis son arrestation en 1952, Messali Hadj est assigné à résidence en France.

PAGE DE GAUCHE

Manifestation de travailleurs algériens soutenant le MTLD de Messali Hadj [Paris, France], photographie, 1951 [février].

Obsèques en Algérie de l'une des victimes des affrontements à Paris [Algérie] photographie, 1953 [juillet].

1953-1954

LA DÉPOSITION DU SULTAN DU MAROC

Suite au « discours du trône » de novembre 1952 dans lequel le sultan Mohammed Ben Youssef demande l'émancipation immédiate du Maroc, le résident général français cherche à minimiser son influence. En 1953, pour reprendre la main, le général Augustin Guillaume prend prétexte de troubles dans le protectorat et fait déposer le sultan le 20 août 1953 pour placer un membre de sa famille, Mohammed Ben Arafa, sur le trône, avec l'aide de Thami El-Glaoui, pacha de Marrakech, mais aussi de caïds et des tribus berbères. Alors même que Sidi Mohammed refuse d'abdiquer, il est arrêté et déporté d'abord en Corse puis à Madagascar.
Mais contrairement à l'effet souhaité, cette éviction déclenche des soulèvements dans les grandes villes du pays et son portrait s'affiche désormais partout au Maroc.
La révolte se dirige contre les autorités françaises mais aussi contre le nouveau pouvoir, considéré comme illégitime. Perçu comme un usurpateur à la solde de la France, le sultan Mohammed Ben Arafa échappe de peu à plusieurs attentats fin 1953. Alors que la presse internationale, américaine notamment, stigmatise l'attitude française, le traitement médiatique en France est symptomatique de tous les conflits coloniaux, car si les actualités françaises font silence sur la contestation politique, elles abordent systématiquement les attentats contre la présence française, comme preuve que les nationalistes sont des « terroristes ».
Cette stratégie montre vite ses limites et, en décembre 1953, l'Assemblée générale des Nations unies adopte une résolution sur le droit à l'autodétermination du Maroc.
Au Maroc, la violence se poursuit : le 20 février 1954 est perpétré un nouvel attentat contre le plus fidèle allié du « nouveau sultan », Thami El-Glaoui. Le 25 mai 1954, un nouveau cap est franchi : désormais, c'est directement le « pays occupant » qui est visé avec l'attentat contre le général Augustin Guillaume.
La tentative des autorités françaises d'écarter les nationalistes du pouvoir pour les affaiblir aboutit, au contraire, à légitimer leur combat, les poussant à la lutte armée et à affermir la stature du sultan comme figure incontestée de l'émancipation nationale.

Arrestation de dirigeants de l'Istiqlal devant la maison du Syndicat par les services de police à la suite des émeutes [Casablanca, Maroc], photographie, 1952 [décembre].

Le sultan Mohammed Ben Arafa quittant la mosquée Berrima à Marrakech où il a été victime d'un attentat pour la seconde fois [Maroc], photographie, 1954 [5 mars].

PAGE DE DROITE

Des manifestants dans la Médina de Fès saluent les portraits du sultan Sidi Mohammed Ben Youssef [Maroc], photographie, 1954.

1953

LES NOUVELLES ÉLITES DE L'UNION FRANÇAISE

L'effort consenti par la France avec la création du FIDES permet une augmentation de la scolarisation en AOF, AEF, Madagascar, Togo et Cameroun, et l'émergence de nouvelles élites dans tous les territoires, y compris au Maghreb et aux Antilles où la tradition estudiantine est plus ancrée, dès l'avant-guerre. Ceux que l'on désigne, dans le discours politique et les actualités, sous le vocable d'« évolués » vont devenir les leaders de la contestation anticoloniale. Concrètement, un système de bourses permet d'envoyer étudier en France de jeunes colonisés. De moins de deux cents avant la guerre, ils sont en métropole plus de six mille en 1953, pour les seuls originaires d'Afrique subsaharienne. Ces étudiants créent, en France, des associations territoriales, comme l'Association des étudiants sénégalais ou l'Association des étudiants algériens. À partir de 1950, lors de son congrès fondateur, la Fédération des étudiants d'Afrique noire en France (FEANF) regroupe déjà quatre associations d'étudiants d'Afrique noire française et, en 1953-1954, elle parvient à fédérer la quasi-totalité de ces associations estudiantines, tout en s'orientant désormais vers la revendication d'une indépendance immédiate. Son discours se radicalise jusqu'à soutenir la lutte armée au Cameroun et en Algérie. Dès lors, la rupture entre les « vieilles élites » et les étudiants est consommée à partir de ces années de basculement. Félix Houphouët-Boigny, Gaston Monnerville ou Léopold Sédar Senghor deviennent les figures de la « traîtrise absolue » et de la compromission face à la France coloniale. Félix Houphouët-Boigny est même hué lors du premier congrès de la FEANF. Deux générations d'élites se font face : la première aux portes du pouvoir en lien étroit avec la France, la seconde aspirant à la révolution panafricaine. Le rêve des autorités coloniales de créer une nouvelle « bourgeoisie noire » en accord avec les projets coloniaux s'est effondré.

L'empereur Mohro Naba de Haute-Volta est reçu au palais de l'Élysée par Gaston Monnerville et par le directeur de la délégation de l'AOF [Paris, France], photographie, 1953 [juin]

PAGE DE DROITE

Le député Léopold Sédar Senghor répond aux questions des journalistes à sa sortie de l'Élysée [Paris, France], photographie, 1953.

Des jeunes étudiants marocains de l'École marocaine d'administration reçoivent des élèves français de l'École nationale d'administration au palais Kabbaj [Rabat, Maroc], photographie de Jacques Belin, 1954 [février].

R.D.P.T.
TE MAHARAA O TE "CONGRÈS"
TAHITI 27 e te 28 NO ATOPA 1954.

1952-1953

LA CRISE EN POLYNÉSIE

Depuis la fin de la guerre, l'Assemblée représentative des établissements français de l'Océanie organise la vie politique de l'archipel autour des vingt membres élus qui la composent, dans un jeu politique complexe autour du RDPT de Pouvana'a a Oopa Tetuaapua, proche des communistes, qui domine largement la vie politique locale. Lui-même représente l'archipel à l'Assemblée de l'Union française depuis 1949, en tant que député élu en 1946 (il est réélu trois fois jusqu'en 1960). Dans un contexte de crise permanente, toutes les forces politiques, comme l'administration française, attendent les élections de 1952 à l'Assemblée locale. Dès 1951, la situation politique se tend, avec la grève des dockers en mai et la réélection comme député de Pouvana'a a Oopa Tetuaapua en juillet 1951, avec 70 % des voix. Pour sortir de la crise, le gouverneur René Petitbon convoque alors le collège électoral pour les élections de l'Assemblée pour le 2 mars 1952, mais le gouvernement français annule cette décision. Cette instabilité politique conduit à une crise institutionnelle permanente – pendant près d'un an, l'Assemblée représentative ne se réunit pas –, jusqu'à la révision de la loi électorale et du statut de la Polynésie, qui devient une Assemblée territoriale, débouchant sur de nouvelles élections en janvier 1953. Le RDPT domine alors largement l'électorat avec pour slogan : « *Gardez vos lagons, vos terres et vos droits, gardez votre bulletin de vote, votre député, et votre RDPT.* » Il emporte les élections et Jean-Baptiste Céran-Jérusalémy est élu président de l'Assemblée. Malgré cette domination électorale, une scission fait éclater le mouvement en octobre 1953 autour du refus du statut de département proposé par la France, obligeant Jean-Baptiste Céran-Jérusalémy à quitter la présidence du parti, et conduisant le RDPT à perdre la présidence de l'Assemblée territoriale. À cette occasion, Noël Ilari prend la présidence de l'Assemblée avec le soutien de l'opposition et des autorités françaises, faisant entrer l'archipel dans une longue crise politique. Pour la France, relayé par le Rassemblement du Peuple Français (RPF) et l'UDSR, le RDPT est perçu, dans le contexte de la Guerre froide, comme un péril qu'il faut éradiquer.

Grèves à Tahiti [Papeete, Polynésie], photographie, 1951 [juillet].

PAGE DE GAUCHE

Manifestation culturelle à Tahiti, Otea du district de Patutoa sur l'île de Moorea [Polynésie], photographie, 1951.

Congrès du Rassemblement démocratique des populations tahitiennes (RDPT) [Papeete, Polynésie], photographie, 1954.

1953

LES INDÉPENDANCES DU LAOS ET DU CAMBODGE

Le Laos, devenu indépendant en octobre 1953 dans le cadre de l'Union française et d'un traité d'amitié avec la France, connaît immédiatement une guerre civile entre le gouvernement officiel soutenu par les Français et les Américains, et le parti Pathet Lao. Entre 1953 et 1954, le Pathet Lao – qui a été relancé en 1950 par le prince Souphanouvong et a créé avec le Việt-Minh un Front du Laos libre (Neo Lao Issara) – est désormais aidé par la Chine et contrôle alors une large partie du Laos, rendant cette « indépendance » de façade illusoire. En octobre 1953, dans le même mouvement, le Cambodge devient indépendant, sous la direction du prince Norodom Sihanouk. L'opposition radicale au nouveau gouvernement est incarnée par les Khmères Issarak, regroupant depuis presque une décennie aussi bien des nationalistes que des indépendantistes, mais progressivement dominés par ces derniers, dépendant du Viêt-Minh. Depuis des mois, le prince s'efforce d'être au centre du jeu politique et s'oppose aux communistes et aux démocrates de Son Ngoc Thanh, puis de Son Sann, la crise politique culminant en mai-juin 1952. Pour imposer son autorité, Norodom Sihanouk démet le gouvernement Huy Kanthoul et prend la tête d'un nouveau cabinet, avant de dissoudre l'Assemblée six mois plus tard pour imposer son pouvoir, ses réformes et la marche vers une indépendance « pleine et entière ». Il se lance alors dans une « croisade pour l'indépendance » dans tout le pays, ainsi que dans une tournée internationale pour affermir son pouvoir. C'est en position de force qu'il arrache l'accord avec les Français, bien plus favorable que celui obtenu par les Laotiens.
Le 8 novembre 1953, il proclame l'indépendance officielle de son pays. La conférence de Genève, qui met un terme à la guerre d'Indochine l'année suivante, permet d'analyser les nouveaux équilibres régionaux. Ces deux pays sont invités en tant qu'États, alors que le gouvernement pro-français de Saigon, sans légitimité, est tout simplement exclu des discussions. À l'issue de la conférence, l'indépendance pleine et entière est reconnue aux deux protectorats, le Laos quitte l'Union française l'année suivante et le Cambodge en 1957.

Soldats envoyés en renfort déchargeant le matériel de l'avion dans la plaine des Jarres [Laos], photographie, 1953 [mai].

Après cette entrevue, le général Raoul Salan s'est rendu à Luang-Prabang pour mettre en place la stratégie contre les communistes au Laos avec Savang Vatthana (père de Vong Savang), représentant le Roi Sisavang Vong, alors souverain du Laos [Laos], photographie, 1953 [avril].

PAGE DE GAUCHE

Norodom Sihanouk assis sur son trône portant des sampots, des pantalons de style sarong [Cambodge], photographie d'Howard Sochurek (pour *Life*), 1952 [juillet]

Parachutage des unités de la Légion étrangère près de Diên Biên Phu [Viêt-Nam], photographie, 1954 [mars].

Dan Cong (main-d'œuvre populaire) transportant des denrées de ravitaillement à Diên Biên Phu [Viêt-Nam], photographie de Jean-Claude Labbe, 1954.

PAGE DE DROITE

Opération Castor. Colonne de partisans en provenance de la province Lai Châu [Diên Biên Phu, Viêt-Nam], photographie du service des armées d'Henri Mauchamp, 1953 [novembre]. Henri Mauchamp a réalisé plusieurs reportages, surtout en couleurs, en dehors du cadre officiel du service cinématographique des armées.

1954

DIÊN BIÊN PHU

En mai 1953, le général Henri Navarre, nouveau commandant en chef du corps expéditionnaire français en Extrême-Orient, décide d'établir un camp retranché à Diên Biên Phu, une cuvette entourée de montagnes, afin de couper la route du Laos aux troupes du général Võ Nguyên Giáp. Au cours des deux années précédentes, le Viêt-Minh a fortement progressé, et la mission d'Henri Navarre n'est pas de gagner la guerre, la victoire étant hors de portée, mais de créer les conditions d'une négociation qui ne soit pas humiliante pour la France. Un va-tout qui n'a pas échappé au général Võ Nguyên Giáp, qui concentre toutes les forces du Viêt-Minh dans la bataille de Diên Biên Phu. Un ancien combattant du Viêt-Minh témoigne de l'enjeu : « *Nous partons avec le seul serment : ne pas regagner notre pays natal tant que Diên Biên Phu est encore occupé par les agresseurs.* » La victoire est en effet impérative car au même moment se déroule la conférence de Genève qui a débuté le 26 avril 1954 (elle se prolonge jusqu'au 21 juillet 1954 et doit statuer sur le sort du Viêt-Nam). Henri Navarre pense alors impossible que les troupes Viêt-Minh puissent en grand nombre franchir la jungle et transporter de l'artillerie. Or, entre mai et décembre 1953, Võ Nguyên Giáp a fait franchir les montagnes environnantes à plus de cinquante mille soldats, accompagnés de soixante-quinze mille porteurs, établissant des routes précaires permettant d'acheminer des armes lourdes. Les Français et leurs troupes supplétives sont environ quinze mille. Le 13 mars 1954, une première grande offensive surprend complètement les Français, rendant la piste d'atterrissage et l'artillerie pratiquement inutilisables alors que plusieurs postes avancés tombent. Võ Nguyên Giáp vient de passer de la guérilla à la *blitzkrieg*. Durant deux mois, le camp subit un harcèlement continu, ponctué de grandes offensives et de prises localisées de positions du camp. L'offensive finale se déploie début mai, et après d'intenses combats, le camp tombe le 7 mai 1954. Le Viêt-Minh vient de gagner militairement une bataille, et politiquement la France a perdu en Indochine.

1954

PRISONNIERS DU VIÊT-MINH

Lors de la bataille de Diên Biên Phu, trois mille cinq cents soldats de l'Union française sont morts ainsi que vingt-deux mille pour le Viet-Minh et plus de cinq mille ont été blessés contre plusieurs dizaines de milliers côté Viêt-Minh. Ce dernier fait plus de onze mille prisonniers, dont plus de trois mille Vietnamiens. Peu sont revenus vivants des camps de prisonniers, qu'ils durent rejoindre en marchant sur plus de sept cents kilomètres dans des conditions extrêmement difficiles. Le bilan est effroyable : sur plus de onze mille prisonniers (français et supplétifs), trois mille deux cents furent libérés et les autres trouvèrent la mort. Déjà très affaiblis par les marches – seuls les blessés lourds transportés par la Croix-Rouge n'ont pas cheminé dans la jungle –, les prisonniers sont soumis à une mort lente par privation de nourriture – on accorde une boule de riz par jour aux valides et une soupe aux agonisants – et par les maladies, les prisonniers n'étant pas soignés. Une fois internés, ils subissent le harcèlement continu de la propagande communiste, et doivent faire régulièrement l'autocritique de leurs crimes – réels ou imaginaires – contre le peuple vietnamien, prouver leur conversion au communisme, remercier leurs geôliers et Hồ Chí Minh de leur offrir une vérité nouvelle. Les prisonniers libérés sont dans un état physique déplorable, malnutris et malades. Ces camps ont donc été clairement conçus par le Viêt-Minh comme une vengeance contre les exactions des troupes ennemies, les pertes subies et la torture pratiquée par le corps expéditionnaire. Le choc est immense en France au retour des Français à la suite des échanges de prisonniers, validés par les accords de Genève. Car cela rappelle non seulement la première grande défaite coloniale, mais également les images du rapatriement des prisonniers des camps de concentration allemands à la fin de la Seconde Guerre mondiale.

Diên-Biên-Phu... Ils se sont sacrifiés pour la liberté, affiche signée Paul Colin, 80x60, 1954. Cette affiche est une commande du mouvement anticommuniste et anti-appel de Stockholm Paix et Liberté.

PAGE DE DROITE

Sous la garde des troupes du Viêt-Minh, des prisonniers de guerre français et indochinois défilent sur les champs de bataille de Diên Biên Phu [Viêt-Nam], photographie, 1954.

Libération de prisonniers français à Sam Son, lors d'un échange de prisonniers avec le Viêt-Minh [Viêt-Nam], photographie, 1954 [14 juillet]. À la suite de l'accord de Trung-Gia, des prisonniers sont échangés en zone Viêt-Minh près de la plage de Sam Son, en présence de la presse internationale.

LE PRESIDENT

PARTIE III

LA FRACTURE 1954–1958

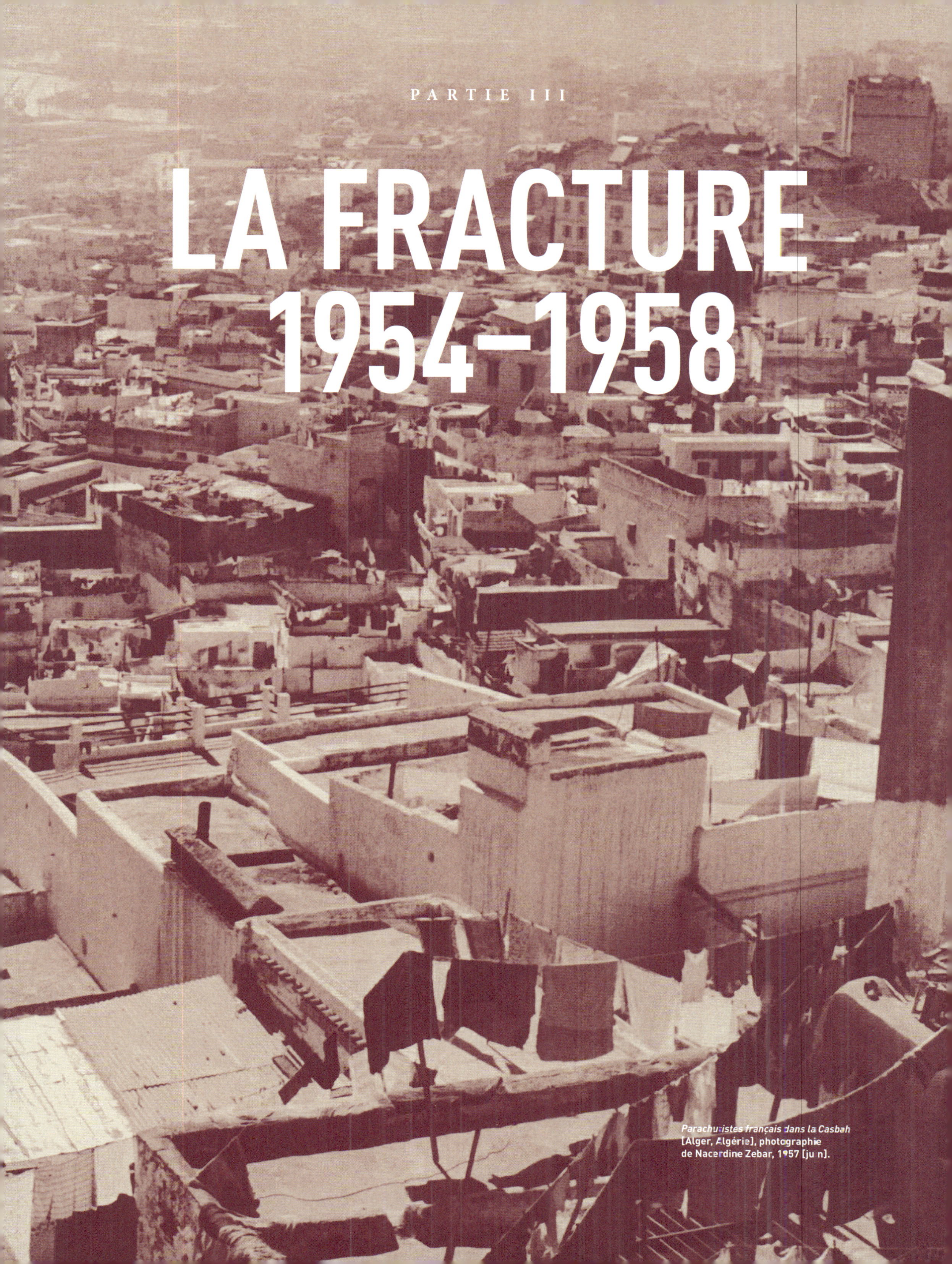

Parachutistes français dans la Casbah [Alger, Algérie], photographie de Nacerdine Zebar, 1957 [juin].

La *fracture* aux colonies devient visible au moment où débute le conflit algérien le 1er novembre 1954. L'Union française de 1946 n'est déjà plus qu'un souvenir et l'opinion, la haute administration et une partie des milieux d'affaires commencent à douter de l'avenir de l'Empire[1], toujours idéalisé par la propagande[2]. Les débats politiques sont désormais rythmés par, d'un côté, le discours ambigu du PCF contre l'impérialisme et, d'autre part, par celui émergeant des poujadistes[3] pour la sauvegarde de l'Empire, quel qu'en soit le prix. Articulée entre répression et réformes, la politique coloniale de la France tente partout, en fonction des circonstances, de préserver la puissance impériale.

La *fracture* qui intervient en cette fin d'année 1954 est essentiellement liée au déclenchement du conflit algérien, à la crise dans les deux protectorats maghrébins et au conflit qui couve au Cameroun face à l'UPC. Ces événements cristallisent tous les enjeux et conditionnent une grande partie des réactions françaises dans leurs autres possessions coloniales, conduisant à la fuite en avant en Algérie et au Cameroun, alors que d'autres solutions, avec la loi-cadre Defferre en 1956 notamment, sont conçues pour éviter l'extension des conflits violents. La guerre d'Algérie provoque la chute de la IVe République.

Colonne de militaires français en opération suite aux incidents dans le sud-ouest de l'Algérie [Algérie], photographie, 1954 [novembre].

SORTIR DE L'INDOCHINE, QUITTER L'ASIE, SE RECENTRER EN AFRIQUE

À la veille de l'été 1954, 90 % des Français veulent sortir de l'impasse indochinoise. Le général Georges Catroux, dans un texte publié cinq ans après les événements, rappelle que les Français étaient alors envahis « *par un sentiment amer et depuis longtemps contenu*[4] ». Pierre Mendès France s'engage, à peine arrivé au pouvoir le 17 juin 1954, à régler l'affaire indochinoise en moins d'un mois lors des négociations de Genève… ou à envoyer le contingent en Indochine[5].

Sur ces bases, et en quatre semaines, Pierre Mendès France met fin à huit ans de guerre et de sacrifices, qui ont coûté la vie à vingt mille combattants venus de métropole, et au Viêt-Nam à trois cent mille soldats et civils. Les Chinois obligent les Vietnamiens à accepter cet accord imparfait avec pour ligne de partage le 17e parallèle. Tous les scénarios ont été imaginés auparavant. Les Américains avaient proposé au gouvernement Laignel, avant sa chute, de constituer le 8 mai 1954 au lendemain de la défaite – comme en Corée – une force internationale d'intervention. Au sud du pays, les États-Unis imposent leur allié Ngo Dinh Diem, ce que Bảo Đại confirme en l'investissant le 16 juin 1954. Mais Pierre Mendès France souhaite la paix et partir. En quelques semaines, il mène les négociations à Genève dans ce sens[6]. Le Nord Viêt-Nam est communiste, le Sud pro-occidental, la situation permet de passer à autre chose. Car sa priorité est de trouver rapidement les budgets pour indemniser et héberger les Français d'Indochine rapatriés, dédommager les planteurs et les grandes entreprises expropriés du Nord Viêt-Nam, prioriser les échanges de prisonniers organisés par la commission militaire de Trung Gia, gérer la fin des comptoirs indiens avec l'Inde indépendante.

Les deux tiers des Français valident cet accord alors que Pierre Mendès France ne se fait pourtant aucune « *illusion* », reconnaissant qu'il est « *cruel, parce qu'il consacre des faits qui sont cruels* ». 97 % des députés votent la « *satisfaction de la nation* » face à ce compromis obtenu à Genève. Même le journal *L'Aurore* écrit, le 21 juillet 1954, qu'il s'agit d'une « *liquidation douloureuse, mais inéluctable, d'une situation qui était devenue sans issue* ».

Le départ des Français d'Indochine s'effectue progressivement, et jusqu'en 1956, des troupes y sont encore stationnées, le « relais » américain au Sud Viêt-Nam apparaissant à tous comme un simple épilogue du conflit. Au Cambodge, dès 1954, les combattants communistes sont désarmés et au Laos, les combattants du Pathet Lao sont regroupés dans des camps en attendant un règlement politique. Au Viêt-Nam, les civils et les citoyens français ont trois cents jours pour changer de zone et rejoindre le Sud Viêt-Nam : « *là-bas, tout n'est pas perdu pour nous !* » s'écrie Robert Lazurick dans *L'Aurore* du 23 juillet 1954. Pourtant, la France a bien perdu sur tous les tableaux, et se brouille même avec le gouvernement du Sud Viêt-Nam. En outre, Pierre Mendès France, investi le 18 juin 1954, doit lâcher du lest pour trouver rapidement un règlement de la question des comptoirs en Inde et avoir le soutien des Indiens.

Pour la France, il n'est plus question de maintenir cent soixante-cinq mille hommes en Indochine alors qu'il n'y en a que cent mille en Afrique du Nord et que la crise est en train de s'étendre. Il faut donc rapidement se replier d'Asie et abandonner tout espoir d'influence au Sud Viêt-Nam[7]. Les Français n'ont guère le choix, les États-Unis ont annoncé qu'en 1955, seulement un quart des frais de la présence du corps expéditionnaire français seraient pris en charge… et il reste l'année 1954 qui n'a toujours pas été remboursée par l'allié américain. La France n'a de toute manière plus les moyens de rester[8].

En octobre 1954, les membres de l'Assemblée législative et des conseils municipaux des quatre établissements français des Indes disent oui au rattachement à l'Inde[9]. La France ne s'y oppose plus. Le 24 octobre 1954, à New Delhi, on transfère *de facto* l'administration des comptoirs à l'Inde. La semaine suivante, le drapeau français

1. Jacques Marseille, *Empire colonial et capitalisme français, histoire d'un divorce*, Paris, Albin Michel, 2005 [1988].

2. Sandrine Lemaire, *L'Agence économique des colonies : instrument de propagande ou creuset de l'idéologie coloniale en France (1870-1960) ?*, doctorat d'histoire, Florence, Institut universitaire européen de Florence, 2003.

3. Thierry Bouclier, *Les Années Poujade : une histoire du poujadisme, 1953-1958*, Paris, Perrin, 2006.

4. Georges Catroux, *Deux Actes du drame indochinois. Hanoï, juin 1940, Dien Bien Phu, mars-mai 1954*, Paris, Plon, 1959.

5. Alain Ruscio, *La Guerre française d'Indochine (1945-1954)*, Bruxelles, Complexe, 1993 ; Françoise Chapron, *Pierre Mendès France, la République en action*, Paris, Infimes, 2016.

6. Hugues Tertrais, « La "coexistence pacifique" au Vietnam et la fin de l'Union française (1955-1959) », in *Matériaux pour l'histoire de notre temps*, vol. 29, 1992.

7. Christopher Goscha, *Going Indochina. Contesting Concepts of Space and Place in French Indochina*, Copenhague, Nordic Institute of Asian Studies, 2012.

8. Mark Philip Bradley, Marilyn Young, *Making Sense of the Vietnam Wars: Local, National and Transnational Perspectives*, Oxford, Oxford University Press, 2008.

9. Patrick Pitoëff, « L'Inde française en sursis. 1947-1954 », in *Revue française d'histoire d'outre-mer*, n° 290, 1991.

descend pour la dernière fois sur une possession française en Asie. Le départ ultime du Viêt-Nam a lieu le 10 avril 1956, où un hommage aux quarante-cinq mille tués au sein du corps expéditionnaire français en Extrême-Orient ainsi qu'aux quarante-cinq mille supplétifs indochinois morts en opération est rendu dans les rues de Saigon. Pour la France, sa présence coloniale en Asie, après trois siècles d'histoire, se termine dans l'indifférence générale. Désormais, tous les regards se tournent vers l'Afrique et les vieilles colonies.

LES PREMIERS SIGNES DE CRAQUEMENTS

Au moment où la crise asiatique est à son paroxysme, les revendications politiques sont croissantes au Maghreb. De fait, la lutte armée nationaliste s'intensifie en Tunisie, la répression militaire française se durcit au Maroc, alors que les colons ultras de l'organisation La Main rouge agissent violemment, couverts par la résidence en Tunisie. À ce terrorisme des Français de Tunisie répond celui de La Main noire, comprenant les militants nationalistes tunisiens ultras, qui prennent pour cibles des familles de colons, leurs fermes, tout comme des entreprises françaises et des symboles de l'autorité de l'État. Dans ce contexte de crise croissante, près de soixante-dix mille soldats français sont alors envoyés en Tunisie pour combattre la guérilla très active dans les campagnes[10].

Le conflit en Tunisie est dans une impasse et c'est la raison pour laquelle Pierre Mendès France tente de résoudre la situation en se déplaçant personnellement à Tunis, où il prononce publiquement, en présence du bey et au nom du gouvernement français, le discours de Carthage le 31 juillet 1954. Dans celui-ci, il proclame « *l'autonomie interne* » de l'État tunisien tout en préservant à la France des droits en matière économique, militaire et culturelle. C'est un tournant majeur. Immédiatement, le bey demande au peuple tunisien de cesser toute violence, convainquant le Néo-Destour d'entrer dans la voie des négociations avec la France[11].

Mais Pierre Mendès France doit quitter le pouvoir six mois plus tard, en février 1954, et si sa politique est encore celle des négociateurs pour quelque temps, elle bascule dans une impasse et un retour en arrière dans les mois qui suivent. Les milieux conservateurs français et le grand colonat en Tunisie, l'armée comme une partie de la haute administration coloniale, mais aussi une partie de l'opinion publique française derrière le mouvement poujadiste en pleine ascension et les milieux gaullistes en quête d'une nouvelle légitimité dans le cadre de la longue traversée du désert du général de Gaulle, parviennent à bloquer ce processus et s'opposent à toute réforme. La pression augmente en Tunisie comme dans tout le reste du Maghreb, et des premiers espoirs de l'été 1954, on retombe dans une situation qui semble politiquement bloquée au début de l'année suivante.

Au Maroc, la crise est en effet latente avec la déposition du sultan au mois d'août 1953 et son exil forcé. À la sortie de l'été 1954, tout le Maghreb est en crise et la politique française est dans l'impasse, y compris en Algérie. Dès juillet 1954, une vingtaine de membres du Comité révolutionnaire d'unité et d'action (CRUA) se réunissent à Alger et appellent à la lutte armée et au combat « *pour la révolution illimitée jusqu'à l'indépendance totale* ». Mohammed Mechati est présent lors de cette réunion préfigurant le FLN : « *La plupart des hommes qui sont là sont des membres de l'OS. C'était un problème de liberté, de dignité. Nous voulions être égaux.* » Un comité des six membres est mis en place avec Mohamed Boudiaf (un ancien de l'OS) à sa tête, une date symbolique est trouvée pour l'insurrection : la Toussaint, le 1er novembre 1954, la veille de la fête des morts[12].

LA « TOUSSAINT ROUGE »

La « Toussaint rouge » du 1er novembre 1954 intervient ainsi après un changement de stratégie des nationalistes algériens face à l'immobilisme français en Algérie, et en lien avec

10. Michel Camau, Vincent Geisser, *Habib Bourguiba. La trace et l'héritage*, Paris, Karthala, 2004.

11. Jean-François Martin, *Histoire de la Tunisie contemporaine. De Ferry à Bourguiba. 1881-1956*, Paris, L'Harmattan, 2003.

12. Gilbert Meynier, *Histoire intérieure du FLN, 1954-1962*, Paris, Fayard, 2002.

13. Mohammed Harbi, Benjamin Stora, *La Guerre d'Algérie, 1954-2004. La fin de l'amnésie*, Paris, Robert Laffont, 2004.

14. Michel Winock, *François Mitterrand*, Paris, Gallimard, 2015.

15. François Mitterrand, *Aux frontières de l'Union française*, Paris, Julliard, 1953.

Le président de la République, René Coty, et le ministre de l'Outre-mer, Gaston Deferre, entourés de notables africains [Paris, France]. photographie de Bernard Lipnitzki, 1956 [juillet].

la situation semi-insurrectionnelle au Maroc et en Tunisie. En outre, l'exemple de l'Indochine, parvenue à l'indépendance en prenant la voie des armes, inspire toute une nouvelle génération de nationalistes au Maghreb. La direction du FLN a déjà des relais au Caire en Égypte : la représentation politique est alors assurée par Hocine Aït Ahmed, Ahmed Ben Bella et Mohamed Khider. Quels que soient les euphémismes utilisés par les autorités, à savoir « *opérations de maintien de l'ordre* » ou « *pacification* », c'est bien une guerre qui commence lorsque la France se lance dans la répression. Cette guerre va durer huit années, comme celle d'Indochine… la « pause » n'a duré que six mois entre les deux conflits[13].

Le président du Conseil Pierre Mendès France et son ministre de l'Intérieur François Mitterrand n'imaginent pas l'indépendance[14], mais annoncent néanmoins une politique de réformes progressives et structurelles visant à plus d'égalité juridique, sociale et économique. Deux hommes, deux visions, deux politiques qui au début n'en font qu'une. Immédiatement après les attentats de la Toussaint rouge, Pierre Mendès France a tracé la ligne de conduite de son gouvernement : « *Qu'on n'attende de nous aucun ménagement à l'égard de la sédition, aucun compromis avec elle. On ne transige pas lorsqu'il s'agit de défendre la paix intérieure de la nation et l'intégrité de la République.* […] *Entre elle* [l'Algérie] *et la métropole, il n'est pas de sécession concevable.* » Le 5 novembre 1954, le Conseil des ministres dissout le MTLD de Messali Hadj. François Mitterrand s'engage dans une politique répressive, croyant encore fermement à l'Union française, en ce « *bloc colossal qui, de Lille à Brazzaville et d'Abéché à Dakar, s'étale sur sept mille kilomètres de longueur et trois mille de largeur* », comme il l'écrit en 1953 dans *Aux frontières de l'Union française*[15]. L'Algérie étant la France, pense-t-il comme la majorité des membres du gouvernement, l'indépendance est impossible, seule la répression peut et doit répondre à ceux qui sont à ses yeux des « terroristes »[16].

Avec l'éviction de Pierre Mendès France, le rétablissement de l'ordre en Algérie passe par plusieurs phases. L'Assemblée nationale vote l'état d'urgence le 3 avril 1955, plaçant l'Algérie dans une situation de « *guerre permanente* ». Les autorités françaises donnent l'ordre à Jacques Soustelle d'accélérer la répression le mois suivant, avec pour consigne d'« *abattre tout rebelle pris les armes à la main* »[17]. En réaction, en septembre 1955, les élus algériens de l'Assemblée algérienne votent une motion condamnant l'intégration et réclamant

RADAR

N° 371 - 18 MARS 1956
Canada 15 cents
6 fr. belges - 0fr. 65 suisse

Hebdomadaire
16 PAGES 30 Francs
Maroc (par avion) 40 fr.

PALESTRO (Algérie) ILS N'ONT EU PITIÉ DE PERSONNE !

Au cimetière de Rouiba, enterrement des époux Servat. Le frère de Lucien bénit les cercueils. La cérémonie religieuse avait eu lieu à Palestro.

Un soleil radieux répand ses rayons sur la campagne. Il n'est pas tout à fait sept heures du soir et rien ne semble présager le drame qui couve. Un peu plus tôt, une patrouille sur la rive droite de l'oued Isser a vu de l'autre côté du cours d'eau un groupe de militaires. « Ça va » ont crié ceux-ci. Là-bas, sur le bord de la route nationale, à 5 ou 6 kilomètres du village de Palestro, il y a deux fermes, sur la gauche, à la sortie d'un virage assez sévère. Vingt mètres de piste en plein champ conduisent à celle qu'exploite la famille Servat. Harassés, le père (32 ans) et la mère (23 ans) viennent de rentrer. Avec eux il y a les grands-parents paternels et un adorable bambin de cinq ans, le petit Gérard. Les deux hommes sont auprès du tracteur dans la remise, face au portail d'entrée. Soudain, trois hommes surgissent. Ils sont en armes et revêtus d'un uniforme ! Mais c'est un déguisement. Ils font partie du groupe aperçu tout à l'heure sur la rive gauche de l'oued. Le fusil dans les reins, deux d'entre eux poussent vers l'intérieur Alphonse Servat et, sous la menace d'une mitraillette, le troisième ordonne à Lucien : « Mets le moteur du tracteur en marche ». Dans la pièce principale de la ferme, Mme Servat mère et sa bru sont assises dans deux fauteuils, le petit Gérard joue à leurs pieds. Elles sursautent. Déjà les détonations crépitent. Alphonse s'effondre. Puis les tueurs tournent leurs armes vers les femmes. Elles tombent. Terrorisé, le petit ne bouge plus. Alors, dans un geste que même ceux qui tentent de comprendre les causes profondes du drame algérien ne peuvent que réprouver de toutes leurs forces, ils tirent à deux reprises sur le malheureux enfant. Touché au bras et à la poitrine, il se soulève dans un mouvement de terreur forcenée avant de s'écrouler. Il ne reprendra connaissance que dans les bras du sous-préfet, sauvé mais orphelin.

VOIR NOTRE REPORTAGE PAGES 2 ET 3.

« Palestro (Algérie). Ils n'ont eu pitié de personne ! », *Radar* (France), couverture de presse, 1956 (mars).

la reconnaissance de l'Algérie comme « nation indépendante » – dans la parfaite continuité du processus mis en place au Laos et au Cambodge deux ans plus tôt –, ce à quoi le gouverneur général Jacques Soustelle répond par sa dissolution. L'option répressive est par ailleurs clairement visible sur le terrain – en ville comme dans les campagnes – dans l'augmentation considérable des effectifs militaires envoyés en Algérie, sans compter que les partisans du tout répressif sont renforcés par l'insurrection du Nord-Constantinois.

Ce tournant de la fin de l'été 1955 conduit Jacques Soustelle à couper toutes les négociations avec les « terroristes » et pousse également les messalistes à se rallier à la lutte militaire – ils créent néanmoins en décembre 1955 leur propre parti, le MNA (Mouvement national algérien), prélude à une guerre sanglante entre le FLN et ce dernier. La politique de la France en Algérie creuse le fossé entre les insurgés et le gouvernement, entre les Européens d'Algérie et les musulmans, entre les différentes tendances du nationalisme algérien, alors que de nouvelles élections s'annoncent début 1956.

LA FRANCE CÈDE AU MAROC ET EN TUNISIE ET RÉFORME L'AOF-AEF

Depuis plusieurs mois, la crise algérienne oblige les Français à modifier leur stratégie dans les deux protectorats frontaliers, ne pouvant plus répartir leurs forces militaires entre les trois pays. Pour le seul mois de juin 1955, plus de huit cents attentats ont lieu au Maroc, et au cours de l'été l'ensemble du protectorat s'enflamme autour de manifestations dans lesquelles des Marocains brandissent le drapeau national et scandent le nom du sultan Ben Youssef. Des dizaines de Français sont tués et les autorités coloniales intensifient la répression, tout en négociant en parallèle avec les nationalistes.

Alors que la situation dégénère en Algérie, le gouvernement français accepte finalement la restauration de Mohammed Ben Youssef et le 6 novembre 1955 à La Celle-Saint-Cloud, des accords sont signés pour « *faire accéder le Maroc au statut d'État indépendant uni à la France par les liens permanents d'une interdépendance librement consentie et définie* ». Le sultan rentre au Maroc et forme un gouvernement. Le calme n'est rétabli que lorsque les pourparlers débouchent sur l'accord du 2 mars 1956, reconnaissant l'indépendance du Maroc[18]. La France préserve néanmoins une partie de ses intérêts en signant des accords de coopération le 28 mai 1956, qui permettent temporairement le maintien de forces militaires françaises au Maroc, destinées à contrôler l'Armée de libération nationale (ALN) du FLN à la frontière.

En parallèle, les négociations ont lieu en Tunisie conduisant Habib Bourguiba – débordé par des militants radicaux et des opposants au sein du Néo-Destour – à trouver rapidement avec le gouvernement français un compromis aboutissant à l'indépendance du pays par l'accord du 20 mars 1956. Stratégiquement, le gouvernement français pense alors pouvoir en finir rapidement avec le conflit algérien et conserver des liens avec les anciens protectorats. Mais l'option militaire jusqu'au-boutiste en Algérie contribue à la détérioration rapide des relations entre la France et les deux nouveaux États indépendants, mais aussi avec les États-Unis et l'Union soviétique.

Désormais, la France est polarisée sur la guerre en Algérie, qui conditionne toutes ses relations internationales et diplomatiques. C'est ainsi que lorsque Gamal Abdel Nasser décide de nationaliser le canal de Suez, la réaction française d'intervenir répond à un double objectif : éliminer le président égyptien qui vient de porter atteinte aux intérêts financiers français, mais aussi éradiquer la base arrière du FLN, qui bénéficie du soutien du Caire[19]. L'affaire de Suez sera un désastre diplomatique et symbolique, la France n'ayant plus les moyens de s'affirmer comme une grande puissance face à la Chine, l'URSS et les États-Unis.

Dans le même temps, les gouvernements de la IVe République tentent d'éviter l'embrasement dans les colonies d'Afrique

16. François Malye, Benjamin Stora, *François Mitterrand et la guerre d'Algérie*, Paris, Calmann-Lévy, 2010.

17. Bernard Ullmann, *Jacques Soustelle, le mal-aimé*, Paris, Plon, 1995.

18. Richard C. Pennell, *Morocco Since 1830: A History*, New York, New York University Press, 2000.

19. Marc Ferro, *1956, Suez. Naissance d'un tiers-monde*, Bruxelles, Complexe, 2006.

subsaharienne. Les grèves et manifestations du début des années 1950 dans divers territoires – et tout particulièrement en Côte d'Ivoire – s'achèvent sur des arrestations et condamnations, et une reprise en main de la vie politique dans les deux fédérations (AOF et AEF) par les autorités françaises, avec le soutien ou l'émergence de « candidats pro-français » et de partis politiques favorables à la France. Mais en 1954, une nouvelle série d'événements a radicalisé la nature des revendications africaines : de syndicales et sociales avec une forte poussée autonomiste, elles se transforment dans certains territoires en revendications pour l'indépendance, à l'image de la Guinée, du Soudan français, du Togo ou du Cameroun[20].

De fait, début 1955, d'une part les indépendances des trois pays composant l'Indochine, reconnues à Genève quelques mois plus tôt, et le rattachement des comptoirs à l'Inde, ont fragilisé l'Union française ; d'autre part, en avril 1955, la conférence afro-asiatique de Bandung[21] prend clairement position pour l'indépendance de l'ensemble du continent, désignant la France comme la puissance coloniale à abattre en Afrique. Une partie de la jeunesse africaine éduquée – notamment les étudiants présents en France au sein de la FEANF[22] – se radicalise. Deux mouvements s'engagent sur la voie de la radicalité : le Parti démocratique de Guinée de Sékou Touré[23] – inspiré par l'exemple de la Gold Coast, colonie britannique qui accède à l'indépendance en mars 1957 – et l'Union des populations du Cameroun (UPC) qui revendique l'indépendance derrière son dirigeant Ruben Um Nyobé. Pour répondre à ce dernier, un nouveau haut-commissaire à poigne, Roland Pré, est nommé début 1955. Son programme est clair : « *Écraser les activités communistes pour défendre la civilisation.* » De même écrit-il en février 1955 dans une circulaire adressée à ses subordonnés : « *L'indépendance formelle est une notion périmée.* » C'est dans ce contexte que la guerre s'engage au Cameroun.

Face à la répression politique qui s'installe au Cameroun, éclate une série d'émeutes violentes en mai 1955 dans le Mingo et en Sanaga-Maritime, dans les villes de Douala et Yaoundé. La répression est immédiate. Dès la mi-mai, le secrétariat général de l'ONU reçoit un rapport secret sur les événements : « *À l'heure où nous écrivons, les principales localités du Cameroun sont à feu et à sang.* » L'UPC est interdite en juillet 1955 et ses militants pourchassés[24]. La guerre ouverte est inévitable, comme en Algérie.

Pour éteindre le feu qui couve en Afrique subsaharienne, les autorités françaises décident de basculer vers une réforme d'ampleur sans précédent. Gaston Defferre, ministre de la France d'outre-mer, en collaboration avec le ministre d'État Félix Houphouët-Boigny, président du RDA, et son chef de cabinet et pilier de cette réforme Pierre Messmer, élabore puis dépose un projet de loi-cadre finalisé en juin 1956, engageant d'importantes réformes par décrets, telles l'instauration du suffrage universel et du collègue unique, l'extension des compétences des assemblées territoriales et des gouvernements territoriaux, la décentralisation et l'africanisation de la fonction publique[25]. Entre-temps, Pierre Messmer a été envoyé au Cameroun pour poursuivre la répression contre l'UPC, manipuler les élections (sans candidats UPC) de décembre 1956, mettre en place des « partis amis » et coordonner l'offensive militaire française de décembre 1956 contre les maquis.

Ailleurs, en AOF et en AEF, les autres mouvements politiques se détachent de l'UPC et choisissent majoritairement la négociation avec la France en participant à la mise en œuvre de la loi-cadre. En avril 1957, à l'Assemblée nationale, après la victoire au Sénégal de son parti le Bloc populaire sénégalais, Léopold Sédar Senghor souligne son désir de fédéralisme sous l'égide de la France. Félix Houphouët-Boigny est, pour sa part, partisan d'une émancipation négociée territoire par territoire, et non d'un ensemble fédéraliste, estimant que la Côte d'Ivoire paie pour le développement des autres territoires dans le cadre de l'AOF. Au congrès du RDA à Bamako, partisans et adversaires du fédéralisme se font face, ce qui conduit à des dissensions majeures[26].

Parallèlement à la guerre menée contre l'UPC, et pour satisfaire les observateurs de l'ONU, les Français décident de mettre en place à partir de 1957 un processus d'indépendance sous contrôle, à l'aide d'un allié sûr, Ahmadou Ahidjo, qui est nommé Premier

20. Frederick Cooper, *Décolonisation et travail en Afrique. L'Afrique britannique et française 1935-1960*, Paris/Amsterdam, Karthala/Sephis, 2004.

21. Tan See Seng, *Bandung Revisited: The Legacy of the 1955 Asian-African Conference for International Order*, Singapour, Singapore University Press, 2008.

22. Fabienne Guimont, *Les Étudiants africains en France (1950-1965)*, Paris, L'Harmattan, 1998.

23. Ismael Barry, « Réflexions sur le non de la Guinée cinquante ans après », in Odile Goerg, Céline Pauthier, Abdoulaye Diallo (dir.), *Le NON de la Guinée (1958). Entre mythes, relecture historique et résonances contemporaines*, Paris, L'Harmattan, 2010.

24. Manuel Domergue, Jacob Tastita, Thomas Deltombe, *Kamerun ! Une guerre cachée aux origines de la Françafrique (1948-1971)*, Paris, La Découverte, 2011.

25. Nicolas Bancel, *Entre acculturation et révolution. Mouvements de jeunesse et sports dans l'évolution institutionnelle et politique de l'AOF*, thèse d'histoire, Paris, Université Paris I, 1999.

26. Ibrahima Thioub, *Le Rassemblement démocratique africain et la lutte anticoloniale de 1946 à 1958*, mémoire de maîtrise, Dakar, Université Cheikh Anta Diop, 1982.

27. Manuel Domergue, Jacob Tastita, Thomas Deltombe, *op. cit.*

28. Alexander Keese, « A culture of Panic. "Communist" Scapegoats and Decolonization in French West Africa and French Polynesia (1945-1967) », in *French Colonial History*, n° 9, 2008.

ministre. Nous ne nous battons plus contre l'« *indépendance* », explique Daniel Doustin, délégué du haut-commissaire à Douala, en février 1958, « *nous nous battons pour une question de régime* » et pour nous opposer aux « *communistes*[27] ». Les ombres de l'URSS et de la Chine hantent le ministère de la France d'outre-mer[28]. Au Togo, autre mandat, la politique est comparable, contourner Sylvanus Olympio et soutenir un parti ami. La France pense avoir repris en main les deux fédérations, et début 1958 les maquis de l'UPC sont très affaiblis. Il reste à abattre le mythique leader de l'UPC, Ruben Um Nyobé. Il est tué quelques mois plus tard, en septembre 1958.

LA CRISE COLONIALE ET LA CHUTE DE LA IVe RÉPUBLIQUE

Le succès électoral de la gauche aux élections législatives de janvier 1956, amenant le socialiste Guy Mollet à la présidence du Conseil, avait laissé entrevoir un changement de cap dans la politique algérienne, car les socialistes avaient fait campagne contre la « *guerre d'Algérie imbécile et sans issue* ». Sans avoir de position claire, cette posture semblait

Après des émeutes entre des groupes rivaux de ressortissants musulmans, les troupes françaises patrouillent à l'entrée du quartier musulman d'Alger [Algérie], photographie, 1958.

Arrestation par les gendarmes de Pouvana'a a Oopa Tetuaapua, leader du RDPT [Papeete, Polynésie], photographie, 1958.

annoncer des négociations avec le FLN, mais aussi une reprise des négociations au Maroc et en Tunisie.

Guy Mollet avait nommé dans cette perspective le général Georges Catroux, député libéral, comme ministre résident en Algérie. Mais Guy Mollet, en visite à Alger le 6 février 1956, est très mal reçu par les pieds-noirs – qui le soupçonnent de vouloir « brader l'Algérie » et lui jettent tomates, œufs pourris et billes d'acier. Sous la pression, il change sa politique et remplace le général Catroux par Robert Lacoste, qui affirme immédiatement que l'Algérie est et restera française. Dès lors, en Algérie, les autorités françaises ne cessent de réclamer des mesures d'exception[29] pour faire face à l'augmentation des actions – attentats, assassinats, sabotages – du FLN contre les intérêts français.

Le gouvernement Mollet reste seize mois, passant de l'espoir de paix porté par les socialistes lors de l'investiture de ce gouvernement tout juste sorti des urnes, à la « guerre totale » avec toute une classe d'âge sous les drapeaux. Dans l'impossibilité de déclarer officiellement l'état de guerre – l'Algérie étant considérée comme partie intégrante du territoire national – et face à l'intensification du conflit, cette volonté d'éliminer le FLN à tout prix aboutit le 12 mars 1956 à une nouvelle loi, dite des « pouvoirs spéciaux », votée à une large majorité par l'Assemblée nationale. Les troupes stationnées en Algérie sont rejointes par les contingents du Maroc et de Tunisie, pays désormais indépendants. Le FLN décide de réagir en modifiant sa stratégie lors du congrès de la Soummam le 20 août 1956. Les congressistes prennent alors la décision d'étendre aux villes une rébellion jusqu'alors exclusivement rurale. Ainsi s'ébauche une nouvelle guerre[30].

L'armée française, confrontée au terrorisme du FLN et à ses actions de guérilla, élabore progressivement une riposte qui normalise un certain nombre de pratiques au nom de la « *guerre contre-révolutionnaire*[31] », dont l'usage systématique de la torture, les exécutions sommaires, le « quadrillage » visant non seulement à encadrer strictement la population pour la contrôler mais également à priver le FLN de soutien en lui interdisant tout contact avec celle-ci. En octobre 1956, l'armée française prend l'initiative de décapiter le FLN en détournant le vol dans lequel les chefs du FLN, et notamment Ahmed Ben Bella, Mohamed Khider, Mohamed Boudiaf, Hocine Aït Ahmed et Mostefa Lacheraf, ont pris place pour Le Caire. Les conséquences diplomatiques sont désastreuses, la France étant critiquée par la quasi-totalité des autres pays, et au Maroc, des violences anti-françaises font plus d'une cinquantaine de morts chez les Européens. Le sultan, tout comme Habib Bourguiba, rappelle ses ambassadeurs, le secrétaire d'État aux Affaires marocaines et tunisiennes doit démissionner. Tout contact avec les Algériens est rompu alors qu'ils négocient au même moment avec les Français à Rome : ces contacts *secrets* sont révélés en fin d'année par le délégué du FLN à l'ONU, M'hamed Yazid. Les militaires imposent leur rythme et leurs méthodes en Algérie[32].

En janvier 1957, Guy Mollet rejette, lors de sa déclaration à l'ONU, la responsabilité de l'échec des négociations sur le FLN, en insistant sur l'essor des attentats à Alger : « *Malgré des contacts répétés, le cessez-le-feu n'est pas intervenu parce qu'il a été délibérément refusé.* » Désormais, bien qu'officiellement il n'y ait pas de « guerre »[33], mais uniquement des « *opérations de pacification* », les départements français d'Algérie sont littéralement quadrillés par l'armée, obligeant deux millions d'Algériens à quitter les campagnes pour se concentrer, dans des conditions particulièrement précaires et difficiles, dans des « *villages de regroupement* » dénoncés par plusieurs observateurs (dont Michel Rocard) au regard des conditions d'internement et des chiffres de mortalité des populations civiles[34]. Simultanément, des zones interdites sont créées et le pouvoir politique reconduit les pouvoirs spéciaux une première fois le 26 juillet 1957 puis à nouveau le 12 novembre 1957, installant dans la durée ce régime d'exception. En parallèle, la bataille d'Alger pousse à son paroxysme cette politique répressive. La torture est alors généralisée par les hommes de la 10e division parachutiste du général Jacques Massu pour obtenir rapidement des renseignements et des résultats.

Très vite, des intellectuels s'engagent contre ces pratiques et la politique des socialistes de la SFIO au pouvoir. Des journalistes avaient déjà dénoncé ces exactions et la torture en 1955, mais ces critiques sont désormais en premières pages des journaux en 1957. En mars 1957, le général Jacques Pâris de Bollardière s'oppose à la torture et demande à être relevé de ses fonctions. Le 12 septembre 1957, c'est Paul Teitgen, secrétaire général de la police d'Alger, qui démissionne pour les mêmes raisons. Toutes ces dénonciations – qu'un livre emblématise, *La Question*, d'Henri Alleg[35] – ne parviennent pas à infléchir les pratiques militaires. La IVe République est désormais empêtrée dans les problèmes coloniaux et n'est plus capable de trouver une majorité pour une politique cohérente dans ses territoires impériaux.

La *question coloniale* est ainsi à l'origine de la chute de la IVe République. Car si la France a gagné la bataille d'Alger (fin 1957) et contrôle militairement l'Algérie, elle a perdu politiquement et médiatiquement ce conflit. La présidence du Conseil de Guy Mollet s'avère être un fiasco. Lorsque Félix Gaillard – le plus jeune président du Conseil – succède à Guy Mollet et à Maurice Bourgès-Maunoury – qui a assuré la transition pendant six mois –, le 6 novembre 1957, il est trop tard. La guerre d'Algérie dévore tout[36] – les hommes, les esprits, la morale (avec la torture et le terrorisme d'État incarné désormais par La Main rouge) – et épuise l'opinion. La IVe République connaît une instabilité ministérielle croissante avec cinq gouvernements entre le 31 janvier 1956 et le 1er juin 1958, en raison des divisions de la classe politique sur la question algérienne, avant de basculer dans la menace d'une guerre civile, après le coup de force de militaires qui refusent l'investiture de Pierre Pflimlin.

En effet, le 13 mai 1958 à Alger, des généraux français instituent un Comité de salut public pour « sauvegarder l'Algérie française ». À Paris, en réponse au « putsch » d'Alger, Pierre Pflimlin est au contraire investi à la présidence du Conseil à une forte majorité. En réaction au vote parisien de l'Assemblée nationale, le général Raoul Salan décide de reconnaître le Comité de salut public et lance le 15 mai 1958 un appel à un gouvernement de salut public présidé par le général Charles de Gaulle. Deux jours plus tard, celui-ci se déclare « *prêt à assurer les pouvoirs de la République*[37] ».

Dans les jours qui suivent, la République vacille et le général de Gaulle apparaît comme le recours ultime, d'autant plus qu'il a parfaitement manœuvré pour être la seule solution alternative à une

29. Mohammed Harbi, Benjamin Stora, *op. cit.*

30. Guy Pervillé, *Pour une histoire de la guerre d'Algérie*, Paris, Picard, 2002.

31. Marie-Monique Robin, *Escadrons de la mort, l'école française* Paris, La Découverte, 2004. Elle montre qu'après l'Indochine, c'est l'Algérie qui a servi de cas d'école pour des pratiques déployées ensuite en Amérique latine.

32. Raphaëlle Branche, *La Torture et l'armée pendant la guerre d'Algérie, 1954-1962*, Paris, Gallimard, 2001.

33. Sébastien Denis, *Le Cinéma et la guerre d'Algérie : la propagande à l'écran (1945-1962)*, Paris, Nouveau Monde, 2009.

34. Sylvie Thénault, *Violence ordinaire dans l'Algérie coloniale. Camps, internements, assignations à résidence*, Paris, Odile Jacob, 2012.

35. Henri Alleg, *La Question* Paris, Éditions de Minuit, 1958.

36. Phillip Chiviges Naylor, *France and Algeria: A History of Decolonization and Transformation*, Gainesville, University Press of Florida, 2000.

37. Jean-Jacques Becker, *Histoire politique de la France depuis 1945*, Paris, Armand Colin, 2005.

Oui le 28 Septembre
GOUVERNEMENT
ASSEMBLÉE
MAIRIE
Tous les citoyens sont égaux.
Voter, c'est exercer son droit de citoyen. Tous aux Urnes!
OUI A L'ÉGALITÉ
Les Africains décident des affaires de l'Afrique:
dans leurs cités, dans leurs régions, dans leurs Etats
OUI A LA LIBERTÉ
UNIVERSITÉ
Un idéal qui nous unit,
une culture qui nous rassemble:
OUI A LA FRATERNITÉ
S'entr'aider pour plus de force et plus de richesse.
Mettre en commun les ressources de chacun pour le bien de tous:
OUI A LA PROSPÉRITÉ
V. Turpault 58
Dans la dignité, dans l'égalité, dans l'amitié, les ministres et les élus,
de France et d'Afrique, décident des affaires communes:
OUI A LA COMMUNAUTÉ
OUI A DE GAULLE!
OUI A L'AFRIQUE! OUI A LA FRANCE!

République moribonde. C'est en « arbitre » indépendant qu'il se présente, insistant sur la sauvegarde de la France et de la République, tout en ayant un discours ambigu sur le devenir de l'Algérie et de l'Union française. René Coty annonce au Parlement qu'il a fait appel « *au plus illustre des Français* ». L'homme de Brazzaville a posé comme condition à son retour la faculté d'avoir tout pouvoir pour élaborer une nouvelle Constitution. Il est ainsi investi le 1er juin 1958, avec une large majorité. Certains y voient le défenseur de l'Empire, d'autres ont déjà des doutes.

Pour rassurer les pro-coloniaux, il nomme Bernard Cornut-Gentille à l'Outre-mer et, à ses côtés, Michel Debré comme ministre de la Justice. Ardent défenseur de l'Empire, celui-ci annonçait dès décembre 1957, « *Que les Algériens sachent surtout que l'abandon de la souveraineté française en Algérie est un acte illégitime* ». Les tenants de l'Algérie française vont cependant vite déchanter. À peine revenu au pouvoir, le général de Gaulle se rend en Algérie et prononce le 4 juin 1958 un discours mythique… et profondément ambigu : « *Je vous ai compris. Je sais ce qui s'est passé ici.* […] *Je vois que la route que vous avez ouverte en Algérie, c'est celle de la fraternité.* » Jamais, ce jour-là, il ne prononce les termes « Algérie française »… Il faut attendre le 7 juin 1958 et son discours à Mostaganem, puis celui du 13 juin 1958 à Paris, où il affirme que l'Algérie est « *pour toujours de corps et d'âme avec la France* ».

En réponse, la direction du FLN déclenche le 25 août 1958 une campagne de sabotages et d'attentats en France. Au total, trois cents actions en un mois. Puis, elle institue le 19 septembre 1958 au Caire le Gouvernement provisoire de la République algérienne (GPRA), présidé par Ferhat Abbas. Immédiatement, quinze États africains et asiatiques le reconnaissent officiellement. De Gaulle est sous le choc, pensant que les négociations déjà engagées allaient aboutir. Le résultat est inverse. Il tente de réagir en évoquant dans son discours du 16 septembre 1958 « *l'autodétermination* » possible de l'Algérie et, le 23 octobre, propose la « *paix des braves* » au FLN, qui rejette l'offre.

Il est trop tard. À la fin de l'année, le FLN fait inscrire à l'ONU une résolution reconnaissant le droit à l'indépendance de l'Algérie. Le général de Gaulle change de stratégie, nomme en décembre 1958 le général Maurice Challe à la direction des forces militaires pour toute l'Algérie. C'est un ultra de l'Algérie française et un héritier du maréchal Lyautey. Comme au Cameroun, la guerre à outrance est devenue l'ultime alternative fin 1958.

L'arrivée du général de Gaulle au pouvoir en 1958 change aussi la donne pour tout le reste du domaine colonial. En Afrique subsaharienne, tout en poursuivant la stratégie de ses prédécesseurs et les mécanismes mis en œuvre par la loi-cadre, il propose de remplacer l'Union française moribonde et d'édifier la Communauté[38]. Mais en refusant de reconnaître explicitement le droit à l'indépendance dans le cadre de celle-ci, il provoque une vague de mécontentement à laquelle il répond en proposant que les Africains aient le choix entre l'indépendance totale et immédiate ou l'adhésion à la fédération incarnée par la Communauté. Pour les convaincre, il entame durant plusieurs jours, en août 1958, une tournée encourageant fortement à voter « oui », impliquant l'association avec la France.

Si l'ensemble des colonies françaises d'Afrique vote favorablement le 28 septembre 1958 et intègre la Communauté, le « non » est majoritaire dans la Guinée de Sékou Touré[39]. L'indépendance est aussitôt proclamée et l'aide française interrompue. Il s'agit de faire comprendre aux autres colonies les conséquences concrètes d'une sécession.

Le bilan est amer fin 1958 : la France s'est engagée en Algérie dans une guerre sans fin et sans perspective, les deux protectorats maghrébins sont perdus, le Cameroun connaît une répression croissante, le référendum sur la Communauté a fait de la Guinée un État indépendant et a ouvert partout le débat sur cette possibilité. Dans les « vieilles colonies », la crise est en germe, notamment à La Réunion où l'action de Paul Vergès engage l'île vers une revendication autonomiste[40], en Guyane où est créée l'Union du peuple guyanais (UPG), en Martinique où Aimé Césaire dénonce l'échec de la départementalisation[41] et en Polynésie où Pouvana'a a Oopa Tetuaapua s'engage dans un combat pour l'indépendance[42]. Partout, la *rupture* est proche, lorsque commence la dernière décennie des indépendances.

38. Stéphane Diemert, « L'histoire constitutionnelle de l'outre-mer sous la Ve République », in *Nouveaux Cahiers du Conseil constitutionnel*, n° 35, avril 2012 ; Pierre-François Gonidec, *Constitutions des États de la Communauté*, Paris, Sirey, 1959.

39. Abdoulaye Diallo, « Et si Sékou Touré n'était que l'homme du 25 août 1958 », in Odile Goerg, Céline Pauthier, Abdoulaye Diallo (dir.), *Le NON de la Guinée (1958). Entre mythes, relecture historique et résonances contemporaines*, Paris, L'Harmattan, 2010.

40. Lucette Labache, « En attendant l'indépendance ? Projet autonomiste et formation de cadres dans les pays socialistes », in *Cahiers d'Études Africaines*, n° 226, 2017.

41. Léo Elisabeth, « Départementalisation adaptée, 1958-1960 : une "espèce d'autonomie" », in *Outre-Mers*, n° 368-369, 2010.

42. Jean-Marc Regnault, *Pouvana'a et de Gaulle : la candeur et la grandeur*, sans lieu, CreateSpace, 201[illegible].

PAGE DE GAUCHE

***Oui, le 28 septembre*, affiche-tract signée Turpault, 30x45, 1958.**

1954

LE DISCOURS DE CARTHAGE

Devant l'absence de réelles réformes menant à un régime démocratique en Tunisie et engageant un processus de décolonisation, Habib Bourguiba, toujours en résidence forcée en France, s'oppose à ce qu'il qualifie de « *pseudo-réformes* » au regard des échanges avec la France depuis dix-huit mois. Dans le pays, la lutte armée se poursuit, *via* des actions violentes et des sabotages menés par les *fellaghas*. À partir de mars 1954, les émeutes et les attentats se multiplient et les Français répondent à ces attaques en exécutant trois Tunisiens condamnés à mort. Le 24 mai 1954, deux notables tunisiens, Ali Haffouz et Tahar Haffouz, sont assassinés par un groupe terroriste pro-français. En réponse, deux jours plus tard, les *fellaghas* assassinent cinq Européens. Cette situation perdure depuis un an et demi lorsque Pierre Mendès France se penche sur la question. Il estime qu'il est désormais nécessaire de renforcer la cosouveraineté franco-marocaine. Il envoie le socialiste Alain Savary afin de négocier avec Habib Bourguiba pour définir le cadre de « *ce qui est négociable* ». Il se rend ensuite à Tunis pour annoncer lui-même, dans un discours prononcé le 31 juillet 1954, que la France reconnaît l'autonomie interne de la Tunisie *via* le transfert de « *l'exercice interne de la souveraineté* », ce qui laisse à la France la gestion des affaires étrangères et de la sécurité. En outre, il fait procéder à une large amnistie. Le « discours de Carthage » est entré dans la mémoire collective comme la première initiative française allant dans le sens de l'histoire, mais à l'époque il surprend tant l'opinion publique que la classe politique et les Tunisiens. L'Assemblée nationale vote massivement en faveur de cette autonomie, le 10 août 1954. À l'ONU, les diplomates français obtiennent facilement la suppression de l'ordre du jour, une interpellation hostile à la « politique maghrébine » menée par la France, à la suite du discours. Une petite victoire, mais symbolique au cœur des Nations unies.

Pierre Mendès France et les autorités de la résidence [Carthage, Tunisie], photographie, 1954 [juillet].

PAGE DE GAUCHE

« Vive la Tunisie autonome ». Manifestants du Néo-Destour accueillant Pierre Mendès France en visite officielle à Carthage [Tunisie], photographie, 1954 [juillet].

Un supplétif indien de l'armée française à l'entrée d'un bâtiment officiel français [Pondichéry, Inde], photographie, 1955.

PAGE DE DROITE

Le secrétaire d'État aux Affaires étrangères, Ratan Kumar Nehru, et le représentant diplomatique français, Pierre Landy, lors de l'accord entre les gouvernements français et indien pour le transfert des comptoirs [Inde], photographie, 1954 [novembre].

1954

LA FIN DES COMPTOIRS DES INDES

Après le Viêt-Nam, le Laos et le Cambodge, c'est vers les comptoirs des Indes que tous les regards se tournent fin 1954. Depuis 1947, c'est toujours en lien avec des « affaires extérieures », concernant d'autres territoires, que le destin des comptoirs se joue, et la perte de l'Indochine rend la situation française quasiment intenable. Les négociations avec les Indiens s'éternisent, et il faut attendre le gouvernement de Pierre Mendès France pour qu'une solution soit trouvée. En octobre 1954, 95 % des cent soixante-dix-huit membres de l'Assemblée législative et des conseils municipaux des quatre établissements français de Pondichéry, Mahé, Karikal et Yanaon, réunis à Kizhoor, près de Pondichéry, votent « oui » au rattachement à l'Inde. Le 24 octobre 1954, à New Delhi, on transfère *de facto* l'administration des comptoirs à l'Inde. De manière synchronique assez étonnante, c'est dans la nuit de la Toussaint rouge algérienne, le 1er novembre 1954, que la France quitte les Indes, une cérémonie mettant symboliquement fin à sa présence en Asie. Le traité de cession définitive n'intervient qu'en 1956. Mais il faudra attendre le 28 mai 1962 pour la signature, *de jure*, du traité de cession. Suite à ce traité, plusieurs milliers de Pondichériens optent, en janvier 1963, pour la nationalité française. Le dernier gouverneur de Pondichéry, André Ménard, a ces mots en 1985 : « *Il est certain que la détérioration de la situation là-bas amenait normalement à reconsidérer notre position, qui était une position de fermeté par rapport à l'Union indienne et de différence avec les Anglais, mais d'un autre côté, il y avait la guerre d'Indochine, et on a senti à ce moment-là que ce qu'on appelait "l'Empire" commençait à vaciller. Évidemment, "les comptoirs de l'Inde", comme on disait alors, ne comptaient guère dans cette histoire...* »

1954

LA « TOUSSAINT ROUGE » EN ALGÉRIE

L'option prise par les mécontents de l'attentisme de Messali Hadj au sein du MTLD et des autres mouvements politiques jugés incapables de faire plier les autorités coloniales en Algérie, part de la certitude que l'indépendance ne pourra être acquise qu'après une guerre de libération, comme en Indochine, comme aussi au Maroc et en Tunisie, où la révolte armée est une des composantes du combat contre les Français. Un nouveau mouvement est donc créé dans la clandestinité en octobre 1954, le Front de libération nationale (FLN) – sous l'impulsion entre autres de Mohamed Boudiaf, Mostefa Ben Boulaïd et Mourad Didouche, auxquels se rallie Krim Belkacem qui tenait déjà le maquis en Kabylie –, avec pour bras armé l'Armée de libération nationale (ALN) dont les moyens en hommes et armes – le FLN a récupéré des armes issues de l'Organisation spéciale, dissoute en 1950 – sont alors encore dérisoires. Mais Messali Hadj refuse de reconnaître le FLN et fonde le Mouvement national algérien (MNA), qui devient l'adversaire irréductible du FLN. Une opération synchronisée est déclenchée dans la nuit du 1er novembre 1954, composée d'une trentaine d'attentats faisant au total dix morts, plusieurs blessés et des dégâts matériels, accompagnée d'une proclamation réclamant « *la restauration de l'État algérien* ». La « Toussaint rouge » déclenche une double réaction des autorités françaises. Immédiatement, le gouvernement dirigé par Pierre Mendès France envoie des troupes en Algérie et le ministre de l'Intérieur François Mitterrand annonce que « *tous les moyens seraient réunis pour que la force de la Nation l'emporte, parce que l'Algérie c'est la France* ». Dans le même temps, il tente de désamorcer l'insurrection et de réagir de manière plus globale à la crise algérienne, par la politique de réformes que doit mener le nouveau gouverneur Jacques Soustelle, déclenchant les protestations des Français d'Algérie, qui refusent tout changement. La « Toussaint rouge » marque *de facto* le début du conflit algérien car attentats, accrochages et répression s'accentuent dans une escalade de la violence.

Un membre d'un groupe d'autodéfense présente l'une des nombreuses bombes artisanales préparées par les Fellaghas [Algérie], photographie, 1954. Les groupes d'autodéfense étaient constitués par des villageois, armés par la France, pour résister à l'avancée de l'ALN.

PAGE DE DROITE

Des forces importantes de police et de l'armée ont été envoyées dans la région montagneuse des Aurès [Algérie], photographie du service des armées, 1954.

Les troupes françaises gardent un groupe de terroristes présumés, capturés lors d'un raid sur les contreforts des montagnes de Chrea [Algérie], photographie, 1954.

PA 201 21

1954–1956

LES RAPATRIÉS D'INDOCHINE

Né d'un père français métis et d'une mère chinoise, Henri Cazes avait neuf ans lorsqu'il est arrivé en France : « *Nous habitions à Hanoi dans une belle maison de style colonial, avec des domestiques. Nous avions une vie confortable. Et puis il y a eu la défaite de Diên Biên Phu en 1954, et les accords de Genève qui signaient la fin de la présence française en Indochine. Les communistes du Viêt-Minh sont arrivés. En tant que Français, nous étions l'ennemi. Nous avons dû partir en catastrophe à Saigon, qui était encore libre.* [...] *Et puis, un jour, on nous a dit de partir : "Soit vous restez au Viêt-Nam et vous devenez Vietnamiens, soit vous restez Français et vous partez en France." Alors nous sommes partis.* » Cinquante mille Français résidaient en Indochine, dont 10 % d'Eurasiens de nationalité française. Les accords de Genève, en 1954, prévoyaient leur rapatriement. Celui-ci s'accélère lorsque le gouvernement vietnamien, au Sud, impose de choisir entre la nationalité française et vietnamienne. 90 % des Français d'Indochine « émigrent » en France. Pour les plus démunis, des camps provisoires ont été érigés autour de Saigon dès 1954, destinés prioritairement aux réfugiés venant du Nord, fuyant les communistes. En 1955, en vue du rapatriement vers la métropole, des centres d'accueil des Français d'Indochine (CAFI) sont ouverts à Sainte-Livrade-sur-Lot et Bias (Lot-et-Garonne) ainsi qu'à Noyant-d'Allier (Allier), d'autres centres étant construits dans la Vienne, la Dordogne ou dans les Bouches-du-Rhône où plus de quatre mille cinq cents rapatriés s'installent. Ils sont majoritairement eurasiens, le plus souvent des veuves ou des familles entières abandonnées par les pères français. Les conditions sont précaires, le camp est surveillé, les enfants sont exclus des écoles des villages, les réfugiés vivent en marge de la vie locale. Beaucoup y ont passé toute leur vie (il existait, en 2008, encore deux CAFI en France !). Les réfugiés ont alors créé à l'intérieur du camp une sociabilité qui reconstituait la vie en Indochine à petite échelle, unis par le souvenir, préfigurant les camps de harkis.

Le « cessez-le-feu » en Indochine, affiche du Parti communiste français, 35x55, 1954 [juillet].

PAGE DE GAUCHE

Arrivée sur un bateau américain de réfugiés du Nord-Vietnam à Saigon [Viêt-Nam], photographie de Raoul Coutard, 1954 [août].

Des réfugiés vietnamiens embarquent sur un cargo pour la France avec leurs valises [Haiphong, Viêt-Nam], photographie, 1954 [août].

1955

LE « COUP DE TONNERRE » DE LA CONFÉRENCE DE BANDUNG

La conférence qui se tient à Bandung en avril 1955 vise à ouvrir une nouvelle voie totalement autonome dans le cadre de la Guerre froide, consacrant la bipolarisation du monde entre pays communistes et capitalistes. Cette volonté débute dès l'après-guerre avec les premiers rassemblements afro-asiatiques, dont la volonté « neutraliste » est consolidée par l'affrontement des deux blocs lors de la guerre de Corée. Rassemblant les leaders de plusieurs pays, dont certains récemment décolonisés tels Jawaharlal Nehru pour l'Inde, Norodom Sihanouk pour le Cambodge, Soekarno pour l'Indonésie, Gamal Abdel Nasser pour l'Égypte, mais aussi des pays comme la Chine de Zhou Enlai et des représentants des deux Viêt-Nam (du Nord et du Sud) ou du Laos, la conférence, qui réunit des idéologies diverses allant du communisme au neutralisme en passant par le pro-occidentalisme, trouve néanmoins un point de ralliement autour de l'anticolonialisme. Les invitations initiales excluaient en principe les mouvements de libération nationale, mais finalement de nombreuses dérogations conduisent à accepter des observateurs de mouvements en lutte issus de nombreux pays non encore indépendants, comme la Tunisie ou l'Algérie. Cette diversité de points de vue explique le compromis structurant le communiqué final de la conférence, le 24 avril 1955. Pour l'essentiel elle n'eut que très peu d'impact immédiat et les Américains comme les Européens n'en comprirent pas immédiatement les enjeux. Seul l'écho médiatique explique en partie son retentissement, car la presse internationale y envoie près de quatre cents journalistes parmi les plus célèbres – tel le militant socialiste et anticolonialiste français Jean Rous –, appartenant aux plus grandes agences de presse. Bandung revêt, dans l'Empire français, une signification particulière au moment où le Maghreb et le Cameroun sont en ébullition.

Bandung confirme également la stature internationale de la Chine et conforte un neutralisme à coloration très anti-européenne, *via* un anticolonialisme revendiquant de nouvelles décolonisations, en particulier en Afrique. Bandung est ainsi un « *coup de tonnerre* » dans le contexte des décolonisations, comme le déclare le leader sénégalais Léopold Sédar Senghor.

Le roi du Cambodge, Norodom Sihanouk, se rendant à une séance plénière de la conférence de Bandung [Indonésie], photographie de Lisa Larsen, 1955 [avril].

Toutes les délégations officielles à la conférence de Bandung [Indonésie], photographie d'Howard Sochurek, 1955 [avril]. Ce photographe afro-américain a travaillé pour *Life*, et fut reporter de guerre en Corée et en Indochine, puis au Viêt-Nam.

PAGE DE GAUCHE

Les drapeaux des nombreuses nations et la bande de dépisteurs en attente de l'arrivée des délégués à la conférence de Bandung [Indonésie], photographie d'Howard Sochurek, 1955 [avril].

ROYAL

1955

LA MARCHE VERS L'INDÉPENDANCE DE LA TUNISIE ET DU MAROC

En Tunisie, le bey a été contraint d'accepter la tutelle des Français qui lui imposent le Premier ministre Salaheddine Baccouche, demeurant en poste jusqu'en mars 1954, alors que le pays connaît une lutte armée de plus en plus organisée. Au Maroc, les attentats se succèdent également, rendant la situation intenable pour la résidence. La crise dans les deux protectorats est croissante, alors que la guerre d'Algérie s'étend dès 1954-1955. Désormais, au Maghreb, les autorités françaises cherchent à négocier pour préserver leurs intérêts économiques, conserver des bases militaires et une marge de manœuvre pour mener le conflit en Algérie. Cette période est marquée par l'alternance de négociations et de répressions, l'immobilisme français étant de plus en plus contesté.

En Tunisie, après les échanges qui ont suivi le discours de Carthage, le bey demande au peuple tunisien de cesser toute violence et le Néo-Destour accepte de participer au gouvernement de Tahar Ben Ammar qui gère les négociations avec le nouveau gouvernement français. Après plusieurs mois d'échanges et dans le contexte de la conférence de Bandung qui vient d'avoir lieu, le processus débouche sur les conventions du 3 juin 1955 définissant techniquement le transfert de pouvoir. Toutefois, le gouvernement français n'envisage pas une indépendance intégrale, mais une option à la laotienne, comme en 1953, car il souhaite désormais conserver les prérogatives régaliennes.

Alors que Pierre Mendès France entame les dernières négociations, son cabinet est renversé. On entre dans une phase de blocages.

Au Maroc, le souverain incarne désormais l'action nationaliste depuis sa déposition en 1953. Les revendications se radicalisent et les pressions intérieures exercées par les nationalistes, mais aussi extérieures, notamment celles de l'ONU, conduisent la France à mettre en place un processus de décolonisation. Ainsi, le 6 novembre 1955, la déclaration de La Celle-Saint-Cloud reconnaît le sultan souverain d'un « *État indépendant* ». Fin 1955, les deux protectorats entrent dans la phase ultime des négociations pour leur indépendance.

Deux vendeurs de journaux tunisiens présentant la une du journal Tunisie-France *sur les incidents de Port-Lyautey* [Tunis, Tunisie], photographie, 1954 [août].

PAGE DE GAUCHE

Le cortège du leader de l'indépendance Habib Bourguiba est acclamé par la foule à son retour par la porte Bab El Khadra [Tunis, Tunisie], photographie, 1954.

Les victimes des violences du week-end à Oued Zem sont étendues sur le sol devant ces magasins saccagés [Maroc], photographie, 1955 [août]. Le 20 août 1955, des Européens sont massacrés à Oued Zem. Pour marquer l'opinion, les représailles, avec le soutien de l'aviation contre les montagnards, sont d'une terrible violence (plusieurs centaines de morts).

1955-1956

FRANÇOIS MITTERRAND ET LA TERREUR EN ALGÉRIE

Ministre de l'Intérieur, François Mitterrand prône le recours à la force dès le 24 novembre 1954 pour rétablir l'ordre en Algérie. À cette fin, l'utilisation de la torture apparaît au début de l'année suivante comme logique pour les militaires – et bientôt acceptée par le pouvoir en place –, plongeant ses racines à la fois dans le racisme colonial et les méthodes employées durant la répression de l'Organisation spéciale en Algérie, contre le MDRM à Madagascar et pendant la guerre d'Indochine, qui vient de s'achever. La torture devient ainsi l'un des moyens couramment utilisés par les forces de police et l'armée dans la lutte contre le FLN et l'ALN, avant de s'institutionnaliser, les combattants de l'ALN étant considérés comme des « terroristes ». De fait, les archives montrent que non seulement la torture a été pratiquée dès le début du conflit, mais aussi qu'elle a continûment été couverte par les autorités civiles de la IVe République. Ce débat traverse alors toute la classe politique, et si le garde des Sceaux François Mitterrand est favorable à l'exécution des premiers condamnés à mort de la guerre d'Algérie, Pierre Mendès France, Alain Savary ou Gaston Defferre s'y opposent. Quarante-cinq condamnés sont guillotinés alors que François Mitterrand est ministre de la Justice, refusant trente-deux demandes de grâce contre huit acceptées. Or ces premiers mis à mort avaient certes participé aux manifestations mais n'étaient ni poseurs de bombes, ni meurtriers. L'engrenage de la répression et de la torture marque au fer rouge toute une génération de responsables politiques de la IVe République. Il prépare les « pouvoirs spéciaux » de février-mars 1956, qui deviennent le cadre du régime d'exception de la « pacification » en Algérie pour les six ans à venir. Encore aujourd'hui, ce passé reste inaudible et complexe, comme le montrent les déclarations du général Henri Bentégeat qui fut chef d'état-major des armées à partir de 2002 : « *Il ne faudrait pas qu'en revenant sur des affaires très anciennes, on entache la réputation d'une armée qui depuis vingt ans en opérations extérieures se comporte de manière irréprochable.* »

Cinquante mille manifestants portant des drapeaux drapés de crêpe noir ont défilé dans les rues principales d'Alger pour protester contre le nouveau ministre résident d'Algérie Robert Lacoste [Algérie], photographie, 1956 [février].

La police rassemble des Algériens pour les interroger au cœur de la Casbah [Casablanca, Maroc], photographie de presse, 1956.

PAGE DE GAUCHE

Arrestation lors de l'opération du colonel Marcel Bigeard à Souk-Ahras, au sud de la région de Constantine [Algérie], photographie, 1956 [mars]. Suite à l'assassinat de neuf soldats français, les troupes françaises, dans l'une des premières opérations héliportées du conflit, s'attaquent en représailles à plusieurs camps de combattants de l'ALN.

Troisième congrès du RDA [Bamako, Mali], photographie, 1957 [septembre].

Manifestation à Douala à la veille de l'indépendance [Cameroun], photographie, 1959.

PAGE DE DROITE

« L'Afrique Équatoriale Française », *L'Illustration*, couverture de presse (numéro spécial), 1958.

1955–1956

RÉPRESSION SANGLANTE AU CAMEROUN

En 1955, devant la menace politique représentée par l'UPC, le gouverneur du Cameroun Roland Pré aide à l'essor du Bloc démocratique camerounais (BDC) de Louis-Paul Aujoulat, favorable à la France, afin de préparer une politique répressive de grande ampleur, tout en conservant une façade démocratique dans ce mandat confié à la France et sur lequel l'ONU a un droit de regard. Le 15 mai 1955, trois semaines après la fin de la conférence de Bandung, une manifestation de l'UPC à Douala vire à l'émeute. Le lendemain, la police disperse une nouvelle manifestation de l'UPC, mais le 22 mai 1955, les upécistes répliquent et des affrontements s'ensuivent. Les émeutes se multiplient et font des dizaines de morts. Pour tous les observateurs de l'époque, Félix Houphouët-Boigny joue clairement la France et l'autonomie, Léopold Sédar Senghor soutient l'érection d'une fédération de territoires autonomes, alors que Ruben Um Nyobé symbolise le nationalisme, la rupture avec la France et la volonté d'indépendance dans le cadre d'un projet socialiste.

Les troubles gagnent Yaoundé à partir du 26 mai 1955, faisant là aussi plusieurs morts. Les militants de l'UPC transportent l'un des cadavres aux portes de l'Assemblée territoriale puis le lendemain devant l'hôpital central, où les forces de l'ordre tirent sur la foule. La répression détruit partout les bureaux de l'UPC et les dirigeants du parti doivent se cacher, se réfugier dans la région de la Sanaga-Maritime ou fuir vers le Cameroun britannique.
Le décret interdisant officiellement l'UPC et ses alliés est signé par le président du Conseil Edgar Faure le 13 juillet 1955. Durant ce laps de temps, l'UPC a été exclue du RDA, ce qui explique pourquoi très peu de pays socialistes lui apportent leur soutien. Le parti est hors jeu et ne peut préparer les élections de janvier 1956, ses opposants politiques raflent la mise. En 1956, Ruben Um Nyobé caractérise l'indescriptible brutalité de la répression : « *Parallèlement à cette extermination massive des populations d'une région bien choisie, une terreur totale règne dans le reste du pays, notamment là où le mouvement nationaliste est le plus fort.* » Partout ailleurs en AOF et en AEF, la propagande dévoile des territoires où règnent la concorde et la paix française, vantant les réalisations du FIDES, les assemblées locales au travail ou les élus reçus à Paris.

1956–1957

LES « POUVOIRS SPÉCIAUX »

À l'été 1955, le FLN change de stratégie : il s'en prend désormais aux Européens, et plus seulement aux « traîtres » musulmans. Les massacres de Philippeville, le 20 août 1955, faisant près de cent quarante morts européens et algériens, constituent à cet égard un véritable tournant. La terreur devient l'arme de guerre ultime, afin de répondre à la répression orchestrée par l'armée et la police françaises. Devant l'amplification de la violence, Guy Mollet dépose un projet de loi en février 1956 afin d'obtenir les « pouvoirs spéciaux ». L'article 5 précise que « *le gouvernement disposera des pouvoirs les plus étendus pour prendre toute mesure exceptionnelle en vue du rétablissement de l'ordre, de la protection des personnes et des biens et de la sauvegarde du territoire* ». Si Pierre Mendès France, ministre sans portefeuille, et Gaston Defferre, ministre de la France d'outre-mer, sont réticents devant une stratégie qui laisse concrètement les mains libres aux militaires, ils sont minoritaires et le projet reçoit une large approbation allant des communistes aux indépendants. Le texte est adopté le 12 mars 1956 par quatre cent cinquante-cinq voix, contre soixante-seize. Le gouvernement dispose désormais de larges pouvoirs en Algérie sans avoir besoin d'en référer à l'Assemblée nationale. Deux types de mesures sont alors prises pour tenter de rétablir l'ordre public. Un volet réformateur est effectivement mis en place qui engage le gouvernement à réaliser un programme de modernisation économique et d'amélioration sociale en Algérie. En parallèle, le volet répressif est au centre de la politique algérienne du gouvernement, avec la légalisation des camps d'internement, l'attribution aux militaires de pouvoirs de police, ou la mise en œuvre d'une procédure de « justice » permettant un jugement direct des inculpés, sans instruction. Dans cette dynamique répressive, le gouvernement de Guy Mollet fait appel au contingent et aux réservistes, faisant passer l'armée française en Algérie d'environ quarante-cinq mille hommes fin 1954 à près de quatre cent quatre-vingts mille combattants en octobre 1956.

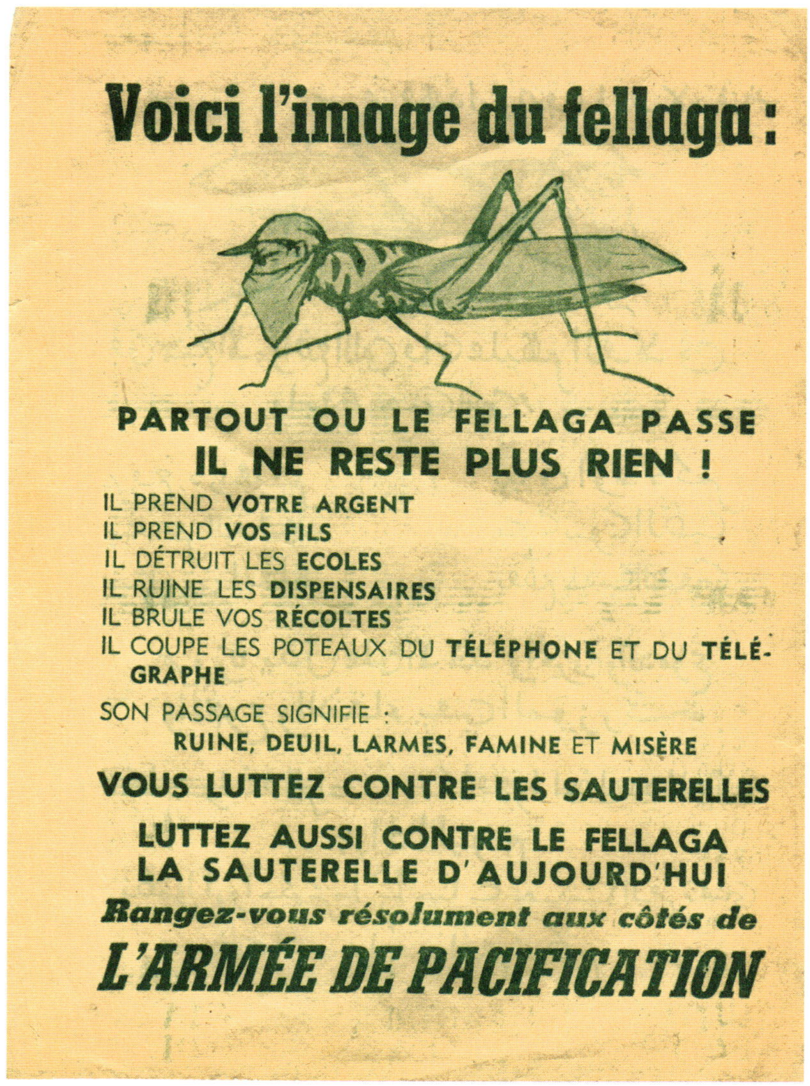

Voici l'image du fellaga, tract de l'armée française, 1957.

PAGE DE DROITE

Pendant la bataille d'Alger, le général Raoul Salan, commandant en chef, décore le général Jacques Massu, commandant de la 10e division de parachutistes [Alger, Algérie], photographie de presse, 1957 [juin].

Arrestation du leader du FLN Yacef Saâdi, photographie, 1957 [24 septembre].

1956

LES INDÉPENDANCES DE LA TUNISIE ET DU MAROC

Au Maroc, le 16 novembre 1955, Sidi Mohammed et sa famille sont de retour, acclamés par une foule dense à l'aéroport de Rabat-Salé. Le dernier acte du long chemin vers l'indépendance au Maroc commence. Deux jours plus tard, à l'occasion de la fête du Trône, le sultan proclame : « *Nous nous réjouissons de pouvoir annoncer la fin du régime de tutelle et du protectorat et l'avènement de la liberté et de l'indépendance.* » Le 7 décembre 1955 est constitué le premier gouvernement du Maroc *presque* indépendant, présidé par M'Barek Bekkai et non par un des leaders de l'Istiqlal. Clairement, le roi-sultan structure déjà un autre type de pouvoir, autour d'une alliance entre le palais et la féodalité. Les arrestations et « liquidations politiques » commencent et dépassent le millier d'opposants en quelques mois. De même, des centaines de militants du Parti démocratique de l'indépendance (PDI) ou du Parti communiste sont enlevés, torturés et assassinés. Dans ce contexte, Mohamed Allal al-Fassi (aile droite de l'Istiqlal, rentré au Maroc en août 1956) comme Mehdi Ben Barka (aile gauche du parti) sont très vite marginalisés par le sultan Sidi Mohammed qui fait appel, début 1956, à l'armée et à la police françaises pour assurer son pouvoir et réprimer les derniers maquis. Désormais, le sultan engage seul les négociations avec la France, aboutissant à l'accord du 2 mars 1956 et à la signature de la convention abolissant le traité de Fès. Le Maroc est alors indépendant, même si une grande part de l'administration et de l'armée françaises reste sur le territoire marocain. Le 7 mars 1956, l'Assemblée nationale française ratifie l'indépendance. Cette convention est suivie, un mois plus tard, par l'abrogation du protectorat espagnol.

En Tunisie, les négociations sont tendues avec les Français depuis plusieurs mois, car Guy Mollet refuse de répondre aux exigences des négociateurs tunisiens qui veulent toujours assurer « *la responsabilité en matière de sécurité, d'affaires extérieures et de défense* » dans le protectorat. C'est le grand écart. Un compromis est néanmoins trouvé et aboutit au protocole qui proclame « *l'indépendance dans l'interdépendance organisée* » de la Tunisie. Derrière cette formule alambiquée, les Tunisiens ont arraché le mot « indépendance ». Le jour de la signature du protocole à Paris, la délégation dirigée par Tahar Ben Ammar arrive au ministère français des Affaires étrangères. Face à elle, cent cinquante journalistes l'écoutent lire la première partie du texte, alors que Christian Pineau – ministre des Affaires étrangères et l'homme de l'expédition de Suez – lit la fin du protocole : « *La France reconnaît solennellement l'indépendance de la Tunisie...* » Les flashs crépitent. Les journalistes notent qu'Habib Bourguiba, présent dans la capitale française, est absent de la cérémonie. Le journaliste de *L'Aurore* constate : « *Nous venons d'assister à la générale d'une pièce qui finit bien. Mais l'auteur est absent.* » À Tunis, la foule est en liesse. Le gouvernement a donné congé aux administrations et aux écoles, les Tunisiens défilent à travers les rues d'une ville pavoisée aux couleurs nationales. Ce 20 mars 1956 est devenu la date anniversaire de l'indépendance (dix-huit jours après l'indépendance du Maroc). Très vite, le Néo-Destour affirme ses positions, fédère tous les partis, et enlève la totalité des sièges à l'Assemblée constituante. Il assure ainsi sa position hégémonique de parti unique.

Habib Bourguiba de retour d'exil en France acclamé par la foule depuis le haut pont du paquebot [Tunisie], photographie de Frank Scherschel, 1955.

PAGE DE GAUCHE

Des Marocains célèbrent le retour imminent du sultan Sidi Mohammed Ben Youssef [Casablanca, Maroc], photographie de Robert B. Taber, 1955.

Le sultan du Maroc Mohammed V Ben Youssef en costume traditionnel quittant la cour d'honneur du palais impérial de Rabat [Maroc], photographie, 1955.

Une troupe de parachutistes français vérifiant leur position lors de la crise de Suez [Égypte], photographie, 1956 [novembre].

Embarquement de familles européennes [Port-Saïd, Égypte], photographie du service des armées de Pierre Ferrari, 1956 [17 novembre]. Pierre Ferrari est un des principaux photographes du service des armées. C'est lui qui photographie ensuite les premiers tirs nucléaires à Reggane, avant de revenir en France où il dirigera la photothèque de l'ECPA.

PAGE DE DROITE

Le président égyptien Gamal Abdel Nasser annonce la nationalisation du canal de Suez devant une foule de deux cent cinquante mille personnes [Égypte], photographie, 1956 [juillet].

1956

LA CRISE DE SUEZ

Tout comme la conférence de Bandung, la crise de Suez est inséparable du contexte de la Guerre froide et de la bipolarisation croissante du monde. À l'origine, elle naît du rapprochement de l'Égypte avec l'Union soviétique. En effet, alors que Gamal Abdel Nasser souhaite construire un barrage sur le Nil à des fins de mise en valeur économique du pays, il requiert le soutien financier et technique des États-Unis, qui refusent en raison de son pro-soviétisme. En représailles, Gamal Abdel Nasser décide de nationaliser le canal de Suez pour financer le barrage d'Assouan, lésant les intérêts britanniques et français. Bien que l'opinion internationale s'y oppose, la France et la Grande-Bretagne décident d'intervenir militairement, ainsi qu'Israël qui craint la militarisation croissante de l'Égypte. Outre la reprise du contrôle du canal, le maintien de la présence occidentale dans la région et l'affaiblissement de Gamal Abdel Nasser, la France espère également toucher la base arrière du FLN depuis Le Caire. La crise débute le 31 octobre 1956 par des bombardements aériens et malgré les mises en garde de l'ONU et surtout des États-Unis et de l'URSS, ils se poursuivent début novembre. Cependant, la pression internationale pousse à l'acceptation du cessez-le-feu dès le 6 novembre 1956.

La crise débouche sur une victoire militaire des troupes franco-anglo-israéliennes, mais une évidente défaite diplomatique et économique puisqu'en Égypte environ huit mille Français sont expulsés, les établissements scolaires séquestrés et les intérêts financiers confisqués. Au total, les pertes françaises sont évaluées à trois cents milliards de francs de l'époque. Gamal Abdel Nasser est vu comme un héros dans tout le monde arabe et désormais le leader du mouvement anticolonial, alors que la France et la Grande-Bretagne perdent leur statut de grandes puissances.

SALON

Alfred AYACHE

1956-1957

LA BATAILLE D'ALGER

La guerre d'Algérie prend un nouveau tournant suite au vote des pouvoirs spéciaux en mars 1956, à l'intensification des attentats du FLN contre les populations civiles et européennes, et à l'action de l'Organisation de résistance de l'Algérie française (ORAF) qui s'impose dans le jeu trouble des officines paramilitaires. Ses militants déposent une bombe rue de Thèbes, le 10 août 1956, dans la Casbah d'Alger, faisant plusieurs morts. Cet ancêtre de La Main rouge et de l'OAS est dirigé par René Kovacs, et tente d'imposer un rapport de forces avec le FLN : terrorisme contre terrorisme. En retour, le 30 septembre 1956, le FLN s'attaque au *Milk-Bar* et à *La Cafétéria*, lieux prisés des Européens d'Alger, et au hall d'Air France. Trois militantes, Djamilah Bouhired, Samia Lakhdari et Zohra Driff, déposent leurs explosifs, faisant huit morts et plus de cinquante blessés. Le FLN annonce que « *l'attentat de la rue de Thèbes est vengé* ». C'est l'engrenage, puisque les pouvoirs spéciaux donnent toute latitude aux militaires et à la police. Le maintien de l'ordre à Alger est placé sous la responsabilité du général Jacques Massu, commandant de la 10e division de parachutistes. La bataille d'Alger commence et dure dix mois. Le 8 janvier 1957, pénétrant dans Alger avec huit mille parachutistes, il proclame la loi martiale. Le 26 janvier, le FLN lui répond en lançant une nouvelle série d'attentats et une semaine de grève générale, qui se termine avec l'attentat au stade d'El-Biar, un jour de match. La ville d'Alger est alors quadrillée. Dans tout le pays, l'armée impose sa nouvelle stratégie : couper la population civile des maquis et dans cet objectif, déplacer des populations (notamment rurales), coordonner des actions préventives et répressives sur tout le territoire, et généraliser la torture pour obtenir un maximum d'informations.
En juin 1957, l'attentat des lampadaires, tuant plusieurs enfants, annonce le retour des unités parachutistes en cœur de ville, pour la seconde phase de la bataille d'Alger, alors que l'on apprend la disparition de Maurice Audin, jeune Français militant de l'indépendance algérienne et communiste. Des arrestations massives ont lieu et l'usage de la torture est systématisé. Cette stratégie particulièrement efficace permet d'annihiler toute l'organisation des nationalistes à Alger en décapitant le FLN, avec la mort d'Ali la Pointe et l'arrestation de Yacef Saadi, mais elle favorise le soutien des Algériens au FLN et entraîne en France la contestation de ces méthodes par des intellectuels, mais aussi des fonctionnaires et des réservistes qui servent en Algérie.

Les autorités policières et militaires françaises fouillent des indigènes dans la Casbah pour vérifier les identités et tenter d'identifier les fauteurs de troubles potentiels [Alger, Algérie], photographie, 1956 [30 novembre].

PAGE DE GAUCHE

Des soldats français en opération dans la Casbah [Alger, Algérie], photographie, 1957.

Les soldats examinent des colis avec des détecteurs de mines à l'entrée de la Casbah à la recherche d'armes, de munitions et d'explosifs [Algérie], photographie, 1957 [17 janvier].

1956–1957

POUJADISME ET CARTIÉRISME : LES DESTINS DE L'EMPIRE

Entre 1954 et 1957, deux nouveaux discours traversent le débat colonial en France : le cartiérisme et le poujadisme. Pendant de longs mois, en 1954-1955, les poujadistes réclament une « *véritable politique d'empire en Algérie* ». Le contexte politique troublé conduit Edgard Faure à dissoudre l'Assemblée nationale. Pierre Poujade – un ancien militant du Parti populaire français (PPF) de Jacques Doriot, qui a épousé une pied-noire – crée alors son parti, Union et fraternité française (UFF), pour partir à la conquête des électeurs. Début 1956, il se lance, avec à ses côtés Jean-Marie Le Pen, dans sa première campagne électorale. La guerre d'Algérie est l'enjeu majeur de cette élection. Edgard Faure espère encore marginaliser les poujadistes et trouver une nouvelle majorité début 1956. Mais à tort, et Jean-Marie Le Pen est l'un des cinquante-deux élus poujadistes. Après un passage en Algérie, il revient au Parlement et milite pour l'Algérie française avec son tout nouveau mouvement, le Front national des combattants. Ayant changé d'étiquette politique, il est réélu en 1958 – alors qu'aucun autre député poujadiste ne le sera – et réussit à se faire désigner comme rapporteur du budget de la Défense nationale… avec pour priorité l'Algérie. À l'opposé de l'échiquier politique, le journaliste et rédacteur en chef de *Paris-Match* Raymond Cartier – ancien militant de la très conservatrice Fédération républicaine – lance une campagne dans la presse sur les investissements à perte outre-mer et la nécessité de changer de politique. Le contribuable français est désormais alerté par une série d'articles fortement médiatisée au cours de l'été 1956, dénonçant, preuves à l'appui et après une enquête de sept semaines en Afrique noire, le coût exorbitant des investissements, tout en prônant le recentrage de ceux-ci sur l'Hexagone. Avec un credo : « *Le pays le plus riche et le plus stable d'Europe, la Suisse, n'a jamais eu un mètre carré d'outre-mer.* » Dans les milieux d'affaires et auprès des hauts fonctionnaires, ces thèses ont un impact dès 1957, car elles viennent confirmer un sentiment partagé par beaucoup depuis la défaite indochinoise et au regard des premières études de prospective, qui montrent que la France est incapable financièrement de développer ce qui lui reste de l'Union française.

Êtes-vous complice ? Sauvons l'Algérie française, affiche du Front national des combattants, 1957 [août]. Le FNC a été fondé en 1957 par Jean-Marie Le Pen au sein de la mouvance dissidente du mouvement poujadiste.

Pierre Poujade au Congrès national de l'UDCA [Poitiers, France], photographie 1958 [11 avril]. L'Union de défense des commerçants et artisans est en déclin à cette époque et soutient les derniers feux de la lutte de l'Algérie française avec la poignée de députés qui lui reste.

PAGE DE GAUCHE

« Oui, pour une France nouvelle. L'Algérie et la France, votre patrie » [Algérie], photographie, 1958 [novembre].

Charles de Gaulle se rend dans une station de forage pétrolier lors d'une visite officielle [Algérie], photographie, 1958 [juin].

Des manifestants sur une place lors du voyage du général de Gaulle en Afrique [Dakar, Sénégal], photographie, 1958 [août].

PAGE DE DROITE

Notre Sahara. Une terre morte qui ressuscite, couverture du livre de Georges Le Fèvre et Pierre Mannoni, 1956 [rééd. 1958].

1957–1958

PÉTROLE, NUCLÉAIRE ET SAHARA : UNE PASSION FRANÇAISE

Depuis 1953, le gouvernement français a multiplié les permis de recherches pétrolifères au Sahara et, en 1956, l'un des plus importants gisements de pétrole au monde est découvert à Hassi Messaoud. Pour les Français, c'est l'assurance d'un approvisionnement régulier en hydrocarbures, avec une réserve de sept milliards de barils.

À partir de 1958-1959, la question algérienne est indissociable de celle des hydrocarbures, et une quinzaine de compagnies françaises exploitent désormais une trentaine de gisements dans le pays. D'ailleurs, lors de son voyage en Algérie en 1958, le général de Gaulle ne manque pas de faire une étape symbolique et politique sur l'un des gisements pour rappeler l'importance de cet enjeu. L'autre intérêt du Sahara est lié à la possibilité de procéder à des essais nucléaires. Initié par Pierre Mendès France en 1954, programmé en Algérie sur le site de Reggane en juillet 1957 où les travaux débutent trois mois plus tard, confirmé par le président du Conseil Félix Gaillard en avril 1958 pour un premier test saharien en 1960, le Centre d'expérimentation saharien militaire (CESM) devient un enjeu stratégique majeur, en ces années de Guerre froide, car la France veut entrer dans le club des puissances nucléaires. À cet effet, un ministère du Sahara a même été crée en 1957, sous la conduite de Max Lejeune, un socialiste pro-Algérie française et un des coordinateurs de l'arraisonnement de l'avion qui transportait vers Tunis les chefs du FLN en octobre 1956.
Le premier essai nucléaire français « en extérieur », la Gerboise bleue, est réalisé le 13 février 1960. Ce test, comme les trois suivants, contamine de vastes zones, sur toute l'Afrique subsaharienne. Le pétrole, comme la bombe, devient un enjeu prioritaire des négociations avec le FLN. Avec les accords d'Évian, le FLN accepte un compromis provisoire avec la France pour une période de cinq ans : l'armée française et des techniciens resteront sur place pour treize nouveaux essais nucléaires, sur un nouveau site souterrain pour éviter la contamination, à In Ecker au sud de Reggane.
Une seconde clause secrète prévoyait que la France pouvait utiliser aussi la base de lancement de missiles de Colomb-Béchar, la base de lancement de fusées d'Hammaguir et la base d'essais chimiques de B2-Namous.

1958

COUP D'ÉTAT EN ALGÉRIE

L'instabilité politique chronique de la IVᵉ République se transforme en une crise de régime liée à l'impasse algérienne. Dans la guerre totale contre l'ALN, la France veut couper les bases arrière des Algériens. Le 8 février 1958, l'armée bombarde le village tunisien de Sakiet-Sidi-Youssef. Mais ce sont une école et un marché qui sont détruits, faisant soixante-dix morts et cent cinquante blessés tunisiens. L'ONU est saisie et la France craint une internationalisation de la question algérienne. Le FLN réagit, dès le 9 mai 1958, en annonçant l'exécution de trois prisonniers français appelés du contingent, suscitant l'émoi des Français d'Algérie. Dans ce contexte, plusieurs gouvernements successifs sont renversés, conduisant à la désignation de Pierre Pflimlin à la présidence du Conseil. Or ce dernier, considéré comme un libéral, est soupçonné de vouloir négocier un cessez-le-feu avec les indépendantistes du FLN, ce qui suscite une vive opposition des Français d'Algérie. En réaction, l'avocat et officier de réserve Pierre Lagaillarde ainsi que les généraux Raoul Salan et Edmond Jouhaud, avec le soutien de la 10ᵉ division parachutiste du général Jacques Massu et de quelques unités, organisent un coup d'État à Alger le 13 mai 1958, jour de l'investiture de Pierre Pflimlin. C'est le putsch d'Alger. En réaction, l'Assemblée nationale vote dans la nuit la constitution du gouvernement Pflimlin. À Alger, l'occupation du palais du gouvernement général est suivie de la création d'un Comité de salut public présidé par Jacques Massu et, dès le 15 mai 1958, le général Raoul Salan lance à la foule un « Vive de Gaulle ». Cette dissidence pousse le président de la République René Coty à rappeler le général de Gaulle au pouvoir. Il est investi par l'Assemblée nationale le 1ᵉʳ juin 1958, obtenant la confiance d'une majorité de députés. Le 4 juin 1958, à Alger, il prononce le fameux « *Je vous ai compris* » à l'adresse des pieds-noirs. La crise algérienne de mai 1958 a fait chuter la IVᵉ République, ramené le général aux affaires et, le 28 septembre 1958, la Constitution de la Vᵉ République, adoptée par référendum, marque le changement de régime, instituant un pouvoir exécutif fort. Pour l'Algérie, commence le dernier acte d'une « guerre sans nom ».

Manifestations de soutien au général de Gaulle lors de son voyage [Algérie], photographie de Loomis Dean, 1958 [juin].

PAGE DE DROITE

« Je vous ai compris ». Discours du général de Gaulle, sur le balcon du gouvernement général d'Alger [Algérie], photographie, 1958 [4 juin]. Aux côtés du général de Gaulle, se trouvent les généraux Raoul Salan et Edmond Jouhaud, ainsi que Jacques Soustelle.

Oui à la France et à l'Algérie [France], pochette de disque des discours du général de Gaulle, 1961.

Près du forum d'Alger, des manifestants arborent leurs bannières de soutien aux chefs militaires et à Massu [Algérie], photographie, 1958 [juin].

OUI
à la FRANCE
et à L'ALGERIE
Leur avenir est dans l'union et dans la Paix. Seul le Général de Gaulle peut les réconcilier et les unir dans l'Algérie nouvelle.

VIVE MASSU
VIVE Nos chefs MILITAIRES
CSP TAXIS
TAXIS ALGEROIS

1er congrès constitutif du mouvement *Union Calédonienne (UC)* [Nouméa], photographie, 1956 [13 mai].

Discours d'ouverture du préfet Pierre Philip à La Réunion lors d'une inauguration [La Réunion], photographie de Jean Legros, 1956.

PAGE DE DROITE

Pouvana'a a Oopa Tetuaapua lors du référendum devant un bureau électoral de son parti [Polynésie], photographie, 1958.

1958–1959

NOUVEAUX ENJEUX DANS LES VIEILLES COLONIES

Dans les vieilles colonies, la situation est socialement et politiquement tendue en 1958-1959. En Nouvelle-Calédonie, le 7 décembre 1958, les résultats des élections territoriales ont été favorables à la France, mais le scrutin a été largement truqué, étouffant les oppositions. Les îles Wallis et Futuna, lors du référendum du 22 décembre 1959 sur le devenir du territoire, choisissent quant à elles l'adhésion à la France par un vote sans ambiguïté. Sur l'île de La Réunion, le 17 mai 1959, la création du Parti communiste réunionnais (PCR) par Paul Vergès marque une rupture ambiguë, celui-ci affirmant dans une formule alambiquée sa « *volonté de décoloniser l'île en revendiquant l'autonomie* ». En Polynésie, les partis indépendantistes sont pourchassés et combattus, alors que Pouvana'a a Oopa Tetuaapua est en résidence surveillée en France.

En octobre 1959, il est condamné à huit ans de réclusion. La méthode gaulliste fonctionne désormais en Polynésie, à La Réunion, en Nouvelle-Calédonie mais aussi en Guyane où la vie politique est intense depuis la fondation, en 1958, de l'Union du peuple guyanais (UPG), combattue frontalement par les autorités françaises. Aux Antilles, la crise et la violence s'installent, et la Martinique connaît trois jours de violentes émeutes fin décembre 1959, faisant quatre morts. Frantz Fanon, théoricien de l'anticolonialisme, engagé pour l'indépendance de l'Algérie, écrit à cette occasion : « *Le sang coule aux Antilles sous domination française.* » Ces événements réorganisent la politique locale, donnant naissance au Front des Antilles-Guyane pour l'autonomie (FAGA). Le choix d'Aimé Césaire est de créer son propre mouvement, le Parti progressiste martiniquais (PPM), souhaitant voir s'accomplir les promesses de la départementalisation de 1946, alors que l'Association générale des étudiants martiniquais (AGEM) s'engage pour l'indépendance – dont la perspective demeure minoritaire dans la population –, en annonçant vouloir fédérer les acteurs du FAGA en 1960. À peine créé, le front est dissous en 1961 pour « *atteinte à la sûreté de l'État* ». Partout, dans les vieilles colonies, ces années charnières annoncent une nouvelle génération politique qui marque la décennie (1959-1969), mais aussi une répression continue de l'État gaulliste qui, sous différentes formes, réinstalle son autorité sur ces territoires.

1958

LA TOURNÉE DE LA COMMUNAUTÉ DES ÉTATS ASSOCIÉS

Le général de Gaulle sait que maintenir l'Empire est impossible sans changements profonds. Si l'Algérie est perdue, si les vieilles colonies sont reprises en main par la manière forte, il faut un vent de réformes en Afrique subsaharienne pour préparer l'« après ». Il décide de créer la Communauté des États associés, en remplacement de l'Union française, dotant les territoires de compétences élargies. Pour convaincre les Africains de voter « oui » au référendum du 28 septembre 1958 portant sur l'adhésion à la Communauté (l'alternative étant l'indépendance immédiate), le général programme une grande tournée africaine de Fort-Lamy (actuel N'Djamena) à Madagascar. Chemin faisant, il stipule que l'adhésion à la Communauté n'obère pas une « *indépendance à terme* ». Cette nouvelle perspective permet de convaincre de nombreux leaders politiques hésitants, comme Barthélemy Boganda, président du Grand conseil de l'AEF, ainsi que les électeurs de Djibouti, du Niger ou du Mali. À Madagascar, il déclare : « *Demain, vous serez à nouveau un État, comme vous l'étiez lorsque ce palais était habité.* » La Communauté est donc conçue comme une organisation provisoire permettant d'arrimer fermement les colonies africaines à la France avant leur indépendance. Pour ce voyage, la machine propagandiste tourne à plein régime : le Service d'information et de documentation (SID) – organisme qui a remplacé l'Agence de la France d'outre-mer – mobilise les fonctionnaires et développe une intense propagande. Sur l'affiche « Oui à la France » placardée dans toute l'Afrique, le thème de l'unité est mis en avant et le drapeau français en arrière-plan signifie clairement que la France continuera de diriger le nouvel ensemble. Sékou Touré, mais aussi les opposants au « oui », tels Djibo Bakary au Niger ou Mahmoud Larbi à Djibouti, sont constamment combattus par la France après le référendum. Lors de celui-ci, les abstentions sont élevées (seul un tiers des inscrits a voté), mais à l'issue de la tournée, le soutien de la plupart des dirigeants africains permet au « oui » de l'emporter largement, avec sept millions et demi de voix contre un peu plus d'un million pour le « non ».

Le général de Gaulle et Barthélemy Boganda lors de la tournée pour le référendum [Brazzaville, Congo], photographie, 1958 [24 août].

Vue d'une rue à Antananarivo décorée de banderoles pour l'arrivée du général de Gaulle lors de la tournée pour le référendum [Madagascar], photographie, 1958 [22 août].

PAGE DE GAUCHE

Oui à la France, affiche signée Le Flaguais-Hess (Imprimerie Havas), 60x80, 1958 [septembre]. Cette affiche diffusée massivement à l'occasion du référendum de 1958 veut symboliser le projet œcuménique de la Communauté.

Le président de la Guinée, Ahmed Sékou Touré, au congrès du Parti démocratique de Guinée [Guinée], photographie, 1959 [14 septembre].

PAGE DE DROITE

Bureau de vote lors du référendum pour la nouvelle Constitution [Guinée], photographie de Dominique Berretty, 1958 [28 septembre].

1958

LE « NON » DE LA GUINÉE

La Guinée vote majoritairement pour le « non » au référendum sur la Communauté. C'est le seul territoire à faire ce choix. Le pays prend son indépendance en septembre 1958. Les raisons de ce vote sont multiples. Sékou Touré est président du Parti démocratique de Guinée (PDG), affilié au RDA dont il représente l'aile radicale, et il a largement gagné les élections de 1957 avec un discours de rupture. Il est aussi influencé par l'activisme de Kwame Nkrumah – président du Ghana –, qui a envoyé des émissaires dans tout le pays. Le face-à-face entre le général de Gaulle et Sékou Touré, à Conakry, lors de la tournée africaine du général, se passe mal. Sékou Touré fait à cette occasion une déclaration devenue célèbre, alors que la foule scande des slogans anti-français : « *Nous préférons la pauvreté dans la liberté à la richesse dans l'esclavage.* » Le général de Gaulle, outré, répond que « *l'indépendance est à la disposition de la Guinée* ». Le 14 septembre 1958, Sékou Touré donne formellement la consigne de voter « non ». Il est suivi par plus de 90 % des votants en Guinée. Les conséquences sont lourdes : toute aide à la Guinée est supprimée, tous les fonctionnaires français partent en emportant leurs dossiers. Il faut faire un exemple. Au lendemain de l'élection, Sékou Touré essaie pourtant de proposer aux Français un compromis et demande le maintien dans la zone franc. Les Français, d'abord ouverts, sont bientôt convaincus du « communisme » du nouveau régime. Devant la résistance des Guinéens, la France refuse de reconnaître le pays et son indépendance, comme de parrainer son admission à l'ONU. Cette admission se fait néanmoins le 13 décembre 1958 à l'unanimité moins une voix… celle de la France. Charles de Gaulle change de stratégie en janvier 1959, et signe une convention bilatérale, qui n'empêche pas les tentatives de déstabilisation de la Guinée menées par les services secrets français. La Guinée, épuisée, rejoint le camp soviétique et chinois. La démonstration est faite : Sékou Touré est bien communiste…

PARTIE IV

LA RUPTURE 1959–1977

Le président de la République du Congo l'abbé Fulbert Youlou, le Premier ministre français Michel Debré, le président de la République française Charles de Gaulle et le président de la République de Côte d'Ivoire Félix Houphouët-Boigny dans les jardins du palais de l'Élysée [Paris, France], photographie du service du protocole, 1959 [septembre].

À l'aube des indépendances en Afrique subsaharienne, la France fait face à plusieurs fronts au cours de l'année 1959[1]. D'abord en Algérie, où la guerre s'est enkystée, et où sont mobilisés près d'un demi-million d'hommes, du jamais-vu depuis la Seconde Guerre mondiale. En Afrique noire également où le nouveau pouvoir gaulliste poursuit l'engagement militaire au Cameroun d'un côté et de l'autre tente de préserver l'édifice impérial avec la Communauté, alors que la vague indépendantiste atteint les vieilles colonies.

1959 est décisive pour l'Empire colonial français. La Communauté des États associés est, cette année-là, dotée d'un drapeau pour le 170e anniversaire de la Révolution française lors d'une cérémonie orchestrée par André Malraux. Symbole d'une nouvelle destinée impériale, d'un nouveau départ, d'une nouvelle utopie ?

En France, comme dans les territoires coloniaux, l'opinion se désintéresse de ce nouvel édifice institutionnel. Elle n'attend que la paix, le retour d'un frère, d'un père ou d'un mari. Dès janvier 1959, 63 % des Français interrogés par l'IFOP « *souhaitaient des négociations en vue d'un cessez-le-feu* ». Ils sont près de 80 % à la sortie de l'été 1959. En Algérie, alors que la France clame ses succès militaires, la rupture entre les Européens et les Algériens apparaît désormais irrémédiable.

DE L'ÉCHEC DE LA COMMUNAUTÉ À LA RUPTURE ALGÉRIENNE

L'année 1959 est aussi celle de la *rupture* au cœur de la Communauté des États associés qui, à peine mise en place, s'effondre avec les indépendances africaines[2]. En outre, certains territoires ont décidé de ne pas l'intégrer, et de choisir le statut de territoire d'outre-mer (TOM) – aucun n'avait choisi le statut de département d'outre-mer (DOM) au sens de la loi de 1946 lors du référendum de 1958 –, comme la Côte française des Somalis (futur Djibouti), la Nouvelle-Calédonie, la Polynésie française et Saint-Pierre et Miquelon, puis les Terres australes et antarctiques françaises (TAAF) et les îles Wallis et Futuna (suite au référendum en décembre 1959). Enfin, dans les vieilles colonies comme en Polynésie et en Nouvelle-Calédonie, les autorités françaises doivent partout reprendre la main en éradiquant toute opposition politique.

La Communauté des États associés est inscrite dans la Constitution votée en 1958. Elle poursuit la politique mise en œuvre par la loi-cadre et a vocation à rassembler à la fois les territoires d'AOF (sauf la Guinée indépendante depuis le référendum de 1958), d'AEF, Madagascar, les DOM et les TOM[3]. La stratégie des gaullistes de laisser ouverte une « indépendance possible » a certes permis de convaincre les hésitants, comme Barthélemy Boganda (Oubangui-Chari, future République centrafricaine) ou encore Modibo Keita (Soudan français, futur Mali), d'appeler à voter « oui » au référendum portant sur l'adhésion à la Communauté et de ne pas suivre Sékou Touré, mais a aussi permis de faire basculer une partie de l'opposition à Djibouti (alors Côte française des Somalis), au Niger et au Sénégal.

Mais cette « indépendance à terme » – inscrite dans le titre X de la Constitution – se transforme en « revendication immédiate » de la quasi-totalité des territoires, dont beaucoup de responsables politiques sont d'anciens élus français, voire d'anciens ministres comme Félix Houphouët-Boigny. Face à la radicalisation des étudiants et des syndicats, ces élites[4] ont compris que l'indépendance immédiate leur permet d'accéder au pouvoir en évitant une situation « à la camerounaise ». Une indépendance sans rupture.

L'échec de la Communauté se double aussi, en ces années 1959-1960, de l'échec des ambitions panafricaines de certains leaders africains, tels Modibo Keita ou Léopold Sédar Senghor qui, avec son Parti du regroupement africain, revendique le « fédéralisme » et non l'État-nation[5]. Ces deux leaders politiques,

1. Jean-Claude Allain, « La décolonisation. Regards sur les années 1950 », in *Relations internationales*, n° 133, 2008.

2. Frédéric Turpin, « L'Union pour la Nouvelle République et la Communauté franco-africaine : un rêve de puissance évanoui dans les sables algériens ? (1958-1961) », in *Histoire@Politique*, vol. 12, n° 3, 2010 ; Frédéric Turpin, « 1958, la Communauté franco-africaine : un projet de puissance entre héritages de la IVe République et conceptions gaulliennes », in *Outre-Mers*, n° 358-359, 2008.

3. Stéphane Diemert, « L'histoire constitutionnelle de l'Outre-mer sous la Ve république », in *Nouveaux Cahiers du Conseil constitutionnel*, n° 35, avril 2012.

4. Alexander Keese, *Living with Ambiguity: Integrating an African Elite in French and Portuguese Africa, 1930-1961*, Stuttgart, Steiner, 2007.

5. Christian Roche, *Le Sénégal à la conquête de son indépendance, 1939-1960*, Paris, Karthala, 2001.

6. Sékéné Mody Cissoko, *Un combat pour l'unité de l'Afrique de l'Ouest : la Fédération du Mali (1959-1960)*, Dakar, Nouvelles Éditions africaines du Sénégal, 2005.

devant l'échec d'une fédération de tous les États de la zone, proposent ensuite l'union *a minima* de quatre territoires de la fédération : Soudan français, Sénégal, Dahomey et Haute-Volta, mais ces deux derniers se retirent du processus. Léopold Sédar Senghor et Modibo Keita décident néanmoins de fonder la Fédération du Mali le 4 avril 1959[6], réunissant le Mali et le Sénégal.

À l'opposé, plusieurs dirigeants africains, tel Félix Houphouët-Boigny, soutiennent l'autonomie totale des territoires (et futurs États) d'Afrique noire française – dans le cas de la Côte d'Ivoire pour des raisons essentiellement pragmatiques, celle-ci étant alors un territoire « riche » refusant de contribuer au développement des territoires « pauvres » qu'un système fédéral imposerait.

Voyage du général de Gaulle aux Antilles. Vive de Gaulle. Honneur au chef de l'État [Fort-de-France, Martinique], photographie, 1960 [mai].

Le président Charles de Gaulle et son homologue ivoirien Félix Houphouët-Boigny avec le Premier ministre Michel Debré à l'Élysée [Paris, France], 1962 [février].

La Fédération du Mali demande en septembre 1959 à bénéficier de l'indépendance, suivie bientôt par Madagascar, alors que l'indépendance du Cameroun est d'ores et déjà programmée pour le 1er janvier 1960. Tous les autres territoires basculent vers l'indépendance au cours de l'année 1960, sauf trois, Djibouti et les Comores demeurant un TOM et La Réunion, un DOM[7]. Autre exception, l'Assemblée fédérale du Mali – où Modibo Keita est élu président du gouvernement et Léopold Sédar Senghor président de l'Assemblée fédérale[8] – qui s'effondre en quelques semaines, suite aux désaccords entre les deux pays.

En Algérie, l'année 1959 est marquée par les attentats du FLN et la répression de l'armée française[9], mais aussi par l'action des services secrets – *via* notamment La Main rouge qui a pour projet d'abattre les responsables du FLN et leurs « alliés » ou relais, et qui est en réalité une création du Service de documentation extérieure et de contre-espionnage (SDECE). Cette action secrète se double d'un jeu diplomatique constant entre la France et les dirigeants du GPRA depuis sa création en septembre 1958. La stratégie du général de Gaulle de promouvoir la « paix des braves » étant un échec, l'option militaire à outrance est conduite désormais par le général Maurice Challe. Celui-ci met en œuvre le plan qui porte son nom en renforçant la protection aux frontières marocaines et tunisiennes, en concentrant les forces militaires sur des points stratégiques et en déployant des « commandos de chasse » composés de harkis[10]. Dans cette stratégie de « guerre totale », le renseignement est central – ce qui contribue à la systématisation de la torture[11] –, pour identifier les positions de l'ALN, infiltrer son organisation, brouiller ses informations. Parallèlement, une politique de déplacement de population se poursuit pour couper le FLN de ses soutiens – obtenus volontairement ou par la violence – et deux millions d'Algériens sont déplacés et regroupés dans des camps[12] alors que l'« action psychologique » par la propagande s'intensifie.

Si la situation militaire semble favorable aux Français, la crise politique s'installe. Le général de Gaulle entame sa « tournée des popotes » en Algérie en juillet-août 1959, pour rassurer les Français d'Algérie et s'engager auprès de l'armée sur la pérennité de son action et de son soutien, affirmant même au général Marcel Bigeard que « *lui vivant, jamais le drapeau du FLN ne flottera sur Alger* ». En réalité, il a déjà en tête une tout autre politique.

Il la dévoile en septembre 1959, tel un coup de théâtre, en annonçant le recours à un référendum sur « l'autodétermination en Algérie ». Le mot est lancé et l'inquiétude gagne les pieds-noirs d'Algérie et, en France, les défenseurs de l'Empire. Ce revirement est le fruit d'une réflexion articulant plusieurs points. D'une part, la débauche d'énergie et d'argent dans la guerre ne résout en rien le problème politique, et l'absence d'adhésion des Algériens au processus proposé rend difficilement envisageable toute autre solution que l'indépendance. D'autre part, le général de Gaulle sait, depuis sans doute plusieurs années, que la décolonisation est inéluctable[13]. Enfin, l'opinion française – à l'exception des poujadistes dont l'influence est désormais réduite à néant depuis les élections de 1958 – est épuisée par ce conflit qui n'en finit pas. La priorité pour l'entourage du général est de sauvegarder l'essentiel : les essais nucléaires dans le Sud algérien, l'exploitation des gisements énergétiques, les bases de missiles au Sahara, et la place de la France dans la construction du marché commun en Europe, cœur de sa politique de grandeur face aux deux grands. L'Algérie est devenue un « boulet ».

Le général de Gaulle propose donc une alternative aux électeurs – en opposition avec son Premier ministre Michel Debré et une dizaine de députés qui quittent le parti en octobre 1959 –, soit une association France/Algérie sur le modèle de la Communauté (à cette date déjà moribonde), soit une sécession pure et simple, ou une francisation (option à laquelle personne ne croit). En outre, il annonce, lors d'une conférence de presse le 10 novembre 1959, que « *l'organisation extérieure de la rébellion pourrait être reçue en France pour en débattre* ». Il reçoit un soutien international quasi unanime et fait souffler un vent de soulagement dans l'opinion française. Pourtant, du côté du FLN, c'est une fin de non-recevoir.

En effet, en décembre 1959, le FLN et le GPRA refusent toute négociation avant la reconnaissance de l'indépendance pleine et entière de l'Algérie[14]. De son côté, la population pied-noire est désemparée par ce revirement. En outre, des officiers supérieurs s'insurgent contre cette nouvelle orientation, comme en témoigne l'interview du général Jacques Massu, en janvier 1960, au *Süddeutsche Zeitung*, déclarant : « *Nous ne comprenons plus la politique du général de Gaulle.* » Déclaration qui entraîne son rapatriement immédiat en métropole.

En France, le vieux lobby colonial s'est reconstitué autour de Georges Bidault qui a créé, en septembre 1959, le Rassemblement pour l'Algérie française[15], alors qu'en Algérie les ultras, tels Joseph Ortiz et son Front national français, le député Pierre Lagaillarde et les Unités de défense territoriale qui occupent la faculté d'Alger, entament du 24 janvier au 1er février 1960 une série de manifestations. Cette « semaine des barricades » vise à créer un gouvernement autonome pro-français en Algérie[16] et à faire changer d'avis le gouvernement de Michel Debré, comme en mai 1958. Le 29 janvier 1960, le général demande « *à être obéi de tous les soldats* » et que l'ordre soit rétabli, mais n'arrête pas la dynamique de l'insurrection.

Tout en procédant à son premier essai nucléaire dans le Sahara algérien (opération Gerboise bleue) le 13 février 1960, et visant, quelles que soient les conséquences de la guerre, à conserver un pied dans la région pour ses futurs essais, le général de Gaulle déclare en mars 1960 que « *l'Algérie sera algérienne* », ce qu'il confirme le 4 novembre 1960 dans son allocution télévisée. Mais la France souhaite être dans une position de force sur le plan militaire dans la perspective des négociations à venir avec le FLN.

7. Frederick Cooper, *Citizenship between Empire and Nation: Remaking France and French Africa, 1945-1960*, Princeton, Princeton University Press, 2014.

8. Jacques Thobie, Gilbert Meynier, Catherine Coquery-Vidrovitch, Charles-Robert Ageron, *Histoire de la France coloniale 1914-1990*, vol. 2 Paris, Armand Colin, 1991.

9. Benjamin Stora, *Histoire de la guerre d'Algérie, 1954-1962*, Paris, La Découverte, 2004 [1992].

10. Yves Courrière, *La Guerre d'Algérie 1957-1962*, vol. 2, Paris, Fayard, 2001.

11. Raphaëlle Branche *La Torture et l'armée pendant la guerre d'Algérie, 1954-1962* Paris, Gallimard, 2001.

12. Michel Rocard, *Rapport sur les camps de regroupement et autres textes sur la guerre d'Algérie*, Paris, Mille et une nuits, 2003.

13. Jean Lacouture, *De Gaulle. Le souverain (1959-1970)*, Paris, Seuil, 2010.

14. Gilbert Meynier, *Histoire intérieure du FLN, 1954-1962*, Paris, Fayard, 2002.

15. Jacques Dalloz, *Georges Bidault. Biographie politique*, Paris, L'Harmattan, 1992.

16. Maurice Vaïsse, Jean-Charles Jauffret, *Militaires et guérilla dans la guerre d'Algérie*, Paris, André Versaille, 2012.

MENACES DANS LES DOM-TOM ET REPRISE EN MAIN EN AFRIQUE SUBSAHARIENNE

Dans le même temps, certaines tensions inquiètent le pouvoir gaulliste dans les périphéries de l'Empire. Le 17 mai 1959, Paul Vergès crée le Parti communiste réunionnais (PCR), se déclarant alors autonomiste. Les autorités françaises décident de briser ce mouvement qui ouvre un nouveau front dans l'océan Indien[17].

C'est entre 1958 et 1962 qu'émergent véritablement des mouvements indépendantistes en Guyane (Union du peuple guyanais, UPG) et en Guadeloupe (Front des Antilles-Guyane pour l'autonomie, FAGA). L'insuccès de ces mouvements s'explique à la fois par leur faible ancrage dans des populations qui espèrent d'abord bénéficier de meilleures conditions sociales, mais aussi par la répression – à l'image de celle qui s'abat sur le Rassemblement des populations tahitiennes, interdit en 1963[18]. Le trucage des élections, une spécialité coloniale qui eut la vie longue, sert également ces desseins… Michel Debré autorise même, le 15 octobre 1960, les pouvoirs publics français à procéder à l'exil forcé en métropole des fonctionnaires de l'Outre-mer soupçonnés de soutenir les mouvements indépendantistes. Cette configuration ouvre la voie, en Polynésie, à la répression qui frappe le RDPT et son leader Pouvana'a a Oopa Tetuaapua. La stratégie des autorités françaises est désormais claire après l'abandon de l'Algérie : il faut ailleurs conforter la présence de la France pour préserver ce qui reste de l'Empire.

Dans l'immédiat, c'est au Cameroun que la situation est la plus brûlante. La stratégie menée depuis plus de quatre ans par les armées françaises, au prix de nombreuses exactions, porte ses fruits. Le gouvernement transitoire d'Ahmadou Ahidjo a rejeté toutes les propositions de médiations avec l'UPC initiées par Sékou Touré et Kwame Nkrumah. La guerre totale contre le nouveau mouvement armé créé en mai 1959 par l'UPC, l'Armée de libération nationale du Kamerun (ALNK), est l'option retenue. Fièrement, Michel Debré rappelle que si l'Algérie fut un échec politico-militaire, la guerre au Cameroun « *s'est terminée par un succès*[19] ». Amadhou Ahidjo, Léopold Sédar Senghor, Modibo Keita, Golda Meir se déplacent pour les festivités d'indépendance du Cameroun aux côtés d'une soixantaine de délégations. L'État camerounais bénéficie d'une large reconnaissance internationale alors que l'UPC, qui a déclenché des attaques deux jours avant la cérémonie d'indépendance, perd une large partie de ses soutiens.

La voie est libre pour une intervention plus massive de la France en pays bamiléké. Le premier ministre Michel Debré, son bras droit Constantin Melnik (coordonnant les services secrets), Pierre Messmer, ancien haut-commissaire à Yaoundé et désormais ministre des Armées, et bien sûr Jacques Foccart[20] dirigent des opérations inspirées de la guerre « contre-révolutionnaire » expérimentée avec succès en Algérie[21]. L'UPC doit être éradiquée et le soutien supposé « ethnique » des Bamilékés brisé par tous les moyens. Dans ce cadre, le leader de l'UPC, Félix Moumié, est assassiné par le SDECE en Suisse le 15 octobre 1960, de même que ses successeurs Osendé Afana (ancien dirigeant de la FEANF) par le SDECE en 1966 puis Ernest Ouandié par les autorités camerounaises en 1971[22]. Truquant massivement les élections, le pouvoir au Cameroun, piloté en sous-main par la France (tous les ministres ont un conseiller français), s'affirme comme une dictature sanglante.

La configuration au Togo, autre mandat de la France en Afrique, est différente. Sylvanus Olympio, sans prôner une rupture radicale avec l'ancienne métropole, souhaite ouvrir l'économie togolaise vers les États-Unis et l'Europe. Ces velléités d'autonomie posent problème car cet exemple est considéré comme potentiellement contagieux pour toute l'ancienne AOF[23]. Sylvanus Olympio gagne les élections en 1961 en battant son adversaire de toujours, soutenu par Paris, Nicolas Grunitzky. Mais il est assassiné en 1963 sans que les commanditaires n'aient pu être formellement identifiés, permettant

17. Gilles Gauvin, « Le Parti communiste de La Réunion (1946-2000) », in *Vingtième Siècle. Revue d'histoire*, n° 68, 2000.

18. Jean-Marc Regnault, *Pouvanaa a Oopa, victime de la raison d'État : les documents parlent*, Tahiti, Éditions de Tahiti, 2003.

19. Michel Debré, *Trois Républiques pour une France. Mémoires* (avec la collaboration d'Odile Rudelle), 5 volumes, Paris, Albin Michel, 1984-1994.

20. Pierre Péan, *L'Homme de l'ombre*, Paris, Fayard, 1990.

21. Mathieu Rigouste, *L'Ennemi intérieur. La généalogie coloniale et militaire de l'ordre sécuritaire dans la France contemporaine*, Paris, La Découverte, 2011 ; Paul Villatoux, Marie-Catherine Villatoux, *La République et son armée face au « péril subversif ». Guerre et action psychologique*, 1945-1960, Paris, Les Indes savantes, 2005.

22. Roger Faligot, Pascal Krop, *La Piscine. Les services secrets français, 1944-1984*, Paris, Seuil, 1985.

23. Zeus Komi Aziadouvo, *Sylvanus Olympio. Panafricanisme et pionnier de la CEDEAO*, Paris, L'Harmattan, 2013.

Un militant du Parti du mouvement populaire brandit le « Non » pour le référendum [Djibouti] photographie, 1967 [avril].

l'installation du gouvernement « ami » de Nicolas Grunitzky. Dans les deux mandats, la France a repris la main et fait de même dans les deux fédérations (AOF et AEF) et à Madagascar.

LES INDÉPENDANCES AFRICAINES ET LES RELATIONS AVEC LA FRANCE

Avec l'échec de la Fédération du Mali, Modibo Keita choisit la rupture avec les autorités françaises, en soutenant ouvertement le FLN, comme Sékou Touré. Les autres pays, comme la Côte d'Ivoire, le Sénégal, le Niger, le Dahomey (devenu Bénin en 1975), Madagascar, la Haute-Volta (qui prend le nom de Burkina Faso), la République populaire du Congo, le Gabon, la Mauritanie, l'Oubangui-Chari (qui devient la République centrafricaine au moment de l'indépendance en 1960) et le Tchad optent pour une politique d'association à la France *via* les accords de coopération.

Mais de quelles indépendances s'agit-il en Afrique noire et à Madagascar ? On peut distinguer au moins deux types d'indépendances. Certaines affirment un projet en rupture avec la France, c'est le cas de la Guinée depuis le « non » au référendum de 1958 et du Mali de Modibo Keita. Pour les autres, à divers degrés (la France contrôle le transfert de pouvoir dans de nombreux territoires, comme au Niger ou au Tchad),

Famille de pieds-noirs quittant l'Algérie [Alger, Algérie], photographie, 1962 [mai].

le mythe de l'indépendance obtenue de haute lutte s'effondre. Le Gabon, par exemple, ne voulait pas de l'indépendance et souhaitait devenir un département français[24] ; quant à la Côte d'Ivoire d'Houphouët-Boigny, elle a longtemps rechigné avant d'accepter cette issue. Tous les territoires cités plus haut demeurent donc une zone de forte influence de la France, grâce aux accords de coopération bilatéraux signés au cours des années 1960[25]. Ces accords permettent ainsi la pérennisation de la zone franc CFA indexé au franc français, le maintien ou l'érection de bases militaires françaises stratégiques, la réalisation d'accords de défense spécifiques permettant l'intervention de la France en cas de « menace extérieure » (mais dans les faits surtout intérieure), l'implantation d'institutions culturelles françaises…

Ces décolonisations se produisent donc dans un contexte de dépendance objective, et ce pour plusieurs raisons. Tout d'abord, les nouveaux États doivent faire face à une situation financière très difficile léguée paradoxalement par les plans du FIDES : jusqu'en 1959, la France intervient directement dans le financement et l'entretien des infrastructures (jusqu'à 80 % des coûts), mais aussi dans le financement des personnels administratifs[26]. Les administrations coloniales, qui ont considérablement augmenté leurs effectifs depuis 1945, sont devenues une très lourde charge. Les nouveaux États devront assumer ces dépenses et l'« aide » française les place dans une position de dépendance (ce fut aussi le cas du Mali ou de la Guinée vis-à-vis de l'« aide » de l'URSS et/ou de la Chine).

Dans ce cadre, les relations franco-africaines sont gérées par le secrétariat aux Affaires africaines et malgaches, structuré par Jacques Foccart – ancien secrétaire général de la Communauté –, dès la fin de l'année 1959. Directement rattaché en 1960 à l'Élysée, il est renommé secrétariat général à la présidence de la République pour les affaires africaines et malgaches. C'est le début de la *Françafrique* et du « système Foccart »[27].

L'ALGÉRIE ALGÉRIENNE

Au lendemain des indépendances en Afrique subsaharienne, tous les regards sont tournés vers l'Algérie. Après la « semaine des barricades » à Alger et la reddition des émeutiers en février 1960, l'Assemblée nationale accorde des « pouvoirs spéciaux » au gouvernement pendant un an, pour assurer le « maintien de l'ordre » et la « sauvegarde de l'État ». Jacques Soustelle a quitté le gouvernement et le général Maurice Challe a été remplacé à la tête des opérations militaires par le général Jean Crépin, le 30 mars 1960 – c'est un « technicien » et l'un des coordinateurs du projet de bombe atomique française[28] – pour reprendre en main l'armée et mettre en place la nouvelle politique gouvernementale. Dans le même temps, les négociations ont repris avec certains responsables du FLN[29], mais elles conduisent une nouvelle fois à un échec[30].

L'opinion française aspire de plus en plus à la paix. De nouvelles négociations s'engagent avec des membres en rupture du FLN. Le 9 juin 1960, Mohamed Zamoum (Si Salah) et ses adjoints se rendent à Rambouillet pour négocier avec le chef de l'État français, mais sans l'aval du FLN. Le GPRA marginalise cette « insurrection » de l'intérieur. Mais le 25 juin 1960, trois jours après l'échec de ces négociations non officielles, les premiers pourparlers entre le FLN et le gouvernement français s'ouvrent à Melun.

La pression sur le gouvernement est à son paroxysme – cent vingt et une personnalités ont publié le 6 septembre 1960 un « manifeste sur le droit à l'insoumission » –, alors que le général de Gaulle prend une nouvelle initiative et annonce un référendum sur la question algérienne début novembre 1960. Pour la première fois, le président de la République prononce l'expression « *République algérienne* ». En décembre 1960, après six ans de conflit, les Algériens voient triompher à l'ONU l'option du droit à l'autodétermination de l'Algérie et, partant, à l'indépendance.

Quelques semaines plus tard, les pieds-noirs d'Algérie manifestent leur opposition dans les rues d'Alger lors du voyage officiel du général en décembre 1960 et, pour la première fois, des partisans du FLN descendent dans la rue. La répression est immédiate, un bilan officiel fait état de plus d'une centaine de morts. Malgré ce contexte, le 8 janvier 1961, la politique algérienne du gouvernement est soumise au référendum : plus de 75 % des suffrages exprimés en métropole et près de 70 % des votants en Algérie l'approuvent. Seules les grandes villes algériennes, où résident la majorité des colons, ont voté en faveur du « non »[31]. L'indépendance est désormais inéluctable.

Dans le même temps, les négociations secrètes se poursuivent en Suisse entre la France et le FLN, et débouchent sur l'annonce de négociations officielles qui doivent commencer le 7 avril 1961. Le 11 avril, le chef de l'État, lors d'une conférence de presse, confirme la nouvelle orientation de la politique française : « *La décolonisation est notre intérêt, et par conséquent notre politique.* » La réaction est immédiate en Algérie où depuis trois mois l'OAS (Organisation armée secrète) a été créée par les ultras pour casser ce processus. La lutte armée devient l'ultime recours pour ceux qui n'imaginent pas une autre alternative pour la colonie que la tutelle de la France.

Le général Maurice Challe revient clandestinement en Algérie, et avec les généraux Raoul Salan, André Zeller et Edmond Jouhaud, s'engage dans un coup d'État. Le général de Gaulle traite tout d'abord avec mépris ce « *quarteron de généraux en retraite* ». Le putsch échoue : les appelés ne suivent pas, non plus qu'une majorité d'officiers et, le 25 avril 1961, le général Challe se rend, tous les hommes ayant participé à la tentative de putsch sont arrêtés, à l'exception des généraux Jouhaud et Salan, qui entrent en clandestinité. L'OAS prend le relais en mai 1961 avec pour projet de garder l'Algérie « unie et fraternelle » à la France[32]. Un nouveau cycle de violences commence, ponctué d'assassinats de membres supposés du FLN, de « traîtres », plusieurs attentats visant de Gaulle. L'OAS s'impose en Algérie, soutenue par une population européenne angoissée par l'idée du « grand départ » et dont l'organisation semble être désormais le dernier recours.

24. Nicolas Bancel, *Entre acculturation et révolution. Mouvements de jeunesse et sports dans l'évolution institutionnelle et politique de l'AOF (1945-1960)*, thèse d'histoire contemporaine, Paris, Université Paris 1, 1999.

25. Franck Petiteville, « Quatre décennies de "coopération franco-africaine" : usages et usure d'un clientélisme », in *Études internationales*, vol. 27, n° 3, 1996.

26. Nicolas Bancel, « Un cadeau empoisonné ? Le Fonds d'investissement pour le développement économique et social des territoires d'outre-mer (FIDES), 1946-1958 », in Alain Ruscio, *Encyclopédie de la colonisation française*, Paris, Les Indes savantes, 2019.

27. François-Xavier Verschave, *La Françafrique : le plus long scandale de la République*, Paris, Stock, 1998.

28. Michael Kettle, *De Gaulle and Algeria, 1940-1960. From Mers El Kebir to the Algiers barricades*, Londres, Quartet Books, 1993.

29. Gilbert Meynier, *Histoire intérieure du FLN, 1954-1962*, Paris, Fayard, 2002.

30. Henri Jacquin, *La Guerre secrète en Algérie*, Paris, Olivier Orban, 1977.

31. Jean-Pierre Rioux, *La Guerre d'Algérie et les Français*, Paris, Fayard, 1990.

32. Olivier Dard, *Voyage au cœur de l'OAS*, Paris, Perrin, 2011.

À Paris, le 17 octobre 1961, à l'appel du FLN[33], trente mille Algériens manifestent malgré le couvre-feu. La répression est brutale, faisant plusieurs dizaines à plusieurs centaines de morts selon les sources[34]. En Algérie, pour le seul mois de janvier 1962, pas moins de huit cents attentats (du FLN et de l'OAS) sont perpétrés et le 8 février 1962, une manifestation contre les crimes de l'OAS en Algérie et en métropole fait neuf morts à la station de métro Charonne à Paris[35].

Lorsque s'ouvre enfin la conférence d'Évian en mars 1962, l'OAS joue son va-tout : casernes de gendarmes mobiles attaquées au bazooka, voitures piégées dans les quartiers musulmans, assassinats de militants ou sympathisants FLN, attentats quotidiens… Le 19 mars 1962, le cessez-le-feu est néanmoins déclaré, les accords d'Évian sont signés. Mais l'OAS n'abandonne pas le combat, s'empare du quartier de Bab-el-Oued à Alger et appelle à la grève générale dans toute l'Algérie. La manifestation se solde rue d'Isly par quarante-six morts et deux cents blessés européens. Pour les pieds-noirs, c'est un « crime d'État » ; comme le 17 octobre 1961 l'est pour les Algériens. À partir du 20 mars 1962, la plupart des pieds-noirs savent que le départ est désormais inéluctable et l'exode commence. Il s'accélère jusqu'à l'indépendance, début juillet 1962.

Le bilan de la guerre d'Algérie est terrible. Autour de trois cent mille Algériens décédés, des dizaines de milliers de supplétifs massacrés après l'indépendance (sans que l'armée française n'intervienne)[36], trois millions de civils déplacés, des centaines de milliers de blessés et de traumatisés, vingt-trois mille militaires français tués ainsi que trois mille civils européens. Enfin, plus d'un million deux cent mille Européens et personnes de confession juive quittent l'Algérie[37] aux côtés d'une poignée de supplétifs (harkis) qui ont pu rejoindre la France malgré le refus des autorités françaises de les accueillir.

Pour celles-ci, l'essentiel a été sauvegardé provisoirement à Évian, les essais nucléaires et les lancements de missiles dans le Sahara peuvent se poursuivre jusqu'en 1967, une quinzaine de compagnies françaises peuvent exploiter, jusqu'en 1965, les énormes réserves pétrolifères du Sud algérien. Pour le reste, les dernières illusions de ceux qui croyaient en une Algérie fraternelle et multiconfessionnelle s'estompent, avec les retours en métropole de la majorité des Européens restés sur place après l'indépendance. Le général de Gaulle met ainsi fin à cent trente ans de présence française.

À la suite de l'Algérie, dix autres nations, dans les années qui suivent la fin des colonies françaises en Afrique[38], deviennent indépendantes comme la Gambie en 1965, faisant suite à la Sierra Leone, la Tanzanie (ex-Tanganyika), le Rwanda, le Burundi, l'Ouganda, le Kenya et le Malawi. Le temps des empires s'éloigne en Afrique.

AUX LENDEMAINS DES INDÉPENDANCES AFRICAINES

Mais de 1960 à 1977, la France maintient une influence « néocoloniale » sur ses anciennes colonies africaines et conserve les territoires ultramarins sur lesquels elle exerçait sa tutelle. Le maillage militaire de la France hors de ses frontières est ainsi directement hérité de la géographie coloniale, et ses bases militaires outre-mer sont alors réparties en fonction des priorités stratégiques[39].

Alors que se poursuivent les opérations au Cameroun – la France ne se retire qu'en décembre 1964 –, la France agit sur tout le continent[40] pour s'assurer de la fidélité des « régimes amis ». Dès 1962, après avoir mobilisé tout l'arsenal de la déstabilisation contre la Guinée de Sékou Touré, la France soutient le président sénégalais menacé par un coup d'État et, en septembre 1963, le chef de l'État tchadien François Tombalbaye, en réprimant des manifestations dans le nord du pays. En 1962-1963, elle s'oppose à Sylvanus Olympio au Togo, qui est assassiné en janvier 1963, mais, en août, la France ne réagit pas assez vite pour « sauver » le président Fulbert Youlou à Brazzaville… Jacques Foccart étant en vacances. L'année suivante, en février 1964, l'armée française intervient en envoyant les parachutistes au secours du président de l'État gabonais Léon M'Ba[41], renversé par une partie de l'armée, et la France intervient

33. Mohammed Harbi, Gilbert Meynier, *Le FLN, documents et histoire 1954-1962*, Paris, Fayard, 2004.

34. Linda Amiri, « La répression en France vue par les archives », in Mohammed Harbi, Benjamin Stora, *La Guerre d'Algérie*, Paris, Hachette, 2005.

35. Jean-Paul Brunet, *Charonne. Lumières sur une tragédie*, Paris, Flammarion, 2003.

36. Mohand Hamoumou, *Et ils sont devenus harkis*, Paris, Fayard, 1993 ; Michel Roux, *Les Harkis. Les oubliés de l'histoire, 1954-1991*, Paris, La Découverte, 1991.

37. Jean-Jacques Jordi, *De l'exode à l'exil. Rapatriés et pieds-noirs en France*, Paris, L'Harmattan, 1992.

38. Catherine Coquery-Vidrovitch, *L'Afrique occidentale aux temps des Français : colonisateurs et colonisés (1860-1960)*, Paris, La Découverte, 1992.

39. À Dakar, Port-Bouët, Bangui, Bouar, Brazzaville, Libreville, Diego-Suarez, Fort-Lamy ou Djibouti.

40. André Dumoulin, *La France militaire en Afrique. Coopération et intervention : un état des lieux*, Paris, Complexe, 1999.

41. Alexander Keese, « L'évolution du "leader indigène" aux yeux des administrateurs français. Léon M'Ba et le changement des modalités de participation au pouvoir local au Gabon, 1922-1967 », in *Afrique & histoire*, n° 1, 2004.

42. Pierre Pascalon, *Les Interventions extérieures de l'armée française*, Paris, Émile Bruylant, 1997.

43. Danièle Domergue, « Coopération et interventions militaires en Afrique : la fin d'une aventure ambiguë ? », in *Guerres mondiales et conflits contemporains*, n° 191, octobre 1998.

également en 1967 pour contrôler la frontière du Congo-Kinshasa. Enfin, entre 1968 et 1972, plusieurs interventions militaires au Tchad sont organisées[42] jusqu'à l'opération Limousin en 1969, la plus importante depuis la guerre du Cameroun. Clôturant ce cycle, en 1977, l'armée de l'air française intervient pour repousser le Front Polisario de Mauritanie et, la même année, une opération de soutien au maréchal Mobutu, au Zaïre, est organisée pour réprimer la rébellion dans le Shaba[43].

D'autres actions, menées par les services secrets, doivent servir à stabiliser les régimes amis, à l'image des assassinats des dirigeants de l'UPC ou, en 1965, de l'opposant marocain Medhi Ben Barka. Et lorsque les brusques changements politiques ne mettent pas directement en péril son influence, la France laisse faire, à l'image de la mise à l'écart de Christophe Soglo au Bénin en décembre 1967 ou lors de l'accession au pouvoir de Jean-Bedel Bokassa en 1966 en

Un groupe d'adultes et d'enfants fête l'indépendance de l'Algérie à l'entrée du bidonville de Nanterre [France], photographie 1962 [juillet].

Centrafrique. Si la France entend, par cette stratégie, conserver son « pré carré » postcolonial, celle-ci s'inscrit aussi dans la Guerre froide : il faut à tout prix éviter que ces pays ne tombent dans l'orbite du bloc soviétique, de la Chine, ou encore des non-alignés. Les multiples aides bilatérales apportées par la France à cet ensemble d'une quinzaine de pays permettent enfin de les maintenir arrimés à l'ancienne métropole[44], d'autant plus que, globalement, leurs économies demeurent fragiles.

Dans les vieilles colonies, de fortes turbulences marquent les années 1960. Aux Antilles comme à La Réunion, la situation est complexe : l'économie sucrière décline, le chômage est endémique, alors que les inégalités d'origine coloniale persistent. Dans cette situation, l'immigration vers la France est souvent perçue comme une solution, immigration organisée par le Bureau pour les migrations dans les départements d'outre-mer (Bumidom) aux Antilles à partir de 1963[45], et le Comité national d'accueil et d'action pour les Réunionnais en mobilité (CNARM)[46] pour La Réunion dès 1965.

Malgré l'apparition de mouvements nationalistes menés par une nouvelle génération d'étudiants, les opinions ne sont que rarement majoritairement favorables à l'option indépendantiste – à l'exception sans doute du peuple kanak et des Polynésiens –, permettant à la France d'asseoir son autorité. Là où c'est nécessaire, de grands projets sont mis en place pour renforcer les liens comme, en 1963, le Centre d'expérimentation du Pacifique (CEP) à Mururoa et Fangataufa en Polynésie, le Centre spatial guyanais (CSG) à Kourou en Guyane en 1964 ; ou des plans de développement sont implémentés, telle la loi-programme adoptée en 1960 pour l'outre-mer afin de lutter contre le mécontentement social.

Enfin, contre les groupuscules indépendantistes et les partis politiques autonomistes, comme en Polynésie et à La Réunion, on installe des contre-pouvoirs et des hommes sûrs, à l'image de Michel Debré – ancien Premier ministre – et Gaston Flosse – qui sera, plus tard, le premier président du gouvernement de la Polynésie française, pilier du gaullisme doublé d'un politicien soupçonné d'escroquerie. Enfin, la répression politique est l'arme ultime. L'opposition en Guyane est décapitée ; en Polynésie, le RDPT est dissous. En Guadeloupe et Martinique, tous les pouvoirs sont donnés aux préfets, pour réduire l'influence des partis et mouvements proches du Parti communiste et des indépendantistes – à l'image du Mouvement national pour la libération de la Martinique (MNLM) créé en 1968, du PPM d'Aimé Césaire et, dix ans plus tard, du Mouvement indépendantiste martiniquais (MIM) et de l'Union populaire pour la libération de la Guadeloupe (UPLG). En quelques années, cette stratégie rencontre, partout, d'indéniables succès.

LES DERNIERS FEUX DE L'EMPIRE...

Lorsque le contrôle de ces territoires échappe à Paris, la répression est immédiate, comme en 1967 à Djibouti ou en Guadeloupe[47], faisant des dizaines de victimes. Sans doute la dernière grande vague de répression (post) coloniale pratiquée par la France outre-mer... jusqu'à la phase répressive qu'a connue, vingt ans plus tard, la Nouvelle-Calédonie. Mais avec les « années Giscard », arrive le temps des dernières décolonisations sous la pression de l'ONU.

Les Comores connaissent une situation complexe entre 1963 et 1975 où, devant la montée d'un nationalisme comorien, la France intrigue pour l'endiguer et retarder une indépendance finalement acceptée en 1975, tout en permettant à Mayotte de demeurer dans le giron français, à la demande de la population mahoraise mais contre l'ONU qui émet vingt-trois avis défavorables à la présence française entre 1975 et 2011, et à la fureur des présidents successifs des Comores[48]. À Djibouti, malgré une montée en puissance des nationalistes depuis le milieu des années 1960, la France réussit, après le référendum positif de 1967 et malgré de fortes dissensions internes et les visées des pays voisins, à conserver ce haut lieu stratégique. Djibouti est la dernière possession française à obtenir l'indépendance, en 1977[49].

Au milieu des années 1970, les indépen-

44. Achille Mbembe, *Sortir de la grande nuit. Essai sur l'Afrique décolonisée*, Paris, La Découverte, 2010.

45. Albert Weber, *L'Émigration réunionnaise en France*, Paris, L'Harmattan, 1994.

46. Franck Temporal, « Immigration et emploi à l'île de La Réunion », in *Revue européenne des migrations internationales*, vol. 27, n° 3, 2011.

47. Michelle Zancarini-Fournel, *Les Luttes et les rêves. Une histoire populaire de la France de 1685 à nos jours*, Paris, La Découverte, 2016.

48. Pierre Vérin, *Histoire de la révolution comorienne. Décolonisation, idéologie et séisme social*, Paris, L'Harmattan, 1999.

49. Simon Imbert-Vier, *Tracer des frontières à Djibouti, des territoires et des hommes aux* XIX*e et* XX*e siècles*, Paris, Karthala, 2011.

50. Les dernières décolonisations viennent de se terminer pour le Portugal au Mozambique et en Angola après quinze ans de conflits meurtriers.

51. Cédric Michalski, *L'Assaut de la grotte d'Ouvéa : analyse juridique*, Paris, L'Harmattan, 2004 ; Michel Lefèvre, *Ouvéa : l'histoire vraie*, Paris, Éditions du Rocher, 2012 ; Philippe Legorjus, Jacques Follorou, *Ouvéa, la République et la morale*, Paris, Éditions Plon, 2011.

dances sont désormais terminées[50]. Les derniers militants de la cause indépendantiste antillaise ont progressivement basculé en se revendiquant autonomistes. Une minorité se lance dans le terrorisme et les attentats contre la France, notamment les militants du Groupe de libération armée (GLA). Une dizaine de ses membres est arrêtée. Puis, un nouveau groupe opte pour les actions armées à partir de 1983, l'Alliance Révolutionnaire Caraïbe (ARC), avant que ses militants ne soient amnistiés en 1989. À La Réunion, en Guyane, comme en Polynésie, les indépendantistes sont désormais ultra-minoritaires.

Un dernier territoire, exception dans l'histoire coloniale de la France, n'a pas clos le processus. Il s'agit de la Nouvelle-Calédonie. Les autonomistes emmenés par Maurice Lenormand sont depuis des années en lutte frontale avec les gaullistes, ces derniers se regroupant en 1977 au sein du Rassemblement pour la Calédonie dans la République (RPCR). Mais une nouvelle génération de militants et d'intellectuels – dont Jean-Marie Tjibaou ou Eloi Machoro – défend la revendication d'indépendance en 1975. En 1976, est fondé sur cette base le Parti de libération kanak (Palika, l'un des partis fondateurs du Front de libération nationale kanak socialiste, FLNKS, en 1984), opposé au RPCR.

Trente-cinq ans de luttes s'engagent, des événements d'Ouvéa (mai 1988)[51] aux accords de Matignon (26 juin 1988), de l'assassinat le 4 mai 1989 de Jean-Marie Tjibaou à l'accord de Nouméa (1998), engageant un « *processus de décolonisation sur vingt ans* », jusqu'au référendum de 2018 recueillant 56 % de « non » à la question : « *Voulez-vous que la Nouvelle-Calédonie accède à la pleine souveraineté et devienne indépendante ?* » Mais là où le FLNKS est majoritaire, le « oui » l'emporte. Un fossé est creusé entre populations d'origine kanake et européenne. Pour le FLNKS, le temps des décolonisations n'est pas clos, et le prochain référendum prévu au second semestre 2020 remettra le débat dans les urnes soixante ans après la vague des indépendances africaines.

« Vivre l'autonomie ». Manifestation de l'Union multiraciale de Nouvelle-Calédonie (UMNC) avec Yann Céléné Uregeï, chef du parti l'Union multiraciale (UM), photographie, 1974. Ancien responsable de l'Union calédonienne Yann Céléné Uregeï crée son mouvement en 1971.

1959

LA COMMUNAUTÉ ÉPHÉMÈRE

La Communauté des États associés remplace désormais l'Union française dans le cadre de la Constitution de la Ve République. Le terme de « *communauté* » est alors un compromis sémantique – il a été proposé par le Malgache Philibert Tsiranana – et il est adopté, pour ne pas avoir à choisir entre ceux de « *fédération* » et de « *confédération* », les deux formules étant l'objet de vifs débats. La Communauté déclare autonomes les États qui la composent, soit tous les territoires sous domination française hormis la Guinée, mais aussi les deux mandats du Togo et du Cameroun. Toutes les affaires intérieures sont dévolues aux exécutifs locaux, mais la France conserve les prérogatives régaliennes. La Côte française des Somalis, la Nouvelle-Calédonie, la Polynésie française et Saint-Pierre et Miquelon choisissent le statut de territoire d'outre-mer (TOM), auxquels s'ajouteront par la suite les Terres australes et antarctiques françaises (TAAF) et les îles Wallis et Futuna (suite au référendum en 1959), puis les Comores qui n'intègrent donc pas la Communauté. L'édifice juridique se résume rapidement à l'Afrique subsaharienne. Le rôle majeur échoit au président de la Communauté, c'est-à-dire au président de la République française, avec à ses côtés Jacques Foccart en tant que secrétaire général. L'institution se réunit plusieurs fois, dans le cadre du Sénat de la Communauté qui siège alors au palais du Luxembourg sous la présidence de Gaston Monnerville avec ses deux cent quatre-vingt-quatre membres... dont 65 % de sénateurs de métropole ou des vieilles colonies. Aux côtés de ce Sénat de la Communauté, sans grand pouvoir, est érigé le Conseil de la Communauté, qui détient tous les pouvoirs en matière de politique étrangère, de défense, de finances, de justice et même de transports. Pour lui donner plus de consistance, cette institution fut même dotée d'un drapeau officiel lors d'une improbable cérémonie, le 14 juillet 1959... La Communauté des États associés est définitivement abandonnée en mars 1961.

Des villageois regardent une affiche de propagande pour le « Oui » dans un village de brousse près de Bamako, colonie française du Soudan (Soudan Français), lors du référendum sur la nouvelle Constitution, proposée par le général de Gaulle [actuel Mali], photographie, 1958 [28 septembre].

PAGE DE GAUCHE

Première session du conseil exécutif de la Communauté [Paris, France], photographie, 1959. En présence de (de gauche à droite) : Philibert Tsiranana, chef du gouvernement malgache ; Antoine Pinay, ministre des Finances ; Léon M'Ba, Premier ministre de la République autonome du Gabon ; le général de Gaulle.

Des militants accueillent des diplomates français à l'aéroport et réclament l'indépendance pour janvier 1960, refusant tout référendum [Cameroun], photographie, 1959.

Maquisards de l'UPC du groupe Paul Momo [Cameroun], photographie, 1955. De son vrai nom Paul Tchuembou, il a fondé l'un des premiers maquis de l'UPC après l'interdiction du parti en 1955.

PAGE DE DROITE

Des émeutes se sont produites à la veille de l'indépendance du Cameroun [Douala, Cameroun], photographie de presse, 1959.

1959

LE CAMEROUN D'AHMADOU AHIDJO

Ruben Um Nyobé est assassiné le 13 septembre 1958, l'UPC est décapitée et se retrouve de plus en plus marginalisée au niveau international. Le même jour, la France arrête un nouveau projet de statut pour le Cameroun, dans lequel elle entérine la perspective de l'indépendance. En réalité, l'« indépendance » dans l'esprit des autorités françaises en 1959, n'était qu'un mot, mais un mot qui au Cameroun mobilise alors les upécistes. C'est dans cette perspective qu'en février 1958, la France favorise l'accession au poste de Premier ministre d'Ahmadou Ahidjo. Le nouveau Premier ministre a été choisi pour sa docilité. Élu conseiller territorial en 1947 grâce aux trucages des élections, c'est un « pur produit » des autorités coloniales. Au cours de l'été 1958, Ahmadou Ahidjo exprime aux Français le « *désir du peuple camerounais de s'acheminer vers l'indépendance, avec l'aide de la France* ». Le nouveau haut-commissaire Xavier Torre annonce à la radio que « *le Cameroun accédera à l'indépendance* » en janvier 1960. Dès le 1er janvier 1959, les affaires intérieures sont transférées au gouvernement camerounais, et notamment le maintien de l'ordre, déchargeant officiellement la France – qui continue en sous-main à soutenir militairement le Cameroun – de la répression. Michel Debré propose, en parallèle, fin 1959, à Ahmadou Ahidjo de rejoindre la Communauté maintenant qu'il est sorti du cadre du mandat onusien. Il refuse, pour ne pas « *adopter une attitude différente de celle qu'a prise, au Togo, Sylvanus Olympio* », dans l'autre mandat onusien, et aussi éviter de perdre le futur référendum sur la partition des territoires du Cameroun britannique avec le Nigeria. Au final, cette partition coupe la poire en deux, puisque la province septentrionale se prononce pour le rattachement au Nigeria. Le 1er janvier 1960 l'indépendance du Cameroun est proclamée. Mais c'est une indépendance en trompe l'œil. La France maintient fermement son influence, en vertu d'accords de coopération, mais aussi par la grâce d'une politique clientéliste qui vassalise, dans le cadre de la *Françafrique* naissante, le Cameroun.

1959–1962

APPELÉS ET RAPPELÉS EN ALGÉRIE

Pour assurer les « opérations de pacification » en Algérie, les gouvernements français recourent tout au long de la guerre à un nombre sans cesse croissant d'appelés du contingent. Pour faire face au développement du conflit, le gouvernement rappelle les réservistes, c'est-à-dire les hommes ayant terminé leur service militaire depuis moins de trois ans. La durée légale du service militaire obligatoire était de dix-huit mois en 1950. Face aux besoins militaires croissants, la durée du service militaire obligatoire est prolongée de dix-huit mois jusqu'à trente mois. Au total, environ un million quatre cent mille appelés ou rappelés, et un peu plus de quatre cent mille militaires d'active ont participé aux combats en Afrique du Nord. Dès juillet 1956, *Paris-Match* argue que les appelés défendent « *la France d'en face* ». La propagande militaire est active à leur encontre, les appelés recevant notamment de nombreuses brochures, les articles du magazine militaire *Le Bled*, alors que les campagnes d'affiches se succèdent. À partir de 1959-1960, la contestation est de plus en plus vive parmi ceux que le général de Gaulle appelait les « *500 000 gaillards munis de transistors* ». Ils deviennent, dans les dernières années du conflit, la pierre angulaire de celui-ci. L'historien Tramor Quemeneur estime que près de quinze mille appelés/rappelés ont été insoumis, déserteurs ou objecteurs de conscience pendant la guerre d'Algérie, dont une poignée appartenait au réseau Jeune Résistance, qui fut opérationnel à partir de mai 1959. Avec le référendum concernant l'autodétermination, les classes d'appelés sont progressivement démobilisées. Le 19 mars 1962, le jour du cessez-le-feu en Algérie, quatre cent mille soldats sont encore sur le terrain. Toute une génération demeure traumatisée par cette « guerre sale ». « *À la loterie des générations, on n'a pas gagné le gros lot* », résumera Gilles Perrault, appelé du contingent en 1956.

*Embarquement à Oran d'appelés sur l'*Athos II *pour participer à la revue du 14 Juillet à Paris* [Oran, Algérie], photographie du service des armées de Marcel Vandy, 1958 [11 juillet]. Pour ce défilé symbolique du retour au pouvoir du général de Gaulle, des milliers d'Algériens furent « invités » par les autorités françaises, ainsi que des appelés et des soldats français, pour symboliser l'unité du pays.

PAGE DE DROITE

Des soldats de l'armée de l'air française débarquent du navire Pasteur [Alger, Algérie], photographie, 1959.

Un dimanche à Aïn Beïda [Algérie], photographie de Jacques Prayer, 1961.

JEAN SIMMONS · PAUL DOUGLAS
ANTHONY FRANCIOSA
Cette nuit ou jamais
PANIQUE AU MUSIC-HALL
ANTOINE SANTILLAN
CINÉMA RÉGENT
LEX BARKER · CHELO ALONSO
la VENGEANCE du SARRASIN
Le film de la Nouvelle Vague Américaine
LOLA ALBRIGHT
UN VENT FROID EN ÉTÉ
SCOTT MARLOWE

Chantier de construction dans le camp de regroupement [Novi, Algérie], photographie, 1959 [décembre].

Enfants réfugiés dans le camp de regroupement [Novi, Algérie], photographie, 1959 [décembre].

PAGE DE DROITE

Vous êtes venus les protéger, affiche signée M. Audras, 1962.

1959–1960

MICHEL ROCARD ET LES CAMPS DE REGROUPEMENT

Les camps de regroupement pendant la guerre d'Algérie ont été créés dès 1955 par l'armée française, qui quadrille le territoire pour assurer le « maintien de l'ordre », tentant de priver le FLN du soutien de la population locale. En cas de violation de ces zones interdites, les tirs sans sommation sont autorisés. Des villages sont vidés et détruits pour qu'ils ne servent pas de refuges au FLN. Ce sont ainsi près de deux millions de personnes qui sont déplacées de force dans des camps de fortune, encerclés par des barbelés et des miradors, sous étroite surveillance de l'armée. Un laissez-passer est nécessaire pour en sortir et y entrer. Les populations dépendent de l'administration pour se nourrir et les conditions sanitaires sont déplorables. Un ancien interné algérien explique que « *Nous n'avions qu'une chose à faire, attendre que l'armée nous apporte la nourriture. Nous ne faisions rien. Rien* ». C'est ce que dénonce, après son passage en Algérie fin 1958 dans une tournée improvisée, le jeune élève de l'ENA Michel Rocard dans un rapport – à l'origine destiné à son parti, la SFIO – où il évalue à environ deux cent mille personnes ceux qui sont déjà morts en raison du manque de soins et de nourriture : « [...] *énormément de femmes et d'enfants sont parqués dans des conditions innommables.* » Le 17 février 1959, Michel Rocard adresse une copie de son rapport à Paul Delouvrier, délégué du gouvernement en Algérie. Ce qui entraîne la création de l'Inspection générale des regroupements de populations (IGRP). Une fuite dans le cabinet du ministre de la Justice, Edmond Michelet, livre le rapport à la presse. L'existence de ces camps est dénoncée dans *France Observateur* le 17 avril 1959, le lendemain, dans *Le Monde*, et enfin dans *Le Figaro*. Une campagne d'opinion s'organise, permettant d'améliorer quelque peu le sort des internés. Cent millions de francs de l'époque sont débloqués à partir de l'été 1959. Mais, en Algérie, sous la pression de l'armée, les regroupements se poursuivent, sur un rythme ralenti.

1960

LA PREMIÈRE VAGUE DES INDÉPENDANCES EN AFRIQUE SUBSAHARIENNE

Les indépendances s'enchaînent au cours de l'année 1960, à la suite du Cameroun le 1er janvier 1960, deux autres territoires francophones suivent avant l'été : le Togo et le Mali. Tous les pays ne revendiquent pas de la même manière ces indépendances, certains y vont à reculons, à l'image de Léon M'Ba, alors Premier ministre du Gabon, souhaitant la départementalisation et refusant jusqu'à l'inévitable, l'indépendance. Bernard Cornut-Gentille, le ministre de la France d'outre-mer, aurait alors récusé une telle demande et répondu à un haut fonctionnaire : « *N'avons-nous pas assez des Antilles ? Allez, l'indépendance comme tout le monde !* » *A contrario*, Sylvanus Olympio prononce devant l'Assemblée nationale du Togo, lors de l'indépendance du Togo le 27 avril 1960, un discours-programme où il trace les voies possibles d'une indépendance qui échappe à l'influence future de la France, en pariant sur un panafricanisme pragmatique et la collaboration avec les organisations internationales.

Au Mali (ex-Soudan français), la situation est chaotique. Le modèle mis en place est la fédération de deux ex-territoires, le Mali et le Sénégal. Dès septembre 1959, les deux pays ont demandé à pouvoir bénéficier des mêmes droits à l'indépendance que le Cameroun. Les négociations ouvertes à l'hôtel Matignon aboutissent à la signature le 4 avril 1960 des accords sur l'indépendance de la Fédération du Mali, officiellement proclamée le 20 juin 1960. Lors de la cérémonie d'indépendance de la Fédération du Mali, Léopold Sédar Senghor rend hommage à la France pour avoir soutenu ce processus, mais quelques semaines plus tard, les dissensions entre les deux pays s'accentuent.

Le 20 août 1960, les députés sénégalais votent l'indépendance du Sénégal et l'état d'urgence. Ils font reconduire à la frontière Modibo Keita et les représentants soudanais. Le 22 septembre 1960, Modibo Keita proclame la « seconde indépendance » de son pays qui devient la république du Mali. Il quitte la Communauté et affirme sa rancœur contre la France, l'accusant d'avoir conduit « *les dirigeants sénégalais à la sécession* ».

Rencontre avec le président de la République, Charles de Gaulle, au sujet de la pleine reconnaissance de l'indépendance des pays de l'entente [Paris, France], photographie, 1960 [6 mai]. De droite à gauche : le président de la République du Dahomey, Hubert Maga ; le président de la République de Haute-Volta, Maurice Yaméogo ; le président de la République de la Côte d'Ivoire, Félix Houphouët-Boigny ; le président de la République du Niger, Hamani Diori.

PAGE DE DROITE

Défilé des femmes combattantes lors de l'indépendance [Côte d'Ivoire], photographie, 1960 [août].

Marche des enfants à l'occasion de la fête d'indépendance de la Fédération du Mali [Sénégal], photographie, 1960 [juin].

1960

LES DERNIÈRES INDÉPENDANCES EN AFRIQUE SUBSAHARIENNE

Les indépendances se succèdent en 1960 : Madagascar le 26 juin 1960, début août le Dahomey, le Niger, la Haute-Volta (actuel Burkina Faso) et la Côte d'Ivoire, mi-août le Tchad, la République centrafricaine, le Congo et le Gabon, et, le 20 août 1960, le Sénégal. À la fin de l'année 1960, l'Afrique coloniale française n'est plus... à l'exception de La Réunion, des Comores et de Djibouti. Le cas de la fête de l'Indépendance à Madagascar est emblématique des « nouvelles relations » qui se tissent avec la France, fête durant laquelle le nouveau président Philibert Tsiranana parvient à mêler discours nationaliste et maintien de l'« amitié » avec la France (qui conserve une base militaire à Diego-Suarez). Mais cette unanimité ne vaut que pour la célébration de l'indépendance, car le pays demeure politiquement divisé. Les quatre territoires de l'ex-AEF ont suivi la même procédure. Le basculement de la fedération d'AEF et de Madagascar enclenche un processus revendicatif dans les autres territoires. Félix Houphouët-Boigny, d'abord réticent à la perspective de l'indépendance, finit par s'y résoudre. Il demande officiellement celle de son pays et convainc ses homologues du Conseil de l'entente – Maurice Yameogo pour la Haute-Volta, Hamani Diori pour le Niger et Hubert Maga pour le Dahomey – de le suivre dans cette voie. Selon Alain Peyrefitte, le général de Gaulle avait déjà fait son deuil de ces territoires : « *Nos comptoirs, nos escales, nos petits territoires d'outre-mer, ça va, ce sont des poussières. Le reste est trop lourd* », aurait-il déclaré. C'est André Malraux qui le représente pour les cérémonies d'indépendance et une phrase traverse tous ses discours « *Ce n'est pas un transfert d'attribution, c'est un transfert de destin.* » Michel Debré, pourtant fervent défenseur de l'Empire, clôture ce cycle du « grand départ ». Il est présent en Mauritanie aux côtés de Moktar Ould Daddah, le jour de l'indépendance du pays, le 28 novembre 1960.

Le président de la République du Gabon Léon Mba, le président de la République du Tchad François Tombalbaye, le président de la République du Congo Fulbert Youlou et le président de la République Centrafricaine David Dacko lors d'une réunion des États associés de l'AEF [Bangui, République centrafricaine], photographie, 1960 [février].

PAGE DE GAUCHE

Michel Debré lors du défilé pour l'indépendance au côté de Moktar Ould Daddah, président de la Mauritanie [Mauritanie], photographie, 1960 [28 novembre].

Philibert Tsiranana, premier président de la République malgache à l'heure de l'indépendance de la grande île [Madagascar], photographie, 1960.

DANS LES « CONFETTIS », LE TEMPS DES RÉVOLTES

Alors que l'Afrique devient indépendante, La Réunion, « *Perle de l'océan Indien* », connaît une situation politique agitée depuis la création du PCR de Paul Vergès. L'objectif du gouvernement est de reprendre politiquement l'île en main. Dès juillet 1960, la loi-programme pour l'outre-mer alloue des budgets conséquents pour contrer la propagande sociale du PCR. Pour briser l'élan indépendantiste, Paul Verges est inculpé le 16 juin 1961 pour « *atteinte à la sûreté de l'État* » et treize fonctionnaires « communistes » sont renvoyés en métropole. Comme à La Réunion, en Polynésie l'éradication de toute opposition « légale » se poursuit. Celle-ci s'organise en deux temps : Mururoa est désignée en juillet 1962 comme champ de tir pour les essais nucléaires, avec Tahiti comme base arrière ; le RDPT est réduit au silence avant d'être dissous en novembre 1963. En Nouvelle-Calédonie, les gaullistes imposent par la loi Jacquinot le contrôle de l'essentiel de l'exécutif par le haut-commissaire de la République. En Guyane, une nouvelle génération politique émerge, symbolisée par l'Union du peuple guyanais (UPG). Il s'agit de décapiter ce mouvement qui, depuis 1959, est actif sur le terrain, même s'il reste modeste. Il devient la cible de Paris, notamment à l'occasion des manifestations de juin 1962 aux côtés du Front démocratique guyanais. Ses leaders sont « éloignés » de Guyane, car fonctionnaires, conduisant l'UPG à se rapprocher du Parti socialiste guyanais (PSG) du député Justin Catayée, jusqu'alors son opposant politique, et à calmer ses ardeurs indépendantistes. Aux Antilles, la situation est similaire. Les grèves se succèdent, obligeant les autorités françaises à une répression continue. Michel Debré, le 6 mai 1961, donne les pleins pouvoirs au préfet. En septembre 1962, la présence de banderoles « *La Martinique aux Martiniquais* » marque un tournant symbolique, conduisant les autorités à une répression renouvelée, même si les mouvements indépendantistes, dans les vieilles colonies, demeurent minoritaires.

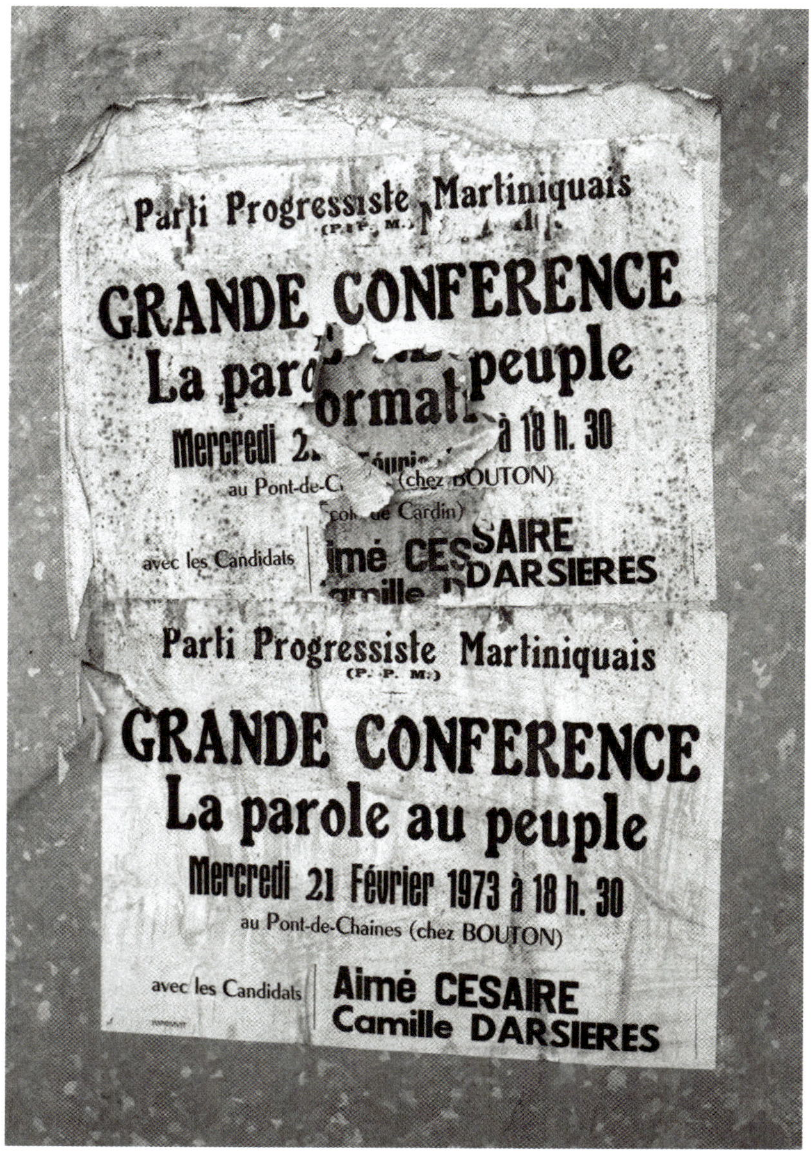

Manifestation du PCR pour l'autonomie de La Réunion [La Réunion], photographie, 1967.

PAGE DE GAUCHE

Affiche pour une conférence du Parti Progressiste Martiniquais « La parole au peuple » avec Aimé Césaire et Camille Darsières [Martinique], photographie, 1973 [février].

JE SUIS FRANÇAIS

1961–1962

OAS : GARDER L'ALGÉRIE FRANÇAISE !

L'OAS (Organisation armée secrète) est née le 11 février 1961, après que le référendum sur l'autodétermination a été validé, le 8 janvier 1961, par 75 % des votants. Ultime tentative de « garder l'Algérie française », l'OAS – qui n'a sans doute jamais compté plus d'un millier de membres actifs – est prête à utiliser tous les moyens possibles, y compris le terrorisme, pour parvenir à cet objectif. L'organisation rassemble des radicaux civils et militaires, tels le général Raoul Salan, mais aussi des activistes comme Pierre Lagaillarde – à l'origine de la tentative de « putsch » de mai 1958 – et des idéologues comme Joseph Ortiz et Jean-Jacques Susini. L'OAS organise des centaines d'attentats et de meurtres, contre des personnalités politiques, des fonctionnaires, des intellectuels ou des journalistes, mais aussi contre des sympathisants et militants du FLN. Le point de basculement est l'attentat – longtemps resté secret d'État – contre le train Paris-Strasbourg, symboliquement le 18 juin 1961, faisant une vingtaine de morts et plus d'une centaine de blessés. Le plus meurtrier que la France ait connu dans ces années d'après-guerre. Si l'OAS est encore largement soutenue à cette époque par les Français d'Algérie, comme plusieurs manifestations collectives le démontrent, les Français de métropole sont très vite horrifiés par ces actions. Les attentats se multiplient début 1962, certains marquent l'opinion comme celui contre André Malraux qui blesse une petite fille, Delphine Renard.

En mai-juin 1962, en Algérie, les crimes et attentats sont quotidiens. Désormais divisé, le mouvement est épuisé par la répression de l'État et n'a plus de perspectives. Le 17 juin 1962, la radio annonce un accord OAS/FLN et les pieds-noirs écoutent : le « *haut commandement de l'armée secrète donne l'ordre, à partir de ce soir, de suspendre les combats et d'arrêter les destructions* ». Chawki Mostefaï, pour le FLN, confirme dans une allocution que les négociations ont été « *reconnues par les dirigeants algériens* ». L'aventure meurtrière de l'OAS se termine.

Une victime de la vague d'attaques perpétrées par l'OAS gît sur le trottoir [Alger, Algérie], photographie, 1962 [avril].

Frères... OAS [Algérie], affiche, 32x25, 1962.

PAGE DE GAUCHE

Réunion de l'OAS au café Alletti [Alger, Algérie], photographie, 1961.

1960–1961

LE « PUTSCH DES GÉNÉRAUX »

Le général de Gaulle entend mener sa politique en Algérie sans que les militaires n'interfèrent, réaffirmant qu'ils sont au service de la France. Il poursuit donc sa volonté de négocier avec le FLN pour trouver une solution politique à la guerre et fait ainsi procéder, depuis 1958, à plus de mille cinq cents mutations d'officiers irréductiblement convaincus que l'Algérie doit demeurer française. Nombre d'entre eux éprouvent non seulement un ressentiment face à l'évolution vers l'autodétermination, mais de surcroît ne peuvent admettre qu'une victoire militaire se transforme en défaite politique. Ils sont prêts à tout pour conserver l'Algérie française.

Or, de nouvelles négociations entre la France – qui réclame des garanties pour ses ressortissants et le maintien de sa souveraineté sur le Sahara et la base de Mers el-Kébir – et les dirigeants du FLN qui refusent tout préalable, se déroulent en janvier-février 1961 alors même que les attentats redoublent en Algérie et que l'OAS vient d'être créée. À l'annonce de la reprise des pourparlers de paix et de l'ordre d'une trêve unilatérale, quatre généraux – Maurice Challe, Raoul Salan, André Zeller, Edmond Jouhaud – suivis par près de deux cents officiers, tentent un coup d'État militaire en Algérie.

Le 22 avril 1961, ils prennent d'assaut le gouvernement général et l'hôtel de ville à Alger, puis annoncent que « *L'armée a pris le contrôle de l'Algérie et du Sahara* [...]. *Il n'y aura jamais d'Algérie indépendante* ». Mais ce « putsch des généraux » se heurte au loyalisme de la majorité des militaires, notamment des soldats du contingent, et à leur obéissance au chef de l'État, qui ordonne de briser cette « *criminelle insurrection militaire* ». Trois régiments sont dissous et environ cinq cent trente officiers radiés des cadres. Le putsch n'a duré que quelques jours, mais une petite partie de ces soldats a déserté et, avec des civils qui les rejoignent, a contribué à renforcer la lutte clandestine de l'OAS.

Un drapeau d'insurrection sur une barricade [Alger, Algérie], photographie, 1960 [janvier].

PAGE DE GAUCHE

Démonstration d'anciens combattants à Alger lors de la « Semaine des barricades » [Algérie], photographie, 1960 [janvier].

Les généraux Raoul Salan et Edmond Jouhaud, auteurs du putsch d'Alger, quittant le commandement militaire [Algérie], photographie, 1961 [avril].

La police a tiré sur des manifestants algériens, tués sur ordre du préfet de police Maurice Papon [Paris, France], photographie de Daniele Darolle, 1961 [octobre].

Arrestation de manifestants algériens au métro Concorde [Paris, France], photographie d'Élie Kagan, 1961 [octobre].

PAGE DE DROITE

« Ici on noie les Algériens » [Paris, France], photographie de Jean Texier, 1961 [novembre]. Inscription sur le parapet d'un pont, rive gauche, à l'est du pont des Arts, à la suite des massacres commis lors de la manifestation du 17 octobre 1961. L'inscription date sans doute du 5 novembre 1961, et a été réalisée par le Comité pour la paix en Algérie du quartier Seine-Buci.

Manifestation du 8 février 1962 [Paris, France], photographie de *L'Humanité*, 1962 [8 février].

1961–1962

D'OCTOBRE À CHARONNE… AU CŒUR DE PARIS

Le conflit algérien est désormais omniprésent dans l'Hexagone. À Paris, le FLN appelle régulièrement ses militants et sympathisants à manifester, comme ce 17 octobre 1961, pour protester pacifiquement contre le couvre-feu imposé aux seuls « *Français musulmans nord-africains* ». Depuis des mois, pour lutter contre le FLN, la préfecture a créé un système répressif qui passe notamment par la formation d'unités de répression spécialisées, telle la Force de police auxiliaire (FPA), plus communément appelée les « harkis de Paris ». Ces structures prolongent l'activité de la Brigade des agressions et violences (BAV), créée en 1953, au lendemain de la répression de la place de la Nation du 14 juillet 1953 et qui depuis huit ans a pour mission de surveiller et de réprimer les Nord-Africains de Paris et sa périphérie. Bravant l'interdiction et cette surveillance permanente, près de trente mille manifestants défilent dans les rues de Paris, le 17 octobre 1961. La police charge, frappe les manifestants, tire, puis jette les victimes dans la Seine. Officiellement, le nombre des arrestations s'élève à onze mille cinq cent trente-huit (en réalité près de quinze mille) et les autorités ne reconnaissent que deux morts et soixante-quatre blessés alors que la fédération française du FLN annonce plus de deux cents morts et quatre cents disparus. Quatre mois plus tard, une manifestation contre les attentats de l'OAS et la poursuite de la guerre d'Algérie est organisée à Paris le 8 février 1962. Le 26 janvier 1962, plusieurs formations politiques de gauche avaient constitué un Comité national d'action contre l'OAS et pour une paix négociée. Le 7 février 1962, des responsables politiques et syndicaux ont décidé d'appeler à une manifestation massive. Dans la dynamique répressive du gouvernement, qui ne veut donner aucun gage à la gauche, cette manifestation est interdite par la préfecture. La police charge et neuf personnes décèdent en tentant de se réfugier à la station de métro Charonne. Le 12 février 1962, le Premier ministre Michel Debré se rend dans les locaux de la police parisienne, pour « *apporter le témoignage de sa confiance et de son admiration* », et rend hommage deux mois plus tard, au préfet Maurice Papon pour son action. Paris a été, de nouveau, le théâtre des résonances de la guerre d'Algérie en France.

1962

LES ACCORDS D'ÉVIAN

La signature des accords d'Évian entre les représentants du gouvernement français – Louis Joxe, Robert Buron et Jean de Broglie – et ceux du Gouvernement provisoire de la République algérienne (GPRA) – notamment Krim Belkacem qui signe pour la délégation des onze autres membres, dont Seghir Mostefaï (neveu de Chawki Mostefaï), Redha Malek ou M'hamed Yazid –, le 18 mars 1962 sont l'aboutissement des négociations secrètes menées dans les semaines précédentes, et se traduisent concrètement par un cessez-le-feu dès le 19 mars 1962. Pour la plupart des historiens, ces accords mettent « *fin à la guerre* » (Benjamin Stora), inaugurent le « *processus de sortie de la guerre* » (Sylvie Thénault), mais sont aussi une « *utopie juridique* » irréalisable (Guy Pervillé). Les accords, longs de près de quatre-vingt-treize pages, offrent aux Européens le choix de la double nationalité pendant trois ans – puis un choix entre la nationalité algérienne, ou un statut de résident étranger privilégié –, et prévoient pour la question du Sahara un droit de préférence pour les sociétés françaises pendant six ans. Les bases militaires, comme Mers el-Kébir, restent à la France pour une période de quinze ans, comme les installations du Sahara pendant cinq ans. En contrepartie, la France se déclare disposée à apporter son aide économique et financière. Les accords prévoient également la libération des prisonniers des deux camps, des mesures d'amnistie générale et la réduction de l'armée française dans le pays à quatre-vingts mille combattants pendant une année. Les accords sont ratifiés côté français par référendum le 8 avril 1962, avec une majorité écrasante de 91 %. Mais la période qui suit les accords voit l'Algérie basculer dans la violence. Les harkis sont pourchassés et massacrés, les Européens parfois malmenés, accélérant leur départ. Le référendum d'autodétermination se tient le 1er juillet 1962 et précède l'indépendance, déclarée le 3 juillet. Les accords d'Évian signent la fin de huit ans d'une guerre qui marque durablement l'Algérie et la France. Non seulement le bilan humain est lourd – la violence du conflit a touché toutes les familles algériennes et françaises d'une manière ou d'une autre –, mais le FLN est également structuré par cette violence, qui éclaire l'inclinaison vers l'autoritarisme du nouveau pouvoir.

SUPPLÉMENT DERNIÈRE COMPLÈTE SPORTIVE (5 pages)

FOOTBALL Nimes match nul avec Monaco : plus que 3 pts d'avance sur Reims

le Journal du Dimanche-soir

18 MARS 1962

C'EST FAIT !

CESSEZ-LE-FEU

CONCLU A ÉVIAN

14 morts dans ce car sicilien tombé de 20 mètres de haut dans une rivière

De Gaulle parle à 20 h. (TV., Radio)

Les délégués F.L.N. ont quitté Evian à 18 h.

A 16 h. 10 une dépêche de l'agence Reuter annonçait que l'accord était conclu.

Mais, pendant une heure cinquante encore, aucune information officielle n'était publiée. Les délégués français et FLN étaient toujours réunis.

Enfin, à 18 heures, l'accord sur le cessez-le-feu était officiellement annoncé.

Et les trois hélicoptères décollaient de l'Hôtel du Parc avec les délégués F.L.N.

Le général de Gaulle, qui avait enregistré, à 17 h. 10, son allocution, la prononcera ce soir à 20 heures à la T.V. et à la Radio.

(Pages 5, 6 et 7 l'ensemble de nos informations.)

Appel à voter « oui » pour l'indépendance de l'Algérie lors du référendum organisé le 8 avril 1962 [Algérie], photographie, 1962 [mars].

Les délégués du Gouvernement provisoire de la République algérienne aux portes de l'Hôtel du Parc à leur arrivée pour les négociations [Évian, France], photographie, 1962 [mars].

PAGE DE GAUCHE

« C'est fait ! Cessez-le-feu conclu à Évian », *Dimanche soir* [France] couverture de presse, 1962 [mars].

1962

LES RAPATRIÉS ARRIVENT EN FRANCE

Les « rapatriés » du domaine colonial arrivent en métropole au gré des indépendances du Liban, de Syrie, d'Indochine, d'Égypte après l'échec de l'expédition de Suez en 1956, du Maroc et de Tunisie. En 1960-1961, au moment où un secrétariat d'État aux Rapatriés est créé et confié à Robert Boulin, arrivent en France quatre-vingts mille personnes d'Afrique subsaharienne et quarante-sept mille de Madagascar. Mais, c'est d'Algérie que « le grand retour » est le plus massif. Sur un total de plus d'un million et demi de rapatriés en provenance du Maghreb, 80 % sont originaires d'Algérie. Si les premières vagues de rapatriés commencent en 1960-1961, la grande majorité arrive en 1962. Ce n'est qu'au printemps 1962 que le mouvement se précipite et que les « Français d'Algérie » prennent conscience que ce voyage est sans retour, et le vivent pour la plupart comme un véritable exode. Pour gérer leur arrivée, des décrets ont été publiés prévoyant leur accueil, mais ce dispositif, copié sur celui destiné aux Français des protectorats ou d'Indochine, est inadapté à la situation algérienne. Fin 1961, cinquante mille personnes ont déjà quitté le territoire. Le rythme s'accélère avec soixante-dix mille départs entre janvier et avril 1962, et surtout après avec quatre-vingts mille personnes en mai et plus de trois cent mille en juin 1962. Les pieds-noirs vendent dans la précipitation leurs biens et débarquent avec quelques bagages. Ils sont de plus en plus mal accueillis, notamment à Marseille. La ville se transforme en « centre de transit », ils débarquent à la Joliette ou atterrissent à Marignane, mais les centres d'accueil ne comptent alors que huit employés. C'est la pagaille au début de l'été 1962, et le maire Gaston Defferre déclare : « *Qu'ils aillent se réadapter ailleurs.* » Sur le port, les dockers installent des banderoles où l'on peut lire : « *Pieds-noirs, rentrez chez vous.* » Beaucoup ont alors le sentiment d'être rejetés.
Les rapatriements se poursuivent après l'indépendance du 3 juillet 1962, avec cent soixante-dix mille personnes jusqu'à la fin de l'année. Les nationalisations des exploitations agricoles, les confiscations et les atteintes aux individus provoquent le départ de cent mille pieds-noirs entre 1963 et 1965.

Accueil des rapatriés en provenance d'Algérie, à bord du navire Ville de Tunis *à Marseille* [France], photographie, 1962 [juillet].

PAGE DE GAUCHE

Arrivée du navire Ville de Marseille *en provenance de Mers El Kebir avec 1 541 rapatriés d'Algérie à bord* [Marseille, France], photographie, 1962 [mai].

Rapatriés d'Algérie. Le voyage vers la France, photographie, 1962 [juillet].

1962

L'INDÉPENDANCE DE L'ALGÉRIE

Le 3 juillet 1962, les résultats du référendum d'autodétermination tenu deux jours plus tôt sont publiés, révélant une écrasante majorité de « oui ». En effet, à 99,72 %, les Algériens marquent leur volonté d'indépendance. Il s'agit d'un véritable plébiscite car le taux de participation est élevé, avec plus de 91 % des inscrits. Ce même jour, le général de Gaulle reconnaît officiellement la souveraineté et l'indépendance de l'Algérie et les autorités françaises procèdent au transfert des pouvoirs à l'exécutif provisoire de l'État algérien. Cette reconnaissance formelle fait l'objet de messages officiels de félicitations provenant des États membres de l'ONU, assurant la légitimité internationale du nouvel État. Historiquement, l'Algérie accède à l'indépendance le 3 juillet 1962. Partout, les Algériens manifestent leur joie en chantant, dansant et en brandissant le drapeau national. Cette liesse populaire s'exprime pacifiquement sauf à Oran où, du 5 au 7 juillet 1962, plus de quatre cent cinquante enlèvements sont répertoriés par une commission d'enquête – la plupart d'hommes soupçonnés de « collaboration » avec la France –, et si quelques personnes sont libérées, la majorité est massacrée, entachant l'accession à l'indépendance et s'inscrivant dans les massacres de plus grande ampleur des supplétifs de l'armée française qui ont suivi. Les pouvoirs sont transmis au Premier ministre Benyoucef Benkhedda, qui dirige le gouvernement provisoire jusqu'à la tenue, le 28 septembre, des élections, remportées par Ahmed Ben Bella. Il devient le premier président de la République d'Algérie en 1963 et c'est son gouvernement qui inscrit alors la date du 5 juillet comme celle de l'indépendance officielle algérienne à des fins symboliques, cette date correspondant en effet à la prise d'Alger par la France et à la reddition d'Hussein Dey, le 5 juillet 1830.

Après la publication des résultats du référendum, les rues du centre de la capitale algérienne sont envahies par la foule venue de la Casbah, du bled, des djebels et des camps de regroupement pour fêter l'indépendance [Alger, Algérie], photographie, 1962 [juillet].

Proclamation de l'indépendance [Alger, Algérie], photographie de Dominique Berretty, 1962. Dominique Berretty rejoint l'agence Rapho en 1957 et commence à travailler pour le magazine *Life* en 1953 et ce jusqu'en 1968.

PAGE DE GAUCHE

Manifestation dans la Casbah lors de la proclamation de l'indépendance [Alger, Algérie], photographie de Dominique Berretty, 1962.

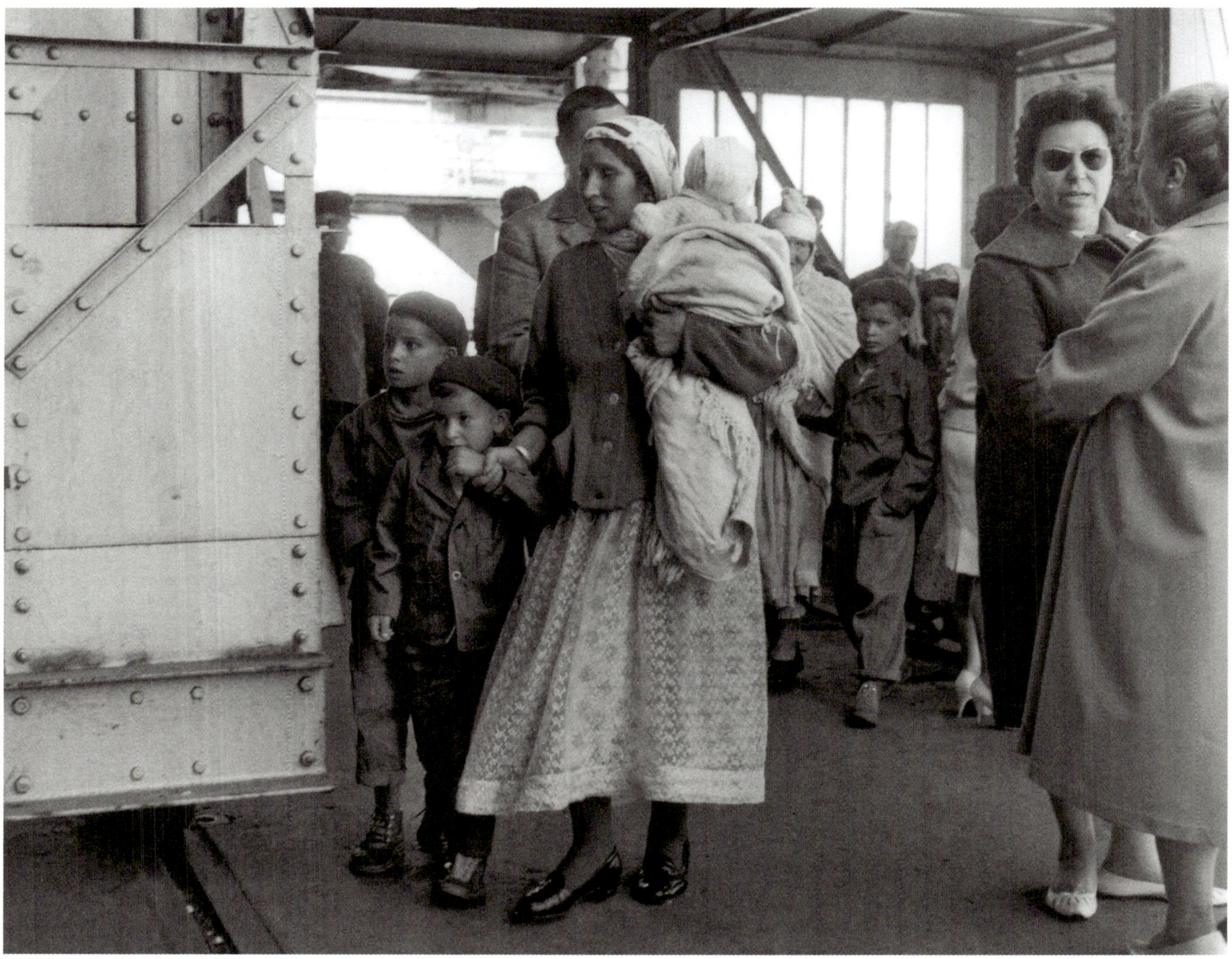

1962

LES HARKIS

Les harkis sont des soldats algériens recrutés pendant la guerre d'Algérie et qui constituent une partie des supplétifs de l'armée française. Ils sont cinquante-huit mille sur un total de deux cent soixante-trois mille musulmans auxiliaires de l'administration française ou opérant sous la responsabilité d'officiers français : militaires du contingent et de carrière, unités supplétives formées à partir de groupes d'autodéfense, *moghaznis* (supplétifs en charge de la mise en place des sections administratives spécialisées), auxiliaires de police, membres de groupes mobiles d'autodéfense, engagés... Considérés comme des « traîtres » par les Algériens, ils sont victimes de massacres aussitôt après l'indépendance, alors même que les accords d'Évian devaient garantir leur sécurité. Or, dès le 3 juillet 1962 et durant tout l'été, ils subissent meurtres et tortures et/ou sont enfermés dans des camps militaires jusqu'en novembre 1962, puis, pour ceux qui ont survécu, déplacés dans des prisons civiles. Nombreux sont ceux employés aux travaux extrêmement dangereux de déminage. Les exactions commises à leur encontre par des responsables des *wilayas* (préfectures) mais également la population et l'ALN font, selon les estimations, plusieurs dizaines de milliers de victimes jusqu'en décembre 1962. Avec le départ de l'armée française, les harkis subissent l'abandon définitif du gouvernement français, souhaitant accueillir le moins possible de ces anciens supplétifs en métropole. Dans cette perspective, Louis Joxe, ministre d'État chargé des Affaires algériennes, ordonne que les responsables militaires ayant pris l'initiative personnelle de rapatrier des harkis, soient recherchés et sanctionnés, et annonce que les supplétifs débarqués en métropole en dehors du plan de rapatriement seront renvoyés en Algérie. Seuls un millier d'entre eux avec leurs familles parviennent en France et sont souvent accueillis dans des conditions déplorables au sein de camps d'urgence, comme au Larzac, dans l'Aveyron, ou à Bourg-Lastic dans le Massif central. Cantonnés et marginalisés, ils subissent un encadrement administratif spécifique. Massacrés en Algérie, ils sont en France considérés comme indésirables et subissent le traumatisme de l'exil et du déracinement.

L'ancien vice-président de l'Assemblée nationale française et chef de la tribu Beni Boudouane, le Bachaga Boualam, signant son livre Mon pays la France *au profit des harkis* [Paris, France], photographie, 1962 [octobre].

PAGE DE GAUCHE

Camp de Harkis [Bourg-Lastic, France], *La Montagne*, photographie de presse, 1962.

Une famille de Harkis, rapatriée d'Algérie, arrivant à Marseille est sur le point de faire ses premiers pas sur le sol français [Marseille, France], photographie, 1962 [1er juillet].

1960-1964

LA *FRANÇAFRIQUE* DE JACQUES FOCCART

Jacques Foccart est l'homme clé de la constitution de la *Françafrique*. Ancien résistant, il accompagne le général de Gaulle dans sa tournée en Afrique en 1953 et devient conseiller technique auprès du Premier ministre en 1958 pour les affaires africaines et malgaches, après le retour au pouvoir des gaullistes. Lors de la mise en place de la Communauté, il structure le Conseil pour les affaires africaines et malgaches, qui échappe au contrôle du ministère des Affaires étrangères et est directement rattaché à l'Élysée, et devient, en 1959, le secrétaire général de la Communauté. Bien que celle-ci disparaisse progressivement, Jacques Foccart a acquis une position centrale pour mettre en œuvre la stratégie que la France entend maintenir avec ses anciennes colonies d'Afrique subsaharienne. La « cellule Afrique » se construit sur une méthode : tout d'abord, Jacques Foccart met en place une structure totalement cloisonnée où il est le seul décideur ; il tisse des réseaux avec des responsables des services secrets et de la diplomatie, et des notables français ou africains, qui ont tout intérêt à la préservation du *statu quo* ; il garde la main sur le Fonds d'aide et de coopération créé en 1959. Ayant rencontré pratiquement tous les futurs chefs d'État africains avant les indépendances et lors des visites officielles à Paris entre 1961 et 1963, il poursuit des relations de proximité, quasi familiales, court-circuitant tous les canaux habituels de la diplomatie. Ensuite, la « méthode Foccart » consiste à employer tous les moyens, légaux ou non, pour poursuivre la stratégie de la France en Afrique articulée autour de deux priorités : accéder aux matières premières stratégiques ; préserver la stabilité politique de son « pré carré » africain. Il n'hésite pas devant l'assassinat (contre l'UPC au Cameroun), la déstabilisation (en Guinée en 1961-1962, aux Comores en 1963 ou au Congo en 1964), ou l'intervention militaire (au Tchad en 1963 ou au Gabon en 1964) pour atteindre ses buts. Ce « *partenariat* » avec les anciennes colonies africaines est devenu, comme le confirme le général de Gaulle lors d'une conférence de presse, en janvier 1964, une « *grande ambition de la France* ».

Accords de coopération France-Afrique à l'hôtel Matignon [Paris, France], photographie, 1961 [avril]. Avec de gauche à droite : le président de la République du Niger, Hamani Diori ; le président de la République de Haute-Volta, Maurice Yaméogo ; le Premier ministre français, Michel Debré ; le président de la Côte d'Ivoire, Félix Houphouët-Boigny ; le président de la République du Dahomey, Hubert Maga.

Le Premier ministre de la Côte d'Ivoire Félix Houphouët-Boigny est accueilli à l'Élysée par Jacques Foccart, secrétaire général de la Communauté française [Paris, France], photographie, 1960 [juin].

PAGE DE GAUCHE

Je construis, tu construis, nous construisons l'Afrique Nouvelle [France], affiche du ministère de la Coopération signée Massacrier (Imp. Aussel), 98x63, 1962. Le ministère de la Coopération a été créé par le général de Gaulle en 1959.

Manifestants de l'OJAM [Organisation de la jeunesse anticolonialiste de la Martinique] *contre la venue du général de Gaulle* [Martinique], photographie, 1964 [avril].

« Bienvenue au général de Gaulle » [Cayenne, Guyane française], photographie, 1964 [mars].

PAGE DE DROITE

Le président de la République française Charles de Gaulle, en visite officielle acclamé par la foule [Pointe-à-Pitre, Guadeloupe], photographie, mars 1964 [mars].

1963–1966

LES TOURNÉES DES GAULLISTES OUTRE-MER

Après la reprise en main politique des années 1958-1962 dans les départements d'outre-mer et des territoires telles la Polynésie ou la Nouvelle-Calédonie, l'éradication des oppositions politiques et des groupes les plus indépendantistes ou autonomistes, l'heure de la « tournée fraternelle » est venue. Le général de Gaulle prend le modèle de sa tournée de 1958. Il renouvelle ce cycle sur l'île de La Réunion, accompagné de son Premier ministre, Michel Debré, dès juillet 1959, où il s'agit de reprendre en main au plus vite la situation politique. Plutôt que d'y revenir, il parachute Michel Debré début 1963. Celui-ci débarque sur l'île, accueilli par trois mille supporters. Michel Debré prend la parole, annonçant que l'indépendance, c'est « *la servitude à Moscou ou à Pékin* », et s'oppose immédiatement au PCR. Quelques semaines plus tard, il est élu député de La Réunion avec plus de 80 % des suffrages exprimés. Fin mars 1964, le général de Gaulle entame une tournée dans les trois départements d'outre-mer. Le 21 mars 1964, il arrive en Guyane où il stigmatise la lutte de l'UPG et du PSG. Deux jours plus tard, il est en Martinique. C'est sa seconde visite officielle sur l'île. De nouveau, il prononce un discours remarqué, devant une foule immense, pour répondre à demi-mot aux indépendantistes : « *la France a fait son devoir et continuera de le faire vis-à-vis de ses enfants* ». Le terme heurte les militants engagés. Aimé Césaire lui répond lors d'un discours réclamant plus d'autonomie locale aux Antilles. Le général de Gaulle balaye d'une phrase ces revendications : « *Entre l'Europe et l'Amérique, il n'y a que des poussières, et on ne construit pas des États sur des poussières.* » Le général de Gaulle se rend ensuite en Guadeloupe, où il était déjà venu quatre ans plus tôt. En 1964, il tient le même discours, poussant les militants indépendantistes à la création du Front guadeloupéen pour l'autonomie (FGA). En 1966, il se dirige vers le Pacifique et débarque à Nouméa en Nouvelle-Calédonie. Dans un nouveau discours, il déclare cette fois-ci : « *Vous êtes un morceau de la France, vous êtes la France australe* » Puis, en septembre 1966, il revient à Tahiti et en Polynésie française. En trois ans, le général et les gaullistes ont partout su combattre les menées autonomistes ou indépendantistes.

1964–1966

MURUROA, KOUROU : DE LA BOMBE À L'ESPACE

Le pouvoir gaulliste a compris la nécessité d'agir pour conserver les territoires coloniaux au lendemain de la vague des indépendances de 1954-1962. Outre la répression politique, le faible développement économique des vieilles colonies et les frustrations sociales font l'objet de plusieurs plans de développement, visant à dynamiser les économies locales tout en les arrimant à la France, et à favoriser l'essor du niveau de vie. Deux programmes importants s'inscrivent dans cette politique : le Centre d'expérimentation du Pacifique (CEP) à Mururoa en Polynésie et le Centre spatial guyanais (CSG) à Kourou. Ces deux projets sont liés à la perte de l'Algérie : la France ayant négocié cinq années d'expérimentations possibles dans le Sahara, elle doit rapidement trouver une alternative. Elle choisit la Polynésie pour y installer sa zone de tests nucléaires. C'est en juillet 1962 que l'atoll de Mururoa est officialisé comme futur champ de tir, avec Tahiti comme base arrière ; puis un second site est retenu, Fangataufa. Dès 1963, la vie économique de la Polynésie commence à dépendre de l'activité du site. En juillet 1964, lors d'un voyage officiel, le Premier ministre Georges Pompidou évoque les essais nucléaires, promettant « *une hausse du niveau de vie* ». Lors de sa tournée de septembre 1966, le général de Gaulle annonce un plan de développement pour le territoire, trois mois après le premier tir de juillet 1966… les dernières critiques s'éteignent. En Guyane, on assiste au même scénario. Le département est retenu par Georges Pompidou en avril 1964 comme le territoire idoine – après l'étude d'une quinzaine d'autres sites possibles – pour installer le Centre spatial. Les intérêts stratégiques se doublent d'un intérêt politique immédiat, au regard de la montée en puissance des revendications indépendantistes. L'année où disparaît l'UPG, en 1965, est celle de l'implantation du centre, des expropriations et des travaux pour le CSG. Malgré les oppositions locales, notamment de l'Union des travailleurs guyanais (UTG) à partir de fin 1967, rien n'arrête l'opération. Le général de Gaulle l'avait annoncé aux Guyanais, lors de son voyage de mars 1964, « *Nous avons une grande œuvre à faire en Guyane* » ; quatre ans plus tard (1968), le site est opérationnel.

Exposé de Guy Kramer, directeur du CSG, lors de la visite du ministre Peyrefitte, photographie du Centre spatial guyanais, 1967 [janvier].

Vue d'ensemble des installations françaises sur l'atoll de Mururoa [Polynésie], photographie du Centre d'expérimentation du Pacifique (CEP) d'Antoine Robert, 1966.

PAGE DE GAUCHE

Visite du Premier ministre, Georges Pompidou [Tahiti, Polynésie], photographie de Georges Ménager, 1964 [août].

1967

LA RÉPRESSION À DJIBOUTI ET EN GUADELOUPE

En août 1966, le général de Gaulle, en route pour l'Éthiopie, fait une escale à Djibouti, capitale de la Côte française des Somalis (CFS). Sur le parcours du cortège présidentiel, des manifestants – sympathisants du Parti du mouvement populaire, rejoint par l'Union démocratique afar – brandissent des pancartes réclamant l'indépendance. La manifestation se transforme en émeute sur la grande place de la ville où le général de Gaulle doit prononcer son discours, et les heurts violents avec la police font quatre morts chez les manifestants, auxquels s'ajoutent cinq morts et des centaines de blessés lors du « rétablissement de l'ordre » le lendemain. Dans son discours à l'Assemblée territoriale, évoquant les événements, le président de la République française ouvre la possibilité d'un référendum, bientôt annoncé sous la pression de l'ONU qui, en 1965, a inscrit le territoire sur la liste des pays à « *décoloniser prioritairement* ». Le 19 mars 1967, 60 % des votants optent pour le maintien dans le giron de la France, mais des manifestations éclatent le lendemain, réprimées dans le sang et faisant une dizaine de morts. En Guadeloupe, après un incident raciste, des émeutes et des grèves éclatent en mars 1967, également réprimées par la police. En mai, à la suite d'un mouvement de grèves des ouvriers du bâtiment, une foule se rassemble près de la chambre de commerce. Une rumeur attribuant des propos racistes au représentant du patronat met le feu aux poudres et l'« émeute » enflamme Pointe-à-Pitre, alors que les manifestants évoquent la répression à Djibouti. Le bilan officiel est de sept à huit morts. Les affrontements auraient vraisemblablement fait plusieurs dizaines de morts comme le précise le rapport – sans pour autant avoir pu trouver des preuves tangibles – de la Commission d'information et de recherche historique sur les événements de décembre 1959 en Martinique, de juin 1962 en Guadeloupe et en Guyane, et de mai 1967 en Guadeloupe, présidée par l'historien Benjamin Stora, présenté fin 2016. Et de conclure : « *il s'agit de toute façon d'un massacre au cours d'une manifestation, ordonné sciemment sur le terrain et approuvé par le gouvernement sous la présidence du général de Gaulle* ».

Appels au calme du préfet et du maire

FRANCE-ANTILLES

Le journal d'information de la Guadeloupe

Directeur Général : ROBERT HERSANT

JEUDI 23 MARS 1967

LE TEMPS

La fureur populaire déchaînée contre un lâche commerçant de Basse-Terre

IL AVAIT LANCÉ SON CHIEN SUR UN CORDONNIER INFIRME

Ses deux voitures sont incendiées et jetées dans la mer

L'incendie du magasin endommage plusieurs maisons du quartier

La Mercédès de Srosky vient d'être retournée par la foule en colère...

... Puis on y a mis le feu et la carcasse jetée à la mer.

NOS ATHLÈTES SONT RENTRÉS DE TRINIDAD AVEC 26 MÉDAILLES

On déplore une quarantaine de blessés plus ou moins grièvement

La tension monte dans les rues de Basse-Terre. Des petits groupes se forment aux croisements...

Forces de l'ordre françaises dans les rues de la capitale pendant le référendum [Djibouti], photographie, 1967 [avril].

Onze personnes ont été tuées et vingt blessées après les émeutes anti-françaises lors de la campagne du référendum sur l'indépendance [Djibouti], photographie, 1967 [avril].

PAGE DE GAUCHE

« La fureur populaire déchaînee contre un lâche commerçant de Basse-Terre », *France Antilles*, couverture de presse, 1967 [mars].

1967–1977

LA LUTTE INDÉPENDANTISTE OUTRE-MER

À partir de 1967-1968, la vie militante et indépendantiste bascule en outre-mer. Dans l'île de La Réunion, les communistes demeurent minoritaires sous le magistère de Michel Debré ; les velléités indépendantistes en Polynésie ont été étouffées alors que se développent les essais nucléaires ; la Guyane a vu s'éteindre une génération de militants autonomistes, malgré la création du Mouvement guyanais de décolonisation (MoGuyDe) en 1974. Reste, à la fin des années 1960 et en dehors de la zone Caraïbes, le devenir de l'archipel néo-calédonien qui inquiète les autorités françaises. La recomposition des forces politiques s'opère alors que les Kanaks sont désormais minoritaires sur le territoire. Le retrait progressif de Maurice Lenormand de la vie politique a ouvert un nouvel espace de revendications, qui donne naissance aux Foulards rouges en 1969 et au renouveau de l'Union calédonienne avec des militants comme Jean-Marie Tjibaou, Eloi Machoro ou Yeiwéné Yeiwéné. En 1975, le mouvement lance officiellement le début de la lutte pour l'accession du peuple kanak à la souveraineté. La radicalisation des positions conduit à la création d'un Front indépendantiste (ancêtre du FLNKS) qui fait désormais face au Rassemblement pour la Calédonie dans la République (RPCR).

Aux Antilles, après la répression anti-indépendantiste de 1967, tout bascule. Dès 1968, Guy Cabort-Masson et Alex Ferdinand créent le Mouvement national pour la libération de la Martinique (MNLM), alors qu'Aimé Césaire maintient sa ligne autonomiste. En Guadeloupe, la répression frappe le Groupe d'organisation nationale de la Guadeloupe (GONG), en guerre contre le préfet Pierre Bolotte arrivé en 1965 dans l'île, et qui réclame l'indépendance. Son leader Pierre Sainton est arrêté, comme dix-sept autres indépendantistes, et incarcéré en métropole pour « *atteinte à l'intégrité du territoire français* ». Le mouvement ne s'en remet pas et éclate, donnant naissance à une myriade de mouvements politiques et syndicaux, jusqu'à la fondation de l'Union populaire pour la libération de la Guadeloupe en 1978, avant la radicalisation armée de certains militants, en 1980, au sein du Groupe de libération armée (GLA).

Aimé Césaire et Paul Vergès pendant la conférence de presse sur l'avenir politique et économique de la Martinique et de La Réunion [Paris, France], photographie, 1966 [décembre].

PAGE DE GAUCHE

Manifestation du Parti de libération kanak (Palika) et du Front uni de libération kanak (FULK) [Nouméa, Nouvelle-Calédonie], *La France Australe*, photographie de presse, 1977 [décembre].

Libération des militants du Mouvement guyanais de décolonisation (MoGuyDe) avec Guy Lamaze, David Donzenac, Jean Mariéma et Raymond Charlotte [Guyane française], photographie, 1975 [janvier].

1974-1977

LES INDÉPENDANCES DES COMORES ET DE DJIBOUTI

Les Comores sont demeurées à l'écart du mouvement de décolonisation des années 1960 et l'archipel a voté pour le maintien du statut de territoire d'outre-mer, tout en finalisant un statut d'autonomie interne concrétisé par la loi du 22 décembre 1961. Les années 1960 voient l'apparition de partis nationalistes : le Mouvement de libération nationale des Comores (Molinaco), créé en 1962, et le Parti socialiste des Comores (Pasoco), qui apparaît en 1970, après les grèves lycéennes de 1968. La pression internationale sur la France va croissant et, en août 1972, le comité spécial de la décolonisation de l'ONU demande l'indépendance pour les Comores. En septembre 1972, les principaux partis politiques comoriens s'unissent dans l'objectif de l'indépendance. Mais la situation est complexe : le Mouvement populaire mahorais, écarté du gouvernement des Comores et soutenu par la France, prépare la séparation de Mayotte. C'est dans ce contexte qu'est organisé le référendum du 22 décembre 1974 : le « oui » l'emporte à 95 %, mais Mayotte vote « non » à 64 %. Ahmed Abdallah déclare unilatéralement l'indépendance des Comores, le 6 juillet 1975, mais Mayotte demeure dans le giron de la France. À Djibouti, en 1974, le leader Hassan Gouled, nationaliste modéré, plaide pour l'indépendance immédiate dans la même dynamique que les Comores. La situation devient critique car, sur un autre front, les nationalistes somalis multiplient les actions terroristes, comme lors de la prise en otage de l'ambassadeur de France à Mogadiscio, en mars 1975. La France, à travers Olivier Stirn, secrétaire d'État aux DOM-TOM, doit trouver rapidement une solution. Il choisit de miser sur Hassan Gouled, qui devient le premier président élu de la République de Djibouti lors de l'indépendance du 27 juin 1977, permettant à la France de conserver sa base militaire sur ce territoire stratégique. Djibouti est le dernier territoire français à être décolonisé.

Les troupes françaises sont déployées dans les rues lors de manifestations pro-indépendance [Djibouti], photographie de Jean-Claude Francolon, 1976 [février].

Manifestation des militants pour l'indépendance [Djibouti], photographie de Jean-Claude Francolon, 1976 [février].

PAGE DE GAUCHE

Des habitants de l'île de Mayotte manifestent afin de rester rattachés à la France [Mayotte], photographie de Ghislaine Morel, 1975 [juillet].

UZER
Ginestet

ÉPILOGUE

LA MÉMOIRE ET L'OUBLI : 50 ANS D'AMNÉSIE 1970–2020

L'histoire des décolonisations, comme l'histoire coloniale, fait partie de l'histoire de France. Intégralement. Et cette histoire a été violente, trouble, complexe. Si elle a profondément marqué les anciennes colonies, elle a de la même manière produit d'innombrables effets sur la France postcoloniale. Pourtant il ne s'agit pas d'enfermer l'histoire coloniale et des décolonisations dans une sorte de nouveau face-à-face entre la France et ses ex-colonies, entre les Français et les « immigrés postcoloniaux », mais au contraire de comprendre cette histoire comme une histoire-monde[1].

Pour la France, c'est l'histoire d'une guerre « invisible », oubliée, non dite, qui a duré près d'un quart de siècle, de 1943 à 1967. C'est aussi une guerre de la France avec elle-même, en Algérie comme en Nouvelle-Calédonie, une guerre des « valeurs », enfin, entre les thuriféraires de l'Empire et ses critiques, qui pendant des décennies se sont affrontés dans les textes, les mots, les débats parlementaires ou dans la rue. C'est, en conclusion, une histoire à la fois française et mondiale, dans toutes les dimensions politiques, sociologiques et idéologiques.

1. John Kent, *The Internationalization of Colonialism. Britain, France and Black Africa, 1939-1956*, Oxford, Clarendon Press, 1992.

DOUBLE PAGE PRÉCÉDENTE

Sommet de la Francophonie [Versailles, France], photographie d'Alexis Duclos, 1986 [février].

PAGE DE GAUCHE

Enfants dans un camp de Harkis en Ardèche [France], photographie de Jean-Pierre Tartrat, 1975.

HÉRITAGES

Dans le cas français, cette histoire a aussi ses spécificités et ses continuités. Outre que la France a conservé un domaine ultramarin non négligeable, et partie prenante désormais de l'identité même de la République, elle a construit en Afrique, en dehors de tout contrôle parlementaire ou politique, un « pré carré » autour de la personnalisation extrême des liens entre les chefs d'État africains et la « cellule Afrique de l'Élysée », permettant à la France de conserver une importante zone d'influence en soutenant continûment de nombreuses dictatures, en faisant ou défaisant les pouvoirs en place au gré de ses intérêts et en intervenant au besoin militairement.

Depuis les années 1990, cette influence a cependant fortement diminué[2], devant la montée des aspirations démocratiques en Afrique et la concurrence que lui livrent désormais d'autres pays européens, mais également les États-Unis et surtout la Chine, désirant s'implanter durablement sur le continent pour avoir accès à ses ressources. Enfin, culturellement la France perd de son influence malgré l'édification de la francophonie, en partie en raison des difficultés à dépasser et assumer son passé colonial.

Ce qui nous amène à comprendre pourquoi l'histoire coloniale et des décolonisations et leurs conséquences en France sont encore marginalisées, malgré le travail de plusieurs générations d'historiens[3].

LE TRAUMA DE LA PERTE

Pour expliquer cette marginalisation, plusieurs facteurs s'enchevêtrent. D'une part, si les recherches sur les conséquences des décolonisations dans les ex-colonies ont été largement développées par des auteurs majeurs, celles portant sur les répercussions de cette histoire en France même, ont été négligées. En effet, les recherches en « histoire coloniale » disparaissent en tant que telles après la réorganisation du CNRS et de l'Université en 1959 en fonction des « aires culturelles » étudiées. Ne subsistent dans les laboratoires d'histoire que quelques axes fléchés « histoire coloniale » marginaux[4]. Par ailleurs, la recherche historique, malgré un travail remarquable sur les colonisations dans les territoires colonisés, a complètement raté le courant de renouvellement imprimé par les *postcolonial studies* à la fin des années 1970[5], qui renversaient clairement les perspectives en investiguant les conséquences de la colonisation aussi bien dans les anciens territoires sous tutelle que dans les anciennes métropoles impériales. Ce champ est demeuré jusqu'aux années 2000 complètement en friche dans la recherche en France.

Au-delà des enjeux historiographiques[6], il faut se rappeler que l'oubli de l'histoire coloniale et des décolonisations a été sciemment organisé par l'État dès les indépendances achevées. Le pouvoir gaulliste, s'inspirant de l'expérience acquise immédiatement après la fin de la Seconde Guerre mondiale où le régime de Vichy et la collaboration avaient été réduits au rang d'épiphénomènes et la Résistance au statut de fait national[7], fit de même avec l'histoire coloniale et les décolonisations, durant son contrôle du pouvoir politique de 1959 à 1969. Les gouvernements qui suivirent continuèrent cette politique d'amnésie.

Au regard de ces histoires traumatiques, mieux valait *oublier* ou transformer ces phases peu glorieuses, pour réinvestir le rêve de la « grandeur de la France ». Le choc des décolonisations avait en effet été d'autant plus brutal que, jusqu'au bout, la propagande coloniale et les pouvoirs successifs avaient martelé sans relâche le refrain obsédant de la « mission civilisatrice » de la France, apportant généreusement progrès économique et bonheur social à des populations reconnaissantes. Il fallait aussi oublier le « drame des harkis », l'« exode des rapatriés », la violence raciste à l'encontre des migrants coloniaux et, enfin, les défaites en Algérie et en Indochine. En outre, la « mission civilisatrice » était intimement liée aux idéaux

2. Même si l'implication de la France dans le génocide rwandais fait encore l'objet de nombreux débats avec tout récemment la mise en place d'une commission d'enquête, et si la France a organisé récemment des interventions dans la zone sahélienne.

3. Il serait également nécessaire de mener l'enquête dans les pays décolonisés : comment ceux-ci usent-ils de l'histoire et de la mémoire coloniale ? Le cas de l'Algérie par exemple, où le FLN a mythifié et héroïsé la guerre comme arme de légitimation politique depuis l'indépendance, mériterait des recherches à poursuivre.

4. Gilles de Gantes, « De l'histoire coloniale à l'étude des aires culturelles : la disparition d'une spécialité du champ universitaire français », in *Outre-Mers, revue d'histoire*, n° 338-339, 2003 ; Nicolas Bancel, « L'histoire difficile. Esquisse d'une historiographie du fait colonial et postcolonial », in Pascal Blanchard, Nicolas Bancel, Sandrine Lemaire (dir.), *La Fracture coloniale*, Paris, La Découverte, 2005.

5. Nicolas Bancel, *Le Postcolonialisme*, Paris, Presses Universitaires de France, 2019.

6. Catherine Coquery-Vidrovitch, « Les débats actuels en histoire de la colonisation », in *Tiers-Monde*, vol. 28, n° 112, 1987.

7. Éric Conan, Henri Rousso, *Vichy, un passé qui ne passe pas*, Paris, Fayard, 1994.

8. Raoul Girardet, *L'Idée coloniale en France de 1871 à 1962*, Paris, Hachette, 2005 [1972].

9. Suzanne Citron, *Le Mythe national. L'histoire de France revisitée*, Paris, L'Atelier, 2008.

Opérations militaires françaises [Bangui, République centrafricaine], photographie de Jean-Michel Turpin, 1996 [mai].

de la République, à l'idée même de nationalisme français[8], véhiculée à divers degrés par les institutions publiques, et notamment l'armée et l'école, mais aussi les relais du savoir et de la culture que sont la presse, le monde de l'édition ou l'audiovisuel public.

Dans cet univers mémoriel, la décolonisation apparaissait comme une parenthèse « inévitable », comme l'un des effets de la Guerre froide, qui avait détruit l'« œuvre séculaire » de la France aux colonies. Il fallait donc oublier cette « injustice », et protéger la mémoire de la « plus grande France » et ceux qui en avaient été les bâtisseurs.

L'amnésie institutionnalisée a laissé les héritiers directs de cette histoire, notamment les rapatriés, maîtres du jeu mémoriel, comme une sorte de compensation du drame vécu et de l'accueil désastreux qu'ils ont connu en métropole. L'État, garant du « récit national »[9], a donc relégué l'histoire coloniale et la « défaite » des décolonisations à la marge de l'histoire nationale. La rupture est survenue à partir de deux positions extrêmes, qui ont imposé leur lecture du passé : d'un côté, le Front national (devenu Rassemblement national), qui revendique une nostalgie explicite du temps des colonies ; de l'autre, une relecture militante de ce passé, cataloguée comme « anticoloniale ». Entre ces deux pôles, se construit pas à pas une troisième voie. Si les échanges y sont plus feutrés, ce débat entre une histoire critique de la colonisation et une évaluation plus positive de cette période, a traversé pendant plusieurs décennies le monde académique.

Le président de la République française Jacques Chirac lors de la troisième journée de sa visite d'État en Algérie [Oran, Algérie], photographie de Gilles Bassignac, 2003 [avril].

L'AMNÉSIE, COMME POLITIQUE MÉMORIELLE

Quoi qu'il en soit, l'orchestration de ce silence initial procède du conflit algérien, qui a cristallisé l'ensemble des actes et discours officiels postindépendance. Ainsi les accords d'Évian mettant en place un cessez-le-feu marquent non seulement le « *début d'un processus de sortie de guerre*[10] » mais comportent également une clause d'amnistie, à savoir un « *oubli collectif et juridique des fautes commises dans le cadre de la lutte politique. L'objectif explicite de l'amnistie est d'apaiser les esprits en imposant le silence*[11]. » Ce sont deux décrets, signés dès le 22 mars 1962, et cinq ordonnances publiées en avril 1962 qui établissent cette amnistie concernant les Algériens ayant combattu pour l'indépendance, la réciprocité étant invoquée pour amnistier également les fonctionnaires et militaires coupables de torture et d'exactions pendant les « *opérations de maintien de l'ordre* ».

Ces premières mesures sont ensuite complétées par trois lois promulguées en décembre 1964, juin 1966 et juillet 1968 – lors de la décennie gaulliste –, amnistiant pénalement les militants de l'Algérie française et de l'OAS. Désormais, en raison de ces lois d'amnistie, « *aucune plainte ne peut aboutir. Seules des poursuites devant des tribunaux internationaux pourraient débloquer le processus.* [...] *Il est quasiment interdit d'évoquer tout acte de violence commis par la France pendant la colonisation* », analyse Benjamin Stora dans les colonnes du *Parisien* en février 2017.

Cette série de décisions visant à faire l'impasse sur les « événements d'Algérie » tels qu'on les qualifiait à l'époque s'achève par une dernière loi d'amnistie juste après l'arrivée au pouvoir des socialistes. Elle fut votée le 3 décembre 1982, et visait à reconsidérer les carrières des personnes amnistiées. Souhaitée et défendue par le président de la République François Mitterrand, qui avait été ministre de l'Intérieur puis garde des Sceaux durant la guerre d'Algérie[12], et ministre de la France d'outre-mer au moment des événements en AOF, elle fut imposée à l'Assemblée nationale par le 49.3 – le premier du septennat – malgré l'opposition de plusieurs intellectuels et hommes politiques de gauche.

Car cette amnistie, au-delà du seul cas de l'Algérie, envoyait un signal fort à tous ceux – de droite comme de gauche – qui voulaient faire le « procès de la colonisation ». L'amnésie s'affirmait une fois de plus comme une politique d'État, d'un régime à l'autre, de la droite gaulliste ou libérale à la gauche socialiste issue de l'union de la gauche. Aux extrêmes, le Front national devenait l'épouvantail « Algérie française » des tortionnaires, et les militants d'une appréciation critique de la colonisation des fauteurs de troubles mémoriaux.

DE L'ENTERREMENT DU PASSÉ COLONIAL À SON RETOUR EN FORCE

Malgré cette politique d'État, au milieu des années 1980, le débat colonial prend néanmoins place dans la société française[13], car la configuration a changé et les acteurs en présence ne sont plus uniquement ceux de la IVe République et des temps de décolonisation. Il est désormais porté à la fois par les acteurs historiques du conflit – rapatriés, harkis, anciens combattants de la guerre d'Algérie – mais aussi et surtout, après la « Marche des beurs » en 1983, par les colonisés devenus immigrés en France, ainsi que par leurs descendants désormais citoyens français[14], à travers des combats mémoriels spécifiques portant sur la torture, le 17 octobre 1961, la lutte armée aux Antilles, la crise en Nouvelle-Calédonie, l'engagement des troupes coloniales dans les deux conflits mondiaux et plus généralement l'absence de reconnaissance du passé colonial. Le débat est explosif, car évidemment ces groupes n'interprètent pas du tout de la même manière le conflit algérien et, par extension, l'histoire coloniale et des décolonisations. Le temps des guerres de mémoire commence[15].

Pour les associations de rapatriés et les anciens combattants français en Algérie, il s'agit avant tout de faire reconnaître la souffrance de l'exode des pieds-noirs et, dans bien des cas, de véhiculer une image largement idéalisée de la colonie, la *Nostalgérie*[16]. Longtemps à la marge des grands enjeux politiques, ces associations ont trouvé quelques oreilles attentives, à la fin des années 1980, au sein de ministères ou de collectivités territoriales, pour projeter l'édification de « lieux de mémoires » nostalgiques. Les manuels d'histoire deviennent également un enjeu majeur. Un an après les événements sanglants de Nouvelle-Calédonie, le 9 mars 1989, le sénateur Paul Alduy interpellait le ministre de l'Éducation nationale à propos du traitement de la colonisation dans les manuels scolaires : « [...] *les écoliers et les étudiants méconnaissent l'action éminemment humanitaire et civilisatrice de la République française* [...] *dont l'œuvre exemplaire n'est pas soulignée*[17] ».

Dans un tel contexte, des projets institutionnels se mettent en place pour « sauvegarder » la mémoire immaculée du passé colonial et commencent à se fixer, par le biais d'édifices ou symboles visibles, sur le territoire national, dans la continuité de ceux qui avaient été créés à Nice en 1973 et à Toulon en 1980. Désormais, la mémoire coloniale « positive » et le souvenir de l'Algérie française sont omniprésents dans le sud-est de la France, terre des rapatriés[18], mais aussi futures terres frontistes. C'est dans ce contexte que la droite revient au pouvoir avec Jacques Chirac en 1995.

Comme l'analyse l'historien Benjamin Stora, « *en 1995, avec l'arrivée de Jacques Chirac au pouvoir, les nostalgiques de l'Algérie française se sont réveillés.* [...], *ouvrant petit à petit des espaces jusqu'à l'intérieur de l'UMP*[19] ». Alain Ruscio précise qu'alors, les nostalgiques continuent, au sens propre, à marquer le territoire : « *dans des dizaines de villes de France, des*

10. Selon l'expression de Sylvie Thénault dans « 1962 ou les paradoxes d'une fin de guerre dans la violence » in Pierre-Louis Fort, Christiane Chaulet Achour (dir.), *La France et l'Algérie en 1962*, Paris, Karthala, 2014.

11. Stéphane Gacon, « Les amnisties de la guerre d'Algérie, 1962-1982 », in *Histoire de la justice*, n° 16, 2005.

12. François Malye, Benjamin Stora, *François Mitterrand et la guerre d'Algérie*, Paris, Calmann-Lévy, 2010.

13. Daniel Rivet, « Le fait colonial et nous, histoire d'un éloignement », in *Vingtième siècle. Revue d'histoire*, n° 33, 1992.

14. Ahmed Boubeker, Abdellali Hajjat, *Histoire politique des immigrations (post)coloniales. France, 1920-2008*, Paris, Éditions Amsterdam, 2008.

15. Pascal Blanchard, Isabelle Veyrat-Masson (dir.), *Les Guerres de mémoires. La France et son histoire*, Paris, La Découverte, 2010.

16. Alain Ruscio, *Nostalgérie. L'interminable histoire de l'OAS*, Paris, La Découverte, 2015.

17. *Journal officiel*, n° 18, 4 mai 1989.

18. Hélène Chaubin, « Le Sud, terre d'élection de l'activisme ? L'OAS-Métro dans l'Hérault », in Raphaëlle Branche, Sylvie Thénault (dir.), *La France en guerre 1954-1962*, Paris, Autrement, 2008.

19. Benjamin Stora, *La Guerre des mémoires. La France face à son passé colonial* (entretiens avec Thierry Leclère), La Tour-d'Aigues, Éditions de l'Aube, 2007.

monuments à l'Algérie française sont érigés [...]. *On comptait, fin 2013, quelque soixante-dix lieux de mémoire de cette nature*[20]. » Nice, Toulon, Perpignan, Nîmes, Marseille, Aix-en-Provence, Théoule-sur-Mer, Marignane et Montpellier deviennent les places fortes de ce *souvenir* à sauvegarder. La stratégie consiste désormais à occuper l'espace mémoriel, exercer une pression sur le gouvernement, empêcher (ou retarder) toute nouvelle écriture du passé colonial (à l'école, dans la presse, à la télévision ou au cinéma), sans hésiter à s'opposer à un film comme *Hors-la-loi* de Rachid Bouchareb, à une conférence ou à une exposition.

La mémoire institutionnelle vacille et les nostalgiques reprennent la main. C'est le cas à Marseille où, en 2000 et après plus d'une décennie de lobbying et de projets successifs, est envisagée concrètement l'érection d'un Mémorial de la France d'outre-mer entre l'État, la région et la ville. Puis un second projet émerge, à Montpellier, où un musée d'Histoire de la France en Algérie est prévu. Un troisième projet devait être dédié à la guerre d'Algérie et aux « événements » de la décolonisation au Maroc et en Tunisie à Montredon-Labessonnié au milieu des années 2000, alors qu'un quatrième projet devait être consacré aux « rapatriés » et à leurs « mémoires » dans le Nord, en périphérie de Lille. Tous ont été abandonnés à la fin des années 2000, faute de combattants et face aux critiques de plus en plus prononcées des spécialistes, mais aussi de l'opinion. Le temps n'était plus à la nostalgie explicite, il fallait agir autrement pour conserver intacte la mémoire d'une colonisation « positive » et plus spécifiquement de la décolonisation.

Entre-temps, des livres et travaux ont fait basculer l'opinion. On pense notamment à l'ouvrage de Marc Ferro, *Le Livre noir du colonialisme* (2003), qui déclenche, y compris chez des historiens, des réactions épidermiques. Jean Fremigacci y voit une histoire qui « *suit une pente naturelle tendant à déformer ou forcer la réalité* » et Jean-Pierre Chrétien considère que cette œuvre « *se situe manifestement dans un certain air du temps*, [et] *laisse en fait plutôt perplexe* »[21].

C'est dans ce contexte qu'apparaissent pourtant la fameuse loi de février 2005 et ses deux articles, votés par une large majorité de députés et de sénateurs, faisant notamment injonction aux professeurs du secondaire de mentionner les « *aspects positifs* » de la colonisation – loi qui validait par ailleurs dans son article 3 le projet du Mémorial de Marseille. La même année, émerge un nouveau type de groupes[22] revendiquant clairement la réouverture du « dossier colonial », arguant des injustices faites aux immigrés postcoloniaux.

L'histoire coloniale prenait ainsi un tour violemment polémique autour des années 2005-2006, bouleversant les enjeux historiques et historiographiques, propulsant ces questions jusqu'alors marginales au tout devant de la scène médiatique et dans les lieux de recherche, contribuant à l'émergence d'une nouvelle génération de chercheurs et d'historiens. C'est dans ce contexte que le quinquennat de Nicolas Sarkozy est marqué par la promotion de « l'identité nationale », l'échec de la Maison de l'histoire de France, l'abandon définitif du musée dédié à la nostalgie coloniale à Marseille mais aussi la structuration du discours contre la « repentance ».

Beaucoup attendaient une rupture en 2012 avec François Hollande[23], mais si à propos des événements du 17 octobre 1961, il déclare « *La République reconnaît avec lucidité ces faits* » et utilise cette expression en juillet 2015 au Cameroun lorsqu'il aborde la guerre menée par la France dans ce pays dans les années 1950 (alors qu'en ce même lieu, le Premier ministre François Fillon avait parlé de « *pure invention* » six ans plus tôt), la « lucidité » va conduire à l'inaction.

Face à cet immobilisme, les essayistes polémistes vont devenir les derniers porteurs de drapeau du combat des nostalgiques de l'Empire[24]. Des plus médiatiques comme Éric Zemmour avec *Mélancolie française* (2010) et *Le Suicide français* (2014), mais aussi Pascal Bruckner[25], Alain Finkielkraut[26], Paul-François Paoli[27], aux plus politiques comme Max Gallo[28] et Alain Griotteray[29], le tout légitimé par des historiens en quête de notoriété comme Daniel Lefeuvre[30], Jean Sévillia depuis *Le Figaro* ou les nouveaux apôtres de l'anti-repentance[31], sans oublier quelques seconds couteaux dans la même veine[32]. Face à eux, des associations ou mouvements qui se sont inscrits dans la dynamique des Indigènes de la République pour former une mouvance décoloniale radicale, parfois aux forts relents identitaires.

20. Alain Ruscio, *op. cit.*

21. « L'anticolonialisme (cinquante ans après). Autour du Livre noir du colonialisme », in *Afrique & histoire*, vol. 1, n° 1, 2003.

22. Nicolas Bancel, Pascal Blanchard, « From colonial to Postcolonial », in *French postcolonial studies*, numéro spécial, janvier 2010.

23. Benjamin Stora, *La Guerre des mémoires : la France face à son passé colonial*, op. cit.

24. Pascal Durand, Sarah Sindaco, (dir.), *Le Discours « néo-réactionnaire ». Transgressions conservatrices*, Paris, CNRS Éditions, 2015 ; Daniel Lindenberg, *Le Rappel à l'ordre : enquête sur de nouveaux réactionnaires*, Paris, Seuil, 2002.

25. Pascal Bruckner, *Le Sanglot de l'homme blanc*, Paris, Seuil, 1983 (et ses multiples rééditions depuis).

26. Alain Finkielkraut, *L'Identité malheureuse*, Paris, Stock, 2013.

27. Paul-François Paoli, *Nous ne sommes pas coupables. Assez de repentances*, Paris, La Table Ronde, 2006.

28. Max Gallo, *Fier d'être français*, Paris, Fayard, 2006.

29. Alain Griotteray, *Je ne demande pas pardon. La France n'est pas coupable*, Paris, Le Rocher, 2001.

30. Daniel Lefeuvre, *Pour en finir avec la repentance coloniale*, Paris, Flammarion, 2006.

31. Guy Pervillé, « De la glorification à la repentance : la mémoire et l'histoire de la guerre d'Algérie dans le cadre de la nouvelle politique mémorielle française », in Éric Bédard, Serge Cantin (dir.), *L'Histoire nationale en débat. Regards croisés sur la France et le Québec*, Paris, Riveneuve, 2010.

32. Éric Keslassy, Alexis Rosenbaum, *Mémoires vives. Pourquoi les communautés instrumentalisent l'histoire*, Paris, Bourin, 2007 ; mais aussi des auteurs comme Alexandre Del Valle, Laurent Obertone, Philippe Muray, Élisabeth Lévy ou Richard Millet qui feront le lien entre « déclin de la France », « crise identitaire », « problème migratoire », « invasion de l'islam » et l'héritage de la colonisation ou des décolonisations.

Panneaux affichant les différents groupes politiques lors du référendum sur l'indépendance de la Nouvelle-Calédonie [Nouméa, Nouvelle-Calédonie], photographie de Theo Rouby, 2018 [novembre].

VERS UNE NOUVELLE LECTURE DU PASSÉ COLONIAL ?

Dans ce contexte mémoriel, le 15 février 2017, le candidat à l'élection présidentielle, Emmanuel Macron, affirme clairement que la colonisation « *fait partie de l'histoire française* », mais surtout qu'elle est « *un crime contre l'humanité, c'est une vraie barbarie. Et cela fait partie de ce passé que nous devons regarder en face.* » Cela déclenche immédiatement une réaction des mouvements représentant les rapatriés d'Algérie ainsi que de personnalités politiques d'extrême droite telle Marine Le Pen ou de droite comme François Fillon, qui à leur tour vont critiquer la « *repentance permanente* ».

Un nouveau cycle de reconnaissance du passé colonial et des violences des décolonisations semble alors s'ouvrir à l'échelle des plus hautes marches du pouvoir exécutif et de la société française à l'heure du soixantième anniversaire des indépendances subsahariennes (1960-2020). Mais l'enjeu va bien au-delà de ces déclarations, il renvoie à la capacité de la société française à « digérer » ce passé.

Malgré ces difficultés, cette histoire s'inscrit désormais dans les manuels scolaires, les films de fiction et les documentaires, dans le travail d'édition et de recherche, mais reste encore en jachère dans l'univers des musées, même si les débats sur la « décolonisation » nécessaire de l'imaginaire et des pratiques muséales sont aujourd'hui un sujet de recherche. Dans cette perspective, la France pourrait être en Europe le dernier pays qui ait eu un empire à engager un travail de transmission des savoirs à travers un musée à la hauteur de cette histoire des colonisations et des décolonisations[33].

Tout un symbole pour le « pays des musées » qui a possédé le second empire colonial au monde. Pour un récit qui a commencé au XVIe siècle au Canada et s'est terminé par vingt-cinq ans de conflits, la plus longue guerre qu'ait connue la France au XXe siècle.

33. Pascal Blanchard, « Un musée sur l'histoire coloniale : il est temps », *Libération*, 29 mai 2019 ; Pascal Blanchard, Nicolas Bancel, « Pour un musée des colonisations et de l'esclavage ! », *Le Monde*, mai 2016 ; Collectif, « Manifeste pour un musée des histoires coloniales » *Libération*, 8 mai 2015 (date symbolique en rappel du 8 mai 1945) ; Collectif, « Faire de l'hôtel de la Marine un musée de l'esclavage », *Le Monde*, 18 janvier 2011 ; Robert Aldrich, « Le musée colonial impossible », in Pascal Blanchard, Sandrine Lemaire, Nicolas Bancel (dir.), *Culture postcoloniale 1961-2006*, Paris, Autrement, 2006.

POSTFACE, PAR ACHILLE MBEMBE

SORTIR DE LA LONGUE NUIT DES DÉCOLONISATIONS

Il y a soixante-dix ans, la plus grande part de l'humanité vivait encore sous le joug colonial, une forme particulièrement primitive de la *domination raciale*. Son affranchissement, une décennie plus tard, constitue un moment clé de l'histoire de notre modernité. Que cet événement ait peu marqué de son empreinte l'esprit de notre temps n'est, en soi, guère une énigme. Tous les crimes n'engendrent pas nécessairement des choses sacrées[1].

De certains crimes dans l'histoire, il ne résulte que souillure et profanité, la splendide stérilité d'une existence atrophiée, bref, l'impossibilité de « faire communauté » et de ré-arpenter les chemins de l'humanité. De la colonisation et/ou des décolonisations, peut-on dire qu'elles furent justement le spectacle par excellence de l'impossible communauté, tétanique convulsion en même temps que vain sifflement ?

La décolonisation française – mais aussi les autres – est un événement dont la signification politique essentielle résida dans la *volonté active de communauté*, comme d'autres parlaient autrefois de volonté de puissance. Cette volonté de communauté était l'autre nom de ce que l'on pourrait appeler la *volonté de vie*. Elle avait pour but la réalisation d'une œuvre partagée : se tenir debout par soi-même et constituer un héritage. En cet âge blasé, marqué au coin du cynisme et de la frivolité et où tout se vaut, de tels mots pourraient ne susciter que ricanement.

À l'époque, beaucoup étaient pourtant prêts à gager leurs vies pour l'affirmation de tels idéaux. Ceux-ci n'étaient en effet des prétextes ni pour esquiver le présent ni pour se dérober à l'action. Au contraire, tel un aiguillon, ils servaient à orienter le devenir et à imposer, par la *praxis*, une nouvelle redistribution du langage et une nouvelle logique du sens et de la vie.

1. Ce texte reprend plusieurs contributions et des interviews autour du passé colonial et des décolonisations, et il se présente comme un regard synthétique porté depuis vingt ans sur cette page d'histoire, qui est ici remis en perspective au regard du soixantième anniversaire des décolonisations. On peut notamment citer un ouvrage fondateur, édité il y a vingt ans, pour le 40e anniversaire des indépendances : *De la postcolonie, Essai sur l'imagination politique dans l'Afrique contemporaine*, Paris, Karthala, 2000. Ainsi qu'un second ouvrage, édité dix ans plus tard, pour le 50e anniversaire des décolonisations : *Sortir de la Grande Nuit. Essai sur l'Afrique décolonisée*, Paris, La Découverte, 2010.

La communauté décolonisée cherchant à s'instituer sur les décombres de la colonisation, cette dernière n'était perçue ni comme un destin ni comme une nécessité. En démembrant la relation coloniale, le nom perdu remonterait à la surface, pensait-on. Le rapport entre ce qui avait été, ce qui venait de se passer et ce qui allait venir serait renversé, rendant possible la manifestation d'un pouvoir propre de genèse, une capacité propre d'articulation d'une différence et d'une force positive.

À la volonté de communauté dominée s'ajoutaient la volonté de savoir et le désir de singularité et d'originalité. Le discours anticolonial avait, pour l'essentiel, épousé le postulat de la modernisation et les idéaux de progrès, y compris là où il en esquissait une critique – que celle-ci fût explicite (cas de Gandhi ou de Bourguiba) ou non. Cette critique était animée par la quête d'un futur qui ne serait pas écrit à l'avance ; qui mêlerait traditions reçues ou héritées, interprétation, expérimentation et création de neuf, l'essentiel étant de partir de ce monde-ci en direction d'autres mondes possibles. Au cœur de cette analyse se trouvait l'idée selon laquelle la modernité occidentale avait été imparfaite, incomplète et inachevée. Mais, presque partout, ce désir d'émancipation s'est transformé en échec politique ou en dictature. Pour autant, ce temps des décolonisations a été un moment majeur du basculement du monde.

LE MOMENT DES DÉCOLONISATIONS

Depuis, la décolonisation a fini par devenir un concept de juristes et d'historiens. Ce ne fut pas toujours le cas. Aux mains de ces derniers, cette notion s'est appauvrie. Ses multiples généalogies ont été occultées, et le concept a perdu de la teneur incendiaire qui marqua pourtant ses origines. Sous cette forme mineure, la décolonisation désigne simplement le transfert du pouvoir de la *métropole* aux anciennes possessions coloniales au moment de l'indépendance. Pourtant, comme le montrent page à page ce livre et les images rassemblées ici, ce moment fut un bouleversement du monde et un combat majeur pour conquérir la liberté. Mais aussi un refus de la domination, et la volonté d'un autre ordre du monde.

Les indépendances ne furent pas octroyées, mais bien conquises. Pensé dès les années 1930, esquissé au milieu des années 1940, construit dans les années 1950… ce transfert de pouvoir fut le résultat, soit de négociations pacifiques et de compromis entre les élites politiques des nouveaux pays indépendants et les anciennes puissances coloniales ; soit la conséquence d'une lutte armée ayant abouti à la fin de la domination étrangère – comme en Indochine ou en Algérie –, à la défaite, voire à l'éviction des colons et à la repossession du territoire national par le nouveau pouvoir autochtone. Mais partout elles furent une *volonté*.

Sous une forme majeure, la décolonisation s'apparentait à une « lutte de libération » ou, comme le suggérait Amílcar Cabral, le fondateur du Parti africain pour l'indépendance de la Guinée et du Cap-Vert (PAIGC), à une « *révolution* ». En un mot, cette lutte visait la reconquête, par les colonisés, de la surface, des horizons, des profondeurs et des hauteurs de leur vie. Au détour de cette lutte, qui exigea un énorme effort psychique et des capacités extraordinaires de mobilisation des masses, les structures de la colonisation devaient être démantelées, de nouveaux rapports entre le sujet et le monde institués, et le possible réhabilité. Pris sous cet angle, le concept de décolonisation est un raccourci. Il renvoie à la difficile problématique de la reconstitution du sujet, de la déclosion du monde et de la montée universelle en humanité.

Mais ce ne fut pas une rupture totale. Après la décolonisation, la France a gardé presque intacts les dispositifs mentaux qui légitimaient cette domination et lui permettaient de brutaliser les « sauvages » en toute bonne conscience. Ces structures racistes de la pensée, de la perception et du comportement refont d'ailleurs surface aujourd'hui – même si c'est sous des formes différentes – dans le contexte des controverses sur l'islam, le port du voile ou du terrorisme, la question des banlieues, les débats sur l'immigration ou sur l'identité dite « nationale ». Le racisme ayant été l'un des ingrédients majeurs de la colonisation, décoloniser signifie automatiquement déracialiser. Mais, pour s'autodécoloniser, il eût fallu entreprendre un immense travail, à la manière des Allemands au moment de la dénazification. Il n'a pas eu lieu en France.

Le soixantième anniversaire des indépendances qui vient, en 2020, est l'occasion de nombreuses commémorations en Afrique comme en France. Ces festivités relèvent-elles du symbole ou sommes-nous aujourd'hui à un moment charnière de l'histoire de l'Afrique ? Au regard de ce qui s'est passé depuis 1960, ces festivités sont incongrues, et il n'est pas certain qu'elles soient une rupture totale pour les consciences ici et là-bas. Elles n'ont ni contenu ni symbolique. On cherche à recouvrir de quelques haillons ce que l'écrivain congolais Sony Labou Tansi appelait l'« *État honteux* ».

La vérité est pourtant simple. Soixante ans plus tard, presque tout est à reprendre. Plutôt que de cérémonies, les peuples colonisés ont besoin d'une transformation radicale de leurs structures politiques, économiques, sociales et mentales ; les descendants des colonisateurs d'un véritable récit, pas d'une mythologie incomplète. C'est le rapport au monde qui doit changer. Dans cette perspective, ce livre est une ébauche de ce qui doit désormais être fait. Parler et dire. Regarder et comprendre. Déconstruire et oser. Aller au-delà du fait, pour chercher à faire sens.

Le drame est que les forces aptes à conduire ce changement manquent à l'appel, quand elles ne sont pas fragmentées et dispersées. Et pourtant, les ex-colonies sont partout à la veille d'extraordinaires mutations : bientôt plus d'un milliard de consommateurs potentiels en Afrique ; un nouveau cycle de migrations internes et externes dans tous les pays du Sud, en même temps que l'afflux de nouveaux immigrants, chinois en particulier, aux quatre coins du monde ; le renforcement des diasporas entreprenantes, notamment aux États-Unis et en Europe ; une explosion culturelle et un renouveau religieux qui tranchent avec la sénilité des pouvoirs en place.

Dans un tel mouvement du monde, l'histoire ne doit pas rester immobile. Elle doit elle aussi muter. Dans cette perspective, la France doit penser de manière critique l'histoire de la colonisation, puis celle des indépendances, parce qu'il y a urgence. Parce qu'elle a décolonisé sans *s'autodécoloniser*. Elle doit désormais écrire ce qui n'a pas été écrit, ni dit. Elle doit décoloniser son histoire et sa mémoire. Il est désormais temps.

DOUBLE PAGE SUIVANTE

« La France restera ». Inscription écrite au sol après les accords d'Évian (Alger, Algérie), photographie, 1962 (mai).

FILTRATION
INSTALLATIONS
LA

LABO
584
HH-9A
F

CRÉDITS PHOTOGRAPHIQUES

10 © photographe inconnu/ECPAD/Défense ; **13** © coll. Groupe de recherche ACHAC ; **15** © US ARMY ; **16** © Coll. Groupe de recherche ACHAC ; **19** © Coll. Groupe de recherche ACHAC ; **20** © Coll. Groupe de recherche ACHAC ; **23** © coll. part./D.R. ; **24-25** © photographe inconnu/ECPAD/Défense ; **27** © photographe inconnu/ECPAD/Défense ; **28** © coll. part./D.R. ; **31** © APIC/Getty Images ; **32** © coll. Groupe de recherche ACHAC ; **35** © Coll. Groupe de recherche ACHAC ; **36** © Mémoire d'Humanité/Archives départementales de Seine-Saint-Denis ; **38** © coll. part./D.R. ; **39 h et b** © coll. part./D.R. ; **40 h** © coll. part./D.R. ; **40 b** © Keystone/Gamma-Rapho/Getty Images ; **41** © coll. part./D.R. ; **42** © coll. famille Abibou ; **43 h** © Keystone/Gamma-Rapho/Getty Images ; **43 b** © Keystone/Gamma-Rapho/Getty Images ; **44-45** © photographe inconnu/ECPAD/Défense ; **46** © coll. part./D.R. ; **47 h** © Sami Solh Album/AFP ; **47 b** © coll. part./D.R. ; **48 h** © Keystone-France/Gamma-Keystone via Getty Images ; **48 b** © Alamy ; **48** © Keystone-France/Gamma-Keystone via Getty Images ; **50** © coll. part./D.R. ; **51** © John Deakin/Picture Post/Getty Images ; **52 h** © coll. part./D.R. ; **52 b** © photographe inconnu/ECPAD/Défense ; **53 g** © coll. part./D.R. ; **53 d** © coll. part./D.R. ; **54** © Mémoire d'Humanité/Archives départementales de Seine-Saint-Denis ; **55 h** © Denise Colom distr. RMN ; **55 b** © Archives départementales de la Réunion ; **56 h** © Jack Birns/The LIFE Picture Collection via Getty Images ; **56 b** © Keystone-France/Gamma-Rapho via Getty Images, **57** © coll. Groupe de recherche ACHAC ; **58** © coll. Groupe de recherche ACHAC ; **59 h** © coll. Groupe de recherche ACHAC ; **59 b** © coll. part./D.R. ; **60** © Claude LE RAY/ ECPAD/Défense ; **61** © ANOM ; **62 h** © Mémoire d'Humanité/Archives départementales de Seine-Saint-Denis; **62 b** © coll. Groupe de recherche ACHAC ; **63** © coll. Groupe de recherche ACHAC ; **64** © ANOM ; **65 h** © coll. Groupe de recherche ACHAC ; **65 b** © Tallandier/Bridgeman Images ; **66 h** © photographe inconnu/ECPAD/Défense ; **66 b** © ANOM ; **67** © ANOM ; **68 h** © ANOM ; **68 b** © Mémoire d'Humanité/Archives départementales de Seine-Saint-Denis ; **69 h** © BNF ; **69 b** © coll. DocAnciens/docpix.fr ; **70** © coll. part./D.R. ; **71 h** © coll. part./D.R. ; **71 b** © Rolls Press/Popperfoto via Getty Images/Getty Images ; **72-73** © Keystone-France/Gamma-Rapho via Getty Images ; **75** © coll. Groupe de recherche ACHAC ; **76** © Bettmann via Getty Images ; **79** © coll. Groupe de recherche ACHAC ; **80** © coll. Groupe de recherche ACHAC ; **83** © Keystone-France/Gamma-Keystone via Getty Images ; **84** © Bettmann via Getty Images ; **86** © coll. part./D.R. ; **87 h** © Mémoire d'Humanité/Archives départementales de Seine-Saint-Denis; **87 b** © coll. Groupe de recherche ACHAC ; **88 g** © coll. Groupe de recherche ACHAC ; **88 d** © coll. part. Eric Deroo ; **89** © Keystone-France/Gamma-Keystone via Getty Images ; **90** © photographe anonyme/Ministères des Affaires Étrangères ; **91 g** © coll. Groupe de recherche ACHAC; **91 d** © Keystone/Gamma-Rapho via Getty Images ; **92 h** © Mémoire d'Humanité/Archives départementales de Seine-Saint-Denis ; **92 b** © Keystone-France/Gamma-Rapho via Getty Images ; **93** © photographe inconnu/ECPAD/Défense ; **94 et 95** © photographe Muller ; **96** © Keystone-France/Gamma-Keystone via Getty Images ; **97** © coll. Groupe de recherche ACHAC ; **98** © photographe inconnu/ECPAD/Défense ; **99 h** © Keystone/Gamma-Rapho via Getty Images ; **99 b** © Apic/Getty Images ; **100 h** © Daniele Darolle/Sygma via Getty Images ; **100 b** © coll. Groupe de recherche ACHAC ; **101** © coll. Groupe de recherche ACHAC ; **102** © Mémoire d'Humanité/Archives départementales de Seine-Saint-Denis ; **103 h** © Keystone-France/Gamma-Keystone via Getty Images ; **103 b** © Keystone/Gamma-Rapho via Getty Images ; **104** Mémoire d'Humanité/Archives départementales de Seine-Saint-Denis ; **105** © Hulton-Deutsch Collection/Corbis via Getty Images ; **106 g et d** © Keystone/Gamma-Rapho via Getty Images ; **107** © Bettman via Getty Images ; **108** © Keystone/Gamma-Rapho via Getty Images ; **109 h** © Keystone/Gamma-Rapho via Getty Images ; **109 b** © fonds Jacques Belin/Ministère des Affaires Étrangères ; **110 h** © ANOM ; **110 b** © coll. part./D.R. ; **111** © ANOM ; **112** © Howard Sochurek/Life via Getty Images ; **113 h et b** © Keystone/Gamma-Rapho via Getty Images ; **114 h** © Ullstein Bild Dtl. via Getty Images ; **114 b** © Jean-Claude Labbe/Gamma-Rapho via Getty Images ; **115** © Fonds Henri MAUCHAMP/ECPAD/Défense ; **116** © coll. part./Paul Colin ; **117 h** © Bettman via Getty Images ; **117 b** © Rissier/ECPAD/Défense ; **118-119** © Nacerdine Zebar/Gamma-Rapho via Getty Images ; **120** © Ullstein Bild via Getty Images ; **123** © Bernard Lipnitzki/Roger-Viollet ; **124** © coll. Groupe de recherche ACHAC ; **127** © Bettmann via Getty Images ; **128** © ANOM ; **131** © coll. part./D.R. ; **132 et 133** © Reporters Associés/Gamma-Rapho via Getty Images ; **134** © Hulton Archive via Getty Images ; **135** © AFP ; **136 et 137** © Bettman via Getty Images ; **138 h** © Raoul Coutard/ECPAD/Défense ; **138 b** © Keystone-France/Gamma-Rapho via Getty Images ; **139** © coll. part./D.R. ; **140** © Howard Sochurek/Life via Getty Images ; **141 h** © Lisa Larsen/Life via Getty Images ; **141 b** © Howard Sochurek/Life via Getty Images ; **142 h** © Bettman via Getty Images ; **142 b** © Keystone/Gamma-Rapho via Getty Images ; **143** © Keystone/Gamma-Rapho via Getty Images ; **144** © Reporters Associés/Gamma-Rapho via Getty Images ; **145** © Bettman via Getty Images ; **146** © coll. part./D.R. ; **147** © coll. Groupe de recherche ACHAC ; **148** © coll. part./D.R. ; **149 h** © Nacerdine Zebar/Gamma-Rapho via Getty Images ; **149 b** © Keystone/Gamma-Rapho via Getty Images ; **150 h** © Robert B. Taber/BIPs/Getty Images ; **150 b** © Keystone/Gamma-Rapho via Getty Images ; **151** © Frank Scherschel/Life via Getty Images ; **152 h** © Keystone-France/Gamma-Keystone via Getty Images ; **152 b** © Pierre Ferrari/ECPAD/Défense ; **153** © Keystone/Gamma-Rapho via Getty Images ; **154 et 155** © Bettman via Getty Images ; **156** © Keystone/Gamma-Rapho via Getty Images ; **157 h** © coll. Groupe de recherche ACHAC ; **157 b** © Keystone/Gamma-Rapho via Getty Images ; **158** © Keystone/Gamma-Rapho via Getty Images ; **159** © coll. Groupe de recherche ACHAC ; **160** © photographe inconnu/ECPAD/Défense ; **161 h** © Loomis Dean /Life via Getty Images ; **161 b g** © coll. Groupe de recherche ACHAC ; **161 d** © Keystone/Gamma-Rapho via Getty Images ; **162 h** © Bibliothèque Bernheim (Nouméa) fonds du député Maurice Lenormand ; **162 b** © Iconothèque de l'Océan Indien ; **163** © coll. part./D.R. ; **164** © coll. Groupe de recherche ACHAC ; **165 h** © Keystone/Gamma-Rapho via Getty Images ; **165 b** © Keystone/Gamma-Rapho via Getty Images ; **166** © coll. part./D.R. ; **167** © Dominique BERRETTY/Gamma-Rapho via Getty Images ; **168-169** © Keystone/Gamma-Rapho via Getty Images ; **171** © Mémoire d'Humanité/Archives départementales de Seine-Saint-Denis ; **172** © Keystone/Gamma-Rapho via Getty Images; **175** © Reporters Associés/Gamma-Rapho via Getty Images ; **176** © Keystone/Gamma-Rapho via Getty Images ; **179** © Keystone/Gamma-Rapho via Getty Images ; **180** © archives de Nouvelle-Calédonie ; **182** © Keystone/Gamma-Rapho via Getty Images ; **183** © AFP ; **184 h** © Alamy ; **184 b** © coll. part./D.R./S.H.D. ; **185** © coll. part./D.R. ; **186** © Marcel Vandy/ECPAD/Défense ; **187 h** © Keystone/Gamma-Rapho via Getty Images ; **187 b** © Jacques Prayer/Gamma-Rapho via Getty Images ; **188** © Keystone/Gamma-Rapho via Getty Images ; **189** © coll. Groupe de recherche ACHAC ; **190** © Keystone/Gamma-Rapho via Getty Images ; **191 h** © coll. part./D.R. ; **191 b** © Bettmann via Getty Images ; **192 et 193** © Keystone/Gamma-Rapho via Getty Images ; **194** © Roger-Viollet ; **195** © coll. part./D.R. ; **196** © Dominique Berretty/Gamma-Rapho via Getty Images ; **197 g** © coll. Groupe de recherche ACHAC ; **197 d** © Reporters Associés/Gamma-Rapho via Getty Images ; **198** © Keystone/Gamma-Rapho via Getty Images ; **199** © Reporters Associés/Gamma-Rapho via Getty Images ; **200 h** © Daniele Darolle/Sygma via Getty Images ; **200 b** © fonds Elie Kagan/La Contemporaine ; **201 h** © Mémoire d'Humanité/Archives départementales de la Seine-Saint-Denis ; **201 b** © Jean Texier-Mémoires d'Humanité/Archives departementales de la Seine-Saint-Denis ; **202** © coll. Groupe de recherche ACHAC ; **203** © Keystone/Gamma-Rapho via Getty Images ; **204 et 205** © Keystone/Gamma-Rapho via Getty Images ; **206** © Keystone/Gamma-Rapho via Getty Images ; **207** © Dominique Berretty/Gamma-Rapho via Getty Images ; **208 h** © journal La Montagne ; **208 b** © Keystone/Gamma-Rapho via Getty Images ; **209** © Keystone/Gamma-Rapho via Getty Images ; **210** © coll. Groupe de recherche ACHAC ; **211** © Keystone/Gamma-Rapho via Getty Images ; **212 h** © coll. part./D.R. ; **212 b** © Keystone/Gamma-Rapho via Getty Images ; **213** © Keystone/Gamma-Rapho via Getty Images ; **214** © Georges Menager/Paris Match ; **215 h** © CNES/CSG Service Optique, 1967 ; **215 b** © Antoine Robert/ECPAD/Défense ; **216** © Archives Départementales de Guadeloupe fonds France Antilles ; **217** © Keystone/Gamma-Rapho via Getty Images ; **218 h** © Archives de Nouvelle-Calédonie fonds du journal La France Australe ; **218 b** © D.R./Raymond Charlotte ; **219** © Keystone/Gamma-Rapho via Getty Images ; **220** © Ghislaine Morel/Gamma-Rapho ; **221** © Jean-Claude Francolon/Gamma-Rapho via Getty Images ; **222-223** © Alexis Duclos/Gamma-Rapho via Getty Images ; **224** © Jean-Pierre Tartrat/Gamma-Rapho via Getty Images ; **227** © Jean-Michel Turpin/Gamma-Rapho via Getty Images ; **228** © Gilles Bassignac/Gamma-Rapho via Getty Images ; **231** © Theo Rouby/AFP ; **236-237** © Reporters Associés/Gamma-Rapho via Getty Images

Photogravure : Chromostyle
Achevé d'imprimer en décembre 2019
sur les presses de Printer Portuguesa
Dépôt légal : janvier 2020
ISBN 978-2-7324-8424-2
Imprimé au Portugal